El Poder del Rostro y las Manos

© 2024 RUBÉN R.S.

1.a edición: MARZO 2024

España- Andalucía

AVISO DE DERECHOS DE AUTOR
Reservados todos los derechos. Ninguna parte de esta publicación, incluso en el diseño de la cubierta, puede ser reproducida, almacenada, transmitida o utilizada en manera alguna por ningún medio, ya sea electrónico, químico, mecánico, óptico, de grabación o electrográfico, sin el previo consentimiento por escrito del Autor: Rubén de la Rosa Serrano.

ESCRITO POR: Rubén de la Rosa Serrano

COLABORADORES:
Yitsel Sahira de la Rosa Serrano
Eduardo de la Rosa Serrano
Mireya de la Rosa Serrano

Serie: "Cábala Aplicada"
Primera edición impresa, 2024
ISBN: 9798322535256
Sello: Independently published

Introduccion:

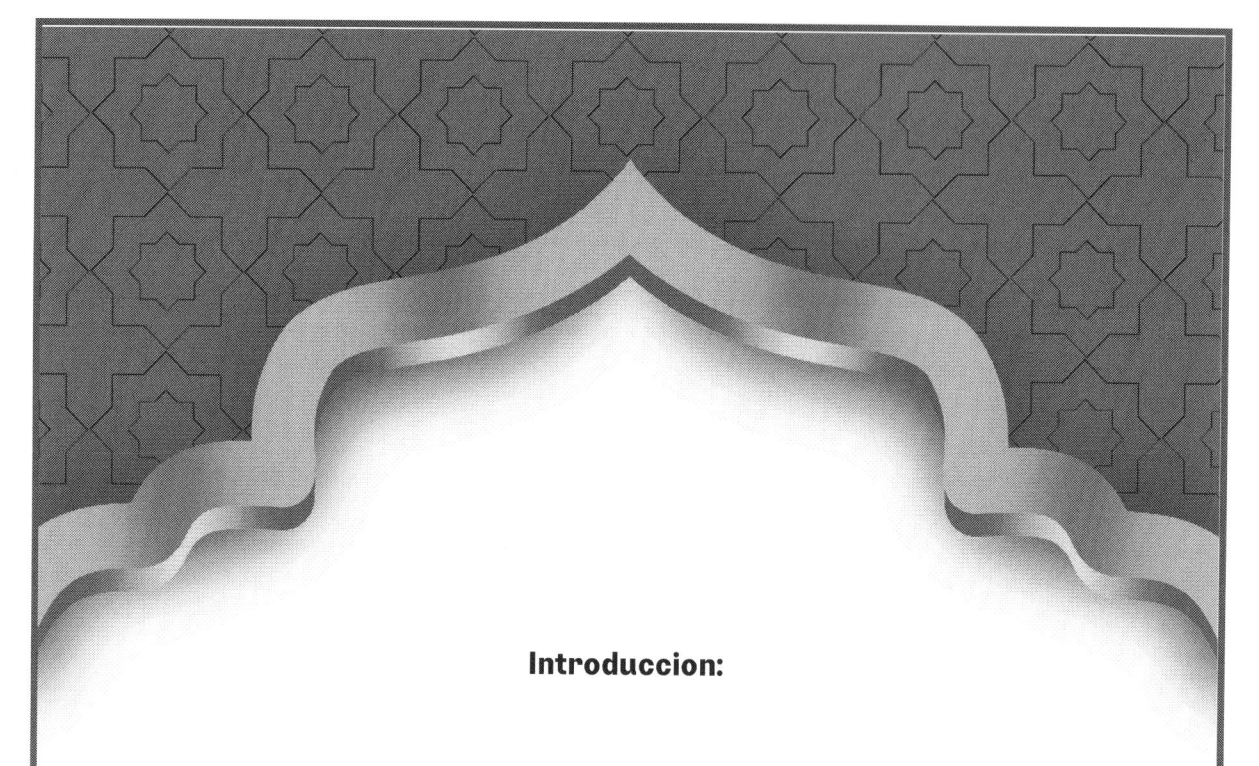

La Cábala, un antiguo sistema de sabiduría espiritual y mística que se remonta a miles de años atrás, ha cautivado a buscadores espirituales y eruditos durante generaciones. Sus enseñanzas, envueltas en un aura de misterio y profundidad, ofrecen una visión única del universo, la vida y el ser humano. En esta introducción, exploraremos algunos de los principios fundamentales de la Cábala y sus misterios, con la intención de brindar una comprensión básica de esta fascinante disciplina.

Es importante tener en cuenta que lo que aquí se presenta es solo una pequeña muestra de la vasta riqueza de la Cábala. Cada concepto, cada símbolo, cada enseñanza encierra capas de significado y comprensión que pueden llevar toda una vida explorar. Por lo tanto, si deseas profundizar en el tema, te recomendamos encarecidamente que busques la orientación de un experto en la materia, alguien versado en las tradiciones y prácticas de la Cábala.

Con esta advertencia en mente, te invitamos a sumergirte en el fascinante mundo de la Cábala y a explorar sus enseñanzas con mente abierta y corazón receptivo. Que este breve viaje despierte en ti la curiosidad y el deseo de conocer más sobre estas valiosas herramientas espirituales que han iluminado el camino de incontables buscadores a lo largo de los siglos.

"INTRODUCCIÒN"

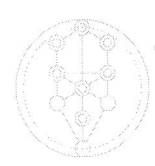

¿VIDAS PASADAS Y SU INFLUJO EN NUESTRO CUERPO?

EN CUERPO Y ALMA

Existen aspectos del hombre que deben considerarse al menos brevemente:
El cuerpo físico se llama Guf (que significa "cuerpo", "persona", "sustancia", "superficie"). Consiste en los 4 elementos, es decir, los 4 principios filosóficos: "Y en este patrón Él (Di-s) creó el cuerpo (Guf) a partir de [los] cuatro elementos: 'Esh' (fuego), 'Rúaj' (aire), 'Äfar" (tierra) y "Máim' (agua)" (Zóhar 1:80a). Luego está el Tzélem (que significa "sombra", "imagen"). Este es el cuerpo etérico o doble etérico, como se le llama a veces.

El Tzélem es el patrón después del cual se forma la forma del cuerpo físico, por lo que parece un doble o una sombra del cuerpo físico. Cuando se concibe a un niño, el Tzélem hace que el cuerpo del niño crezca y tome forma. "Cuando él (el hombre) sale [al mundo físico]: a través del Tzélem crece [y] junto al Tzélem camina. Este es el significado de "Seguramente el hombre camina en un Tzélem" (Zóhar III: 104b). El Tzélem es el intermediario entre el Néfesh y el Guf (cuerpo), perteneciente al cuerpo, pero no al Néfesh, ya que consiste en materia fisica muy fina. El Tzélem también es responsable de la salud del cuerpo. Cuando un hombre se enferma gravemente (o si se aleja de este mundo), la apariencia y la forma del Tzélem cambian de Guf (cuerpo) y Tzélem son las dos partes materiales del hombre. Las partes inmateriales, es decir, las partes del alma, son cinco: VEAHAVTÁ ET ADO-NÁI ELO-HÉJA BEJOL-LEVAVEJÁ UVJOL-NAFSHEJÁ.

"INTRODUCCIÒN"

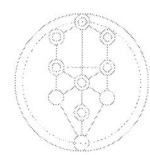

¿VIDAS PASADAS Y SU INFLUJO EN NUESTRO CUERPO?

EN CUERPO Y ALMA

"Y amarás al Señor, tu Di-s, con todo tu corazón [corresponde al cuerpo] y con toda tu alma" [corresponde a los diferentes aspectos del alma (Nishmetá, es decir, Neshamá). Porque hay cinco nombres: Néfesh, Rúaj, Neshamá, Jaiá y Iejidá" (Zóhar II:158b). Iejidá (solo) es el nivel más alto del alma. Como su nombre indica, solo hay una Iejida para todos los seres, es decir, en el nivel de 'Iejidá', todos somos Uno. Por lo tanto, mi Iejidá es la misma que tu Iejidá. El nivel de Iejidá es el nivel de la unidad total de todos los seres, tanto entre sí como con Di-s.

Jaiá (la que vive) es la chispa primigenia o fuerza de vida divina de la que venimos. A veces se le llama Neshamá de Neshamá.

Cada uno de los aspectos del alma está conectado con el Árbol de la Vida:

IEJIDÁ pertenece a Kéter

JAIÁ a Jojmá

NESHAMÁ a Biná

RÚAJ a Tiféret (a menudo visto como incluyendo las Sefirót JaGaT NeH: Jésed, Guevurá, Tiféret, Nétzaj y Hod)

NÉFESH pertenece a Iesód

Y el cuerpo (Guf) a Maljút (como lo hace el Tzélem, que es el aspecto más fino del cuerpo). Algunos creen que el Néfesh pertenece a Maljút, debido a su conexión con el cuerpo.

"INTRODUCCIÒN"

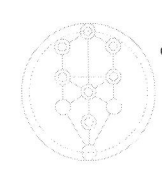

¿VIDAS PASADAS Y SU INFLUJO EN NUESTRO CUERPO?

La Cábala, una tradición espiritual profundamente arraigada en el judaísmo, aborda el tema de las vidas pasadas desde una perspectiva compleja y multifacética. Según la Cábala, el alma atraviesa un ciclo de reencarnaciones en su búsqueda de perfección espiritual y unión con la Divinidad. Este ciclo de reencarnaciones, conocido como Gilgulim, implica que el alma puede haber experimentado múltiples encarnaciones antes de su vida actual, cada una de las cuales deja una impresión en el alma y afecta su progreso espiritual.

En el contexto de la influencia de las vidas pasadas en nuestra vida actual, la Cábala enseña que las acciones, elecciones y experiencias de vidas anteriores tienen un impacto significativo en nuestra realidad presente. Esto se manifiesta no solo en nuestro estado espiritual y emocional, sino también en nuestro cuerpo físico. Aquí hay algunas formas en que las vidas pasadas pueden influir en nuestro cuerpo según la Cábala:

1. Karma físico: Según la Cábala, las acciones y elecciones de vidas pasadas pueden generar un karma físico que se manifiesta en nuestro cuerpo en la forma de enfermedades, discapacidades o desequilibrios físicos. Estos pueden considerarse lecciones kármicas que el alma necesita aprender y superar en esta encarnación.
2. Marcas en el alma: Las experiencias traumáticas o emocionalmente intensas de vidas pasadas pueden dejar marcas en el alma que afectan el bienestar físico en la vida actual. Estas marcas pueden manifestarse como dolores crónicos, problemas de salud o vulnerabilidades físicas específicas.
3. Tikún (Corrección espiritual): La Cábala enseña que parte del propósito de nuestras vidas es corregir los errores del pasado y elevarnos espiritualmente. Esto puede implicar enfrentar desafíos físicos en esta vida que están relacionados con eventos o acciones de vidas pasadas. Superar estos desafíos contribuye a la evolución espiritual del alma.
4. Genética espiritual: Desde la perspectiva de la Cábala, hay una dimensión espiritual de la genética que trasciende la herencia física. Las características físicas y las predisposiciones genéticas pueden ser influenciadas por patrones espirituales heredados de vidas pasadas.

"INTRODUCCIÒN"

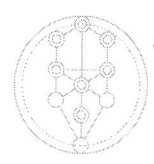

¿VIDAS PASADAS Y SU INFLUJO EN NUESTRO CUERPO?

Tikún es una palabra que deriva del arameo y que en cábala hace referencia a la rectificación, a la reparación y que se asocia al karma (en sánscrito), es decir a la ley de causa y efecto. La Cábala, como tratado de comportamiento humano, nos introduce en el significado de la vida. Comprender y asumir nuestro Tikún equivale a entender la profundidad de la existencia. Toda experiencia tiene su propósito, su fin, su sentido.

En el momento de nacer, la tradición nos dice que los Tronos o Ángeles del destino van a ponerse de acuerdo con los Arcángeles o Ángeles escribanos para buscarle al ser en trance de encarnación las circunstancias necesarias para su evolución, empezando por los padres que son los que van a proporcionar las condiciones idóneas para facilitar el programa de vida y por ende, el Tikún.

Nuestro Tikún perfila las "exigencias" de nuestra conciencia respecto a los problemas no resueltos del pasado; el incumplimiento de algunas asignaturas; la incomprensión de nuestras debilidades; los enfrentamientos que se repiten y los conflictos que parecen no dejar tregua.

Las lecciones pendientes no son el resultado de una culpa, de un "algo" que hicimos mal y que ahora tenemos que "pagar", sino que son la consecuencia del contrato que un día firmamos como seres espirituales en busca de una experiencia material y que no supimos asumir; que rehusamos aceptar, errando, fallando, comportándonos de forma inferior e inhumana. El Tikún representa esa resolución de conflicto entre el yo inferior y el Yo Superior.

El Tikún de vidas pasadas se refiere a las lecciones no aprendidas o los errores no corregidos que el alma lleva consigo a esta encarnación. Estos pueden manifestarse en diversas formas, incluidas las circunstancias de la vida, los desafíos personales y la salud física. La Cábala sostiene que las experiencias traumáticas, las acciones negativas o las relaciones problemáticas en vidas pasadas pueden dejar marcas en el alma que influyen en nuestra realidad actual, incluido nuestro cuerpo físico.

"INTRODUCCIÒN"

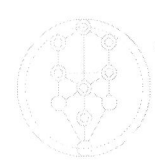

¿VIDAS PASADAS Y SU INFLUJO EN NUESTRO CUERPO?

Tikún

La cábala enseña que todos nacemos en este mundo con algo llamado tikún, que se traduce como "corrección".
Nuestro tikún son aspectos personales que estamos destinados a reparar o corregir en esta vida, el conocimiento de los siete rasgos del cuerpo te ayudará a conocerlo más.
Las decisiones y acciones de nuestras vidas pasadas influyen en nuestra vida actual. La reencarnación es el proceso que el alma atraviesa para corregir estos comportamientos.

Áreas de Tikún:
Cada persona tiene un tikún único (todo está escrito en nuestro cuerpo, rasgos, marcas, signos). Puede estar relacionado con aspectos como la autoestima, el dinero, la ira o las relaciones. El tikún no es un castigo, sino una oportunidad para que nuestra alma progrese y alcance su máximo potencial.

Cómo descubrir nuestro Tikún:
Autoanálisis de nuestros rasgos: descubrir todos los 7 rasgos de nuestros cuerpos que indica en Parashat Yitro nos será de ayuda como una brújula para transitar el mapa de nuestro destino.
Autoconciencia: Reflexiona sobre tus patrones de pensamiento, emociones y actividades. ¿Qué áreas necesitas corregir?
Dolor o incomodidad: Lo que te causa dolor o incomodidad suele ser un signo claro de tu tikún.
Situaciones repetitivas: Si enfrentas las mismas situaciones una y otra vez, hay lecciones que necesitas aprender.
Carta astrológica: La astrología cabalística muestra qué debemos corregir. Cada signo tiene aspectos positivos y negativos que nos guían hacia nuestras fortalezas y áreas de corrección.
Transformación y Crecimiento:
Corregir el tikún implica enfrentar y transformar nuestras debilidades en fortalezas.
No se trata solo de corregir errores, sino de trascender nuestra naturaleza egoísta.

"INTRODUCCIÒN"

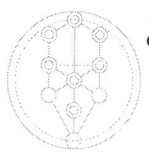

¿VIDAS PASADAS Y SU INFLUJO EN NUESTRO CUERPO?

Sabiduría más profunda:
Casi todas las almas en este mundo físico regresan para hacer su corrección.

Estudio y práctica espiritual: La dedicación al estudio de la Torá, la meditación, la oración y la observancia de los mandamientos pueden ayudar a purificar el alma y corregir las imperfecciones espirituales acumuladas.

Actos de bondad y caridad: La realización de actos de bondad y caridad puede contribuir a la reparación del alma y la elevación espiritual, ayudando a contrarrestar los efectos negativos de las acciones pasadas.

Sanación emocional y espiritual: A través de la terapia, la introspección y el perdón, uno puede trabajar para liberar el trauma emocional y las cargas del pasado, facilitando así el proceso de corrección espiritual.

Trabajo en las Sefirot: La meditación y la contemplación sobre las Sefirot, los atributos divinos que se cree que gobiernan el universo, pueden ayudar a equilibrar y armonizar las energías espirituales en el cuerpo y el alma.

Cumplimiento del propósito de vida: Identificar y cumplir con el propósito de vida puede ser una forma efectiva de abordar el Tikún, ya que permite que el alma avance hacia su destino espiritual y cumpla su misión en esta encarnación.

"INTRODUCCIÒN"

El Zohar nos enseña que nuestro cuerpo es una expresión de las energías que llevamos de las dimensiones espirituales y vidas anteriores.

El Zohar comprende todos los estados espirituales que experimentan las personas a medida que sus almas evolucionan. Al final del proceso, las almas alcanzan lo que los cabalistas llaman "el final de la corrección", el más alto nivel de la plenitud espiritual.

El aspecto de "Las Diez Sefirot" y del nombre "HaValáH" impacta nuestra apariencia física.

EL CONCEPTO DE HAVALAH IMPLICA QUE LA LUZ DIVINA, AL DESCENDER A LOS MUNDOS INFERIORES, SE DISFRAZA O SE "CUBRE" EN UNA FORMA MÁS MATERIAL PARA ADAPTARSE A LA CAPACIDAD DE PERCEPCIÓN Y COMPRENSIÓN DE LOS SERES HUMANOS. ESTE PROCESO GRADUAL DE "VESTIR" LA LUZ ES FUNDAMENTAL PARA EL FUNCIONAMIENTO DEL UNIVERSO Y PARA LA INTERACCIÓN ENTRE LO DIVINO Y LO MUNDANO EN LA COSMOLOGÍA CABALÍSTICA.

El cuerpo físico reemplaza su materia muchas veces durante una vida. Es posible que el alma no se reemplace a sí misma, pero puede experimentar cambios que afectan la forma en que el cuerpo se ve a los ojos.

La Luz en el recipiente "*da forma*" a su apariencia.

"INTRODUCCIÒN"

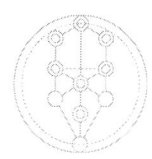

Explorar los misterios del Zóhar es un sendero hacia la expansión de nuestro ser espiritual, un viaje para elevar el velo de nuestra consciencia.

Desde los albores de la humanidad, Adán y los patriarcas de la Biblia atesoraban los secretos del Zóhar en su ser.

Cuando Moisés ascendió al Monte Sinaí y recibió la Torá, la sabiduría divina, también le fueron entregados los misterios del Zóhar de forma oral.

A lo largo de las eras, estas enseñanzas se transmitieron de boca en boca, hasta que Rav Shimón Bar Yojai obtuvo la bendición celestial de plasmarlas en escritura.

Sumergirse en la lectura y el estudio del Zóhar aviva las energías que yacen entre sus líneas, despertando virtudes dormidas en nuestro ser.

Al adentrarnos en pasajes que evocan la misericordia, la Luz del Creador irradia en nuestro ser y en el vasto universo.

Nos transformamos en vasijas de compasión y entendimiento, irradiando estas virtudes hacia quienes nos rodean, sembrando así la semilla de la misericordia en otros corazones.

Al escudriñar los versos del Zóhar que revelan los misterios de los juicios, nos revestimos con el don de disipar las sentencias que nos constriñen, al tiempo que desterramos nuestra propensión a juzgar a los seres que pueblan nuestro sendero.

"INTRODUCCIÒN"

LAS DIEZ ORLÓT - APERTURAS A LA SHEJINÁ

Existen 10 Orlót (*Prepucios*) denominadas Kelippót/Capas que impiden el contacto con la Shejiná/Presencia Divina en el Cuerpo de la Persona.

EN EL ROSTRO: Dos en los ojos, dos en las orejas, dos en las fosas nasales y una en la boca.

EN EL CUERPO: en el corazón, en el hígado y en el pene (que se quita con el Berít Milá/Circuncisión).....La Mujer con la Niddá (Menstruación).

LETRAS QUE REACTIVAN CADA MIEMBRO

- La letra Bét para el ojo derecho
- La letra Guimel para el oído derecho
- La letra Dálet para la fosa nasal derecha
- La letra Jáf para el ojo izquierdo
- La letra Pé para el oído izquierdo
- La letra Résh para la fosa nasal izquierda
- La letra Táv para la boca
- La letra Váv para el corazón
- La letra Äin para el hígado
- Y la letra Kuf para los órganos sexuales

"INTRODUCCIÒN"

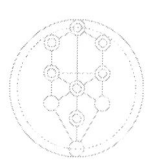

¿QUIÉN ES SHEJINÁ Y QUÉ QUIERE DE MI VIDA?

Shejiná שכינה shojén שכן deriva de la palabra ":Di- es Shejiná La ."dentro Morar" la" como Shejiná traducimos veces A .dentro morando está s-Di cuando "Divina Presencia".

Antes de la creación de nuestra cadena de mundos, otro orden fue creado antes, el orden de Tohu. Tohu fue el primer ejemplo de obsolescencia programada: estaba destinado a fallar. Tohu es la fuente de todo tipo de pasión y deseo que tiene el potencial de destruirlo todo a su paso, incluido él mismo. Fue diseñado con intensidad absoluta, para que la energía que contenía estuviera completamente en conflicto con sus recipientes. Y así, Tohu causó su propia destrucción pero con un propósito.

De esa catástrofe inicial, las más altas chispas cayeron hasta los lugares más bajos. Piensa en una explosión. Aquellos elementos sobre los que se ejerce mayor fuerza son los que volarán más lejos del núcleo de la explosión. Esto nos dice que para encontrar los remanentes más poderosos de la luz esencial de Tohu, debemos viajar al mundo más bajo que generó la explosión.

"INTRODUCCIÒN"

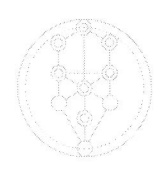

¿QUIÉN ES SHEJINÁ Y QUÉ QUIERE DE MI VIDA?

Shejiná שכינה deriva de la palabra shojén שכן: "Morar dentro". La Shejiná es Di-s cuando Di-s está morando dentro. A veces traducimos Shejiná como la Divina Presencia

En el mundo más bajo, según la tradición cabalística, se encuentra nuestra existencia terrenal. Este plano representa la total otredad, habitado por seres cuya percepción se limita a este entorno exclusivamente. Algunos se arrogan como los dueños absolutos de este mundo, desconociendo cualquier otra realidad más allá de sí mismos. Este ámbito se define por su materialidad extrema, donde la tangibilidad y el egocentrismo alcanzan su máxima expresión.

Es en este contexto que la Shejiná, según la creencia cabalística, desciende a este mundo inferior en busca de las chispas divinas más preciosas. Su propósito radica en rescatarlas de las sombras de la oscuridad, para luego reconectarlas con su esencia superior. Este proceso posibilita que dichas chispas se transformen nuevamente en entidades significativas y divinas. Este ciclo de elevación y conexión se efectúa a través de nosotros, quienes actuamos como sus representantes en la Tierra.

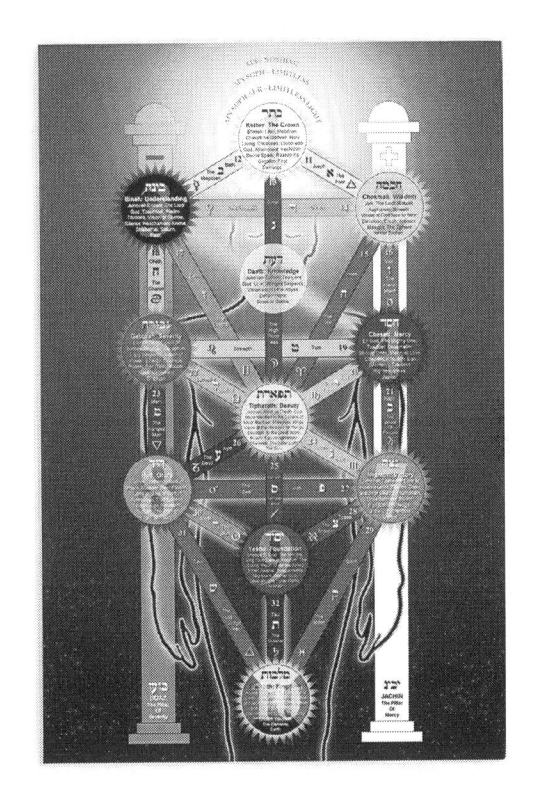

"INTRODUCCIÒN"

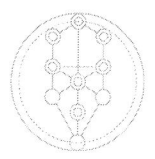

El alma que respira dentro de nosotros es un fractal de la Shejiná, y el camino del alma refleja el drama de la Shejiná, así como la partícula de un holograma lo contiene en su totalidad. Entender la paradoja de nuestro propio viaje y de nuestro propio exilio nos ayudará a entender la profundidad de este secreto de la Shejiná. Quizás incluso nos dará a entender alguna noción de su resolución.

Como la Shejiná, nuestra alma no está aquí por su propio bien: ella (al alma también se la llama ella) es perfecta antes de descender. Ella viene aquí, tal como la Shejiná, para redimir las chispas del cuerpo en el que está infundida, de la personalidad que se le ha dado y de la parte de este mundo que se le ha asignado.

El primer sendero: A este rito lo denominamos birur y tikún. Birur implica discernir entre la luz y la sombra, entre lo anhelado y lo descartable. Del mismo modo, nos esforzamos por desterrar lo maligno, lo feo y lo ilusorio que nos rodea, y desentrañar cada chispa divina que yace en ello. Buscamos valentía dondequiera que se oculte.

El birur solo florece bajo el manto de la sabiduría; tal como proclama el Zohar: "Mediante la sabiduría serán purificados". La sabiduría que el Zohar menciona es una percepción trascendental, una que nos eleva por encima de nuestros deseos individuales y nos sumerge en una verdad superior. Es un discernimiento que trasciende la suciedad, especialmente la de nuestro ser, para avistar el oro que yace en lo profundo, abrazarlo y despojarlo de su capa oscura y fangosa. Además, es un conocimiento que nos ancla firmemente a los cielos, impidiendo que nos hundamos en la oscuridad.

Tikún, el siguiente sendero, donde la chispa celeste halla su morada predestinada. Aquí, su capa exterior, velada en lodo, se metamorfosea y resplandece a través de la cáscara que la envolvía, hasta que incluso la misma envoltura se transmuta y se torna sagrada.

Esta es la recompensa tras el abismo de la catastrófica caída de Tohu: no solo retornan las chispas a su esencia, sino que también los artefactos que las aprisionan se transfiguran en divinidad.

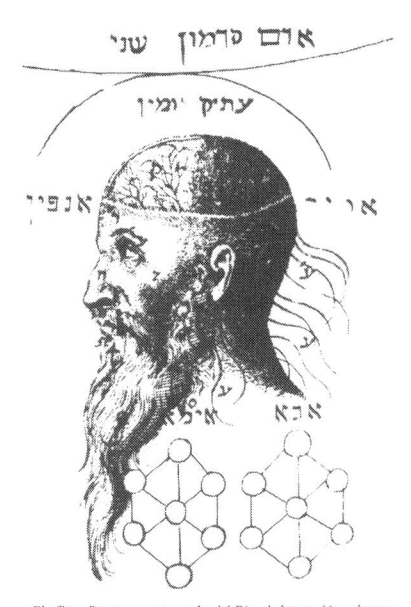

El «Gran Rostro», o cara oculta del Dios de la creación, tal como lo representa el cabalista cristiano Knorr de Rosenroth

"INTRODUCCIÒN"

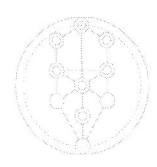

Donde quiera que tus pasos te guíen, son guiados desde arriba, para acercarte a esas chispas divinas que solo pertenecen a tu ser. Puede ser una hierba aguardando para brindar sus dones curativos, un destello de sabiduría aguardando encontrar un corazón que lo abrace, una relación humana anhelando ser sanada, un vasto paisaje esperando para desencadenar la inspiración.

Si aprendes a pronunciar una bendición antes de comer, entonces alguna fruta en algún rincón del mundo podría estar esperando tu bendición. Si has aprendido a estudiar la Torá, puede que en algún lugar del mundo haya un espacio sostenido por divinas chispas que han estado esperando desde el inicio de la Creación para ofrecerte un lugar inspirador donde estudiar, para que tus palabras de la Torá las rediman.

Sumergirse en este conocimiento ancestral te llevará a descubrir los caminos de tu destino, el propósito que tu ser abraza en este plano, y a desentrañar los misterios inscritos en tus rasgos y gestos, brindándote pautas para enriquecer tu existencia y elevar el vuelo de tu espíritu. Esta sabiduría intemporal, legada por eruditos de tiempos remotos, despliega sus velos desde épocas inmemoriales.

Este libro aspira a revelar, de manera amena y accesible, los secretos que a lo largo de eras han sido transmitidos, en su mayoría, de forma oral.

Que esta obra se erija como una brújula en tu camino espiritual, descifrando los enigmas que residen en los rostros y manos, tanto en los tuyos como en los ajenos.

"INTRODUCCIÒN"

En este instante, las almas que nos acompañan han danzado a través de múltiples renacimientos. Los logros pasados de tu alma y los desafíos aún por conquistar permanecen velados ante nuestra mirada mortal. "Quienes saben, no hablan; quienes hablan, no saben". Pues si el conocimiento fuera revelado, la victoria sería un destino sellado, sin prueba alguna. Es en la contienda misma donde nuestros más profundos poderes se despiertan, los poderes de la redención.

Así como las chispas divinas y la Shejiná, mientras más desciende el alma, más glorioso será su ascenso final. En este viaje, solo existe el ascenso, pues el descenso mismo, al ser contemplado retrospectivamente, es el escenario activo que desencadena la gloriosa elevación.

Apenas las primeras chispas son liberadas, surgen encomiendas aún más desafiantes. Con el devenir del tiempo, las divinas chispas se vuelven esquivas, ocultas en los rincones más sombríos, resistiéndose con tenacidad a ser rescatadas. La propia oscuridad se erige en defensa, acechando a todo espíritu que ansíe liberar a sus cautivas. Cuanto más trascendental es la chispa, más encarnizada se vuelve la contienda.

PARASHAT YTRÓ

SHEMOT 18

PARASHAT YTRÓ

Oyó Jetro, sacerdote de Madián, suegro de Moisés, todo lo que Dios había hecho por Moisés y por Israel su pueblo, cómo YIHWEH había sacado a Israel de Egipto. y Jetro, suegro de Moisés, tomó a Séfora, la mujer de Moisés, después que él la había despedido, y a sus dos hijos; de los cuales el nombre del uno era Gersón; porque dijo: 'Forastero he sido en tierra extraña; y el nombre del otro era Eliezer: 'porque el Dios de mi padre fue mi ayuda, y me libró de la espada de Faraón.

Y Jetro, el suegro de Moisés, vino con sus hijos y su esposa a Moisés al desierto donde él estaba acampado, en el monte de Dios; y dijo a Moisés: 'Yo tu suegro Jetro vengo a ti, y tu mujer, y sus dos hijos con ella. Y Moisés salió a recibir a su suegro, y se inclinó y lo besó; y se preguntaban unos a otros por su bienestar; y entraron en la tienda. Y contó Moisés a su suegro todo lo que YIHWEH había hecho a Faraón y a los egipcios por causa de Israel, todo el trabajo que les había sobrevenido en el camino, y cómo los había librado YIHWEH. Y Jetro se regocijó por todo el bien que YIHWEH había hecho a Israel, al haberlos librado de mano de los egipcios.

Y Jetro dijo: 'Bendito sea YIHWEH, que os ha librado de la mano de los egipcios, y de la mano de Faraón; que ha librado al pueblo de debajo de la mano de los egipcios. Ahora sé que YIHWEH es mayor que todos los dioses; sí, por eso se ensoberbecieron contra ellos. Y Jetro, suegro de Moisés, tomó holocaustos y sacrificios para Dios; y vino Aarón y todos los ancianos de Israel a comer pan con el suegro de Moisés delante de Dios. Y aconteció que al día siguiente se sentó Moisés para juzgar al pueblo; y estuvo el pueblo alrededor de Moisés desde la mañana hasta la tarde. Y viendo el suegro de Moisés todo lo que hacía con el pueblo, dijo: ¿Qué es esto que haces con el pueblo? ¿Por qué te sientas tú solo, y todo el pueblo te rodea desde la mañana hasta la tarde? Y Moisés dijo a su suegro: 'Porque el pueblo viene a mí para consultar a Dios; cuando tienen asunto, a mí viene; y yo juzgo entre el hombre y su prójimo, y les hago saber los estatutos de Dios y sus leyes. Y el suegro de Moisés le dijo: "**No está bien lo que haces**". Ciertamente te consumirás, tú y este pueblo que está contigo; porque la cosa es demasiado pesada para ti; no eres capaz de realizarlo tú solo.

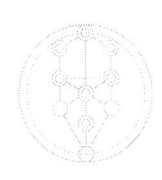

Oye ahora mi voz, te daré consejo, y Dios esté contigo: sé por el pueblo delante de Dios, y trae las causas a Dios. Y les enseñarás los estatutos y las leyes, y les mostrarás el camino por donde han de andar, y la obra que han de hacer. Proveerás además de entre todo el pueblo hombres de virtud, temerosos de Dios, varones de verdad, que aborrezcan las ganancias injustas; y ponlos sobre ellos, para que sean príncipes de mil, príncipes de centenas, príncipes de cincuenta y príncipes de decenas. Y juzguen al pueblo en todo tiempo; y acontecerá que todo asunto grande te lo traerán, pero todo asunto pequeño lo juzgarán ellos mismos; ellos te lo facilitarán y llevarán contigo la carga. Si hicieres esto, y Dios te lo mandare, entonces podrás resistir, y todo este pueblo irá en paz a su lugar.

Entonces Moisés escuchó la voz de su suegro e hizo todo lo que él le había dicho. Y Moisés escogió hombres capaces de entre todo Israel, y los puso por cabezas sobre el pueblo, príncipes de mil, príncipes de centenas, príncipes de cincuenta y príncipes de decenas. Y juzgaban al pueblo en todo tiempo: las causas difíciles las traían a Moisés, pero ellos mismos juzgaban todo asunto pequeño. Y Moisés dejó partir a su suegro; y se fue a su propia tierra.

Este es el versículo clave de la Torá al que se refiere el Zóhar para decirnos que Moshé (Moisés) usó el conocimiento de la lectura facial para elegir a las personas adecuadas para la tarea de dirigir los asuntos diarios relacionados con el liderazgo de la gente.

El verso divide a la gente en 4 grupos principales en el aspecto
'Iud': para los "hombres capaces". Estas personas se conectan a la 'Columna Derecha' de Jésed, Sur.
'He': para los "temerosos de Di-s". Estas personas se conectan a la 'Columna Izquierda' de Guevurá, Norte.
'Vav' 1: para los "hombres veraces". 'Columna Central'. Tiféret y el aspecto de 'Emet' (Verdad), Este.
'He' л: para los que "aborrecen las ganancias deshonestas". El lado de Maljut, Oeste.

PARASHAT YTRÓ

Está escrito: "Además observa tú de entre todo el pueblo varones de virtud, temerosos de Dios, varones de verdad, que aborrezcan la avaricia". No dice: "elige". "Observa" es según la vista, en la forma de la persona, en estos seis discernimientos a los que han mencionado, y todo está en este verso. "Además observa tú".

- 1. **En el Cabello**. "De entre todo el pueblo"
- 2. **En la Frente**. "varones de virtud"
- 3. **En el Rostro**. "temerosos de Dios"
- 4. **En los Ojos**. "Varones de verdad"
- 5. **En los Labios**. "Que aborrezcan la avaricia"
- 6. **En las Manos**. "en sus líneas"

Estas son señales con las que se reconoce a las personas en las que reside el espíritu de Jojma. Y a pesar de ello, Moisés no lo necesitó. Sin embargo está escrito "Escogió Moisés varones valientes de entre todo Israel", dado que el espíritu de santidad vino a él y le informó y en éste veía todo.

Y esto lo sabemos porque está escrito "Cuando tienen asuntos, viene a mí". No está escrito: "vienen a mí" sino "viene a mí". Es el espíritu de la santidad el que venía a él y le informaba y por este sabía y no necesitaba todo esto – observar e inspeccionar – sino que en un momento, Moisés sabía.

Así también sabía el rey Salomón. Él sabía en su trono que el espíritu de santidad reinaba sobre él y que terror y miedo se apoderaban de todo el que se acercaba a su trono. Y en él juzgaba sin testimonio porque habían formas en su trono, y todo el que se acercaba con una mentira, esa forma golpeaba y el rey Salomón sabía que este venía con una mentira. Esta es la razón por la cual cualquiera se sentía dominado por el miedo del trono y todos eran justos ante éste.

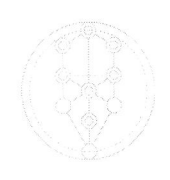

PARASHAT YTRÓ

El Rey Mesías juzga con el olor, así como está escrito: "Y él le olía el temor del Señor, y no lo juzgaba por la vista de sus ojos". Estos tres – Moisés, el Rey Salomón y el Rey Mesías – juzgaban el mundo sin testimonio o advertencia. El resto de la gente en el mundo juzga según testimonio basado en la Torá. Los sabios eran conocidos por las formas; ellos deben advertir a la gente del mundo y proporcionar la curación a las personas y curarlas. Felices son en este mundo y felices son en el mundo por venir.

Y VERÁS EL SECRETO DE LOS SECRETOS

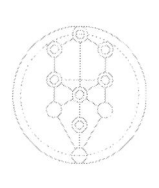

"Y vas a considerar de entre el pueblo". Este es el libro de las generaciones de Adam. Es un libro de esos libros que están sellados y son muy profundos. Rabí Shimon dijo, "He elevado mis manos en oración a Aquél que creó el mundo pues a pesar de que en este verso, los ancianos revelaron asuntos supremos y ocultos, de cualquier forma debemos examinar y reflexionar en los secretos del libro de Adam HaRishon, del cual procede el libro oculto del Rey Salomón.

El texto explica "Este es el libro". "Este" indica que todo depende de él. "Este" es el árbol de la vida, Tifferet. "Este" revela y no hay otro que revele. "Este" es como está escrito, "Este mes para ti será el comienzo de los meses". Este es Nissan, y ningún otro. Este de aquí también significa que "Este" revela y ningún otro.

"Este es el libro" para mirar y para revelar las generaciones de Adam. Es un árbol que revela las generaciones de un hombre que produce fruto, que engendra almas, que las hace salir al mundo. Es un libro para conocer la sabiduría oculta y profunda, que fue entregada a Adam en las formas de las personas. Esta sabiduría le fue entregada al Rey Salomón, quien la heredó y la escribió en su libro.

Moisés lo encontró difícil hasta que la Divinidad vino para enseñarle. Ella percibió y clasificó a todas esas personas que se podían ver y reconocer por sus rostros. Allí, Moisés aprendió esta sabiduría y fue iniciado en ella, como está escrito, "Y tú verás", y como está escrito, "Y tú siempre el mismo y no tienen fin tus años", "Tu los sostienes a todos", y "Tu, Señor, escudo que me ciñes". Todas esas palabras "Y tú" se refieren a la Divinidad. Aquí también, "Tú verás", se refiere a la Divinidad.

Y VERÁS EL SECRETO DE LOS SECRETOS

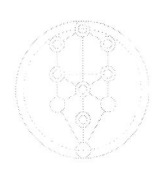

"Y tú verás y observarás. "Y tú", la Divinidad, "Lo verás y lo observarás". Tú y nadie más, para conocer y contemplar en 600,000. Debemos mirar las formas de las personas con seis discernimientos y conocer exhaustivamente la sabiduría. **Estos son el cabello, los ojos, la nariz, los labios, el rostro y las manos, es decir, las líneas en las manos**. Está escrito sobre estos seis discernimientos. "Y tú verás".

"Y tú verás en todas esas personas a hombres valerosos, temerosos de Dios, hombres de verdad, que odian la avaricia". "Y tú verás", se refiere al cabello, en las líneas de la frente, en sus cejas sobre los ojos.

"En todas esas personas", se refiere a los ojos, en la cornea del ojo y en los pliegues debajo del ojo.

"Hombres valerosos", se refiere a aquellos que tienen la fortaleza de estar en el palacio del Rey. Se les reconoce por lo amarillo de su rostro, en el rostro y las arrugas de su cara y la inscripción en ellos, en la barba.

"Qué odian la avaricia", quiere decir en las manos y en las líneas de las manos y en las inscripciones en ellas.

Todos los seis discernimientos están implicados aquí en el verso y le fueron entregados a Moisés para observar y para conocer la sabiduría oculta. Los justos de la verdad, como corresponde, heredan esta verdad. Bienaventurados son ellos.

Y VERÁS EL SECRETO DE LOS SECRETOS

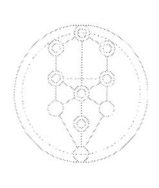

"Y cuando el espíritu de santidad ha partido de él", y el espíritu de impureza ha llegado, ese espíritu de impureza vibra dentro de él y muestra ciertas marcas e inscripciones al exterior. Son reconocibles en arrugas en la piel exterior, incluso en el cabello, la frente y la nariz, y todos esos signos permanecen sin cambio.

"De piel y de carne me vestiste y me tejiste de huesos y tendones". De igual forma, el Creador hizo grados unos encima de grados en lo alto, ocultos dentro de los ocultos, y huestes y Merkavot (plural de Merkava: carroza estructura) unas encima de las otras. Y así también, Él hizo las venas y los tendones en las cuales hizo grados sobre grados.

Estos son los huesos que se ubican para el sustento de grados supremos. Y aquellos grados que se denominan "carne", son los grados y el dominio del fin de toda carne. Y todos aquellos que disfrutan del humo de la carne y del aroma de las ofrendas, y otros que dominan la carne. Y por encima de todo se encuentra la piel, la piel que lo recubre todo.

Así como el Creador hizo estrellas y signos en la piel del firmamento para contemplarlos, es decir los signos de los cielos, para conocer la sabiduría con ellos, *así el Creador hizo inscripciones y arrugas en las personas, y en la piel del rostro del hombre*. Son como esas estrellas y signos en el firmamento, para conocer y contemplar la gran sabiduría en ellos y para conducir al cuerpo con ellas.

Y VERÁS EL SECRETO DE LOS SECRETOS

"Así como la apariencia de las estrellas y los signos cambian en la piel del firmamento, según las acciones del mundo, la visión de las inscripciones en *las arrugas cambia en la piel del hombre según sus acciones de época en época.* **Estas palabras fueron entregadas sólo a los justos verdaderos,** *para que conocieran y aprendieran esta gran sabiduría.*

"Este es el libro de las generaciones de Adam". De tiempo en tiempo, según las acciones del hombre, las inscripciones nacen, se inscriben y cambian en él de vez en cuando. Esto es así porque cuando el espíritu sagrado está con él, hace descendientes y muestra las inscripciones de ese espíritu en el exterior.

LOS CINCO NIVELES DEL ALMA SEGÚN LA CÁBALA

Los cinco niveles del ALMA SEGÚN LA CÁBALA

Dice el Zohar con respecto al versículo (Génesis 2:7), "Y Dios insufló en su nariz un aliento de vida,": "Aquél que exhala, exhala desde su ser más profundo". Una vez que Dios insufla Su "aliento" dentro del hombre, este "aliento" no puede ser separado del Él. El alma del hombre es una extensión del "aliento" de Dios y está directamente conectada a Él. El alma humana consiste en cinco niveles o aspectos, cada uno con un propósito y función específicos en el viaje espiritual de la persona.

1. **Significado y Asociaciones:**
   - El Tikún se relaciona con el karma y la ley de causa y efecto. Si tienes actos positivos con otros, te llegarán cosas buenas; si te comportas de manera negativa, también se reflejará en tu vida.
   - Comprender tu Tikún es importante para valorar cada momento. Todo tiene su razón de ser, incluso si no lo parece en un primer momento. Cada experiencia te brinda la oportunidad de corregir aspectos que no contribuyen a tu crecimiento.

2. **Descubrimiento Personal:**
   - Todos nacemos con un Tikún único. Entre más rápido descubras cuál es ese obstáculo que debes enfrentar, más pronto podrás resolverlo y crecer en todas las áreas de tu vida.
   - A veces, identificar el Tikún puede ser más difícil cuando somos pequeños, pero la paciencia y el autodescubrimiento son clave.

3. **Elección y Conciencia:**
   - Gracias al Tikún interno, tienes la elección de vivir una vida plena o una vida llena de ansiedad y angustia.
   - Para darte cuenta de lo que debes corregir, observa los patrones que repites constantemente. Toma conciencia de tus acciones y busca cambiar aquello que deseas mejorar.
   - No se trata de sembrar caos y dolor, sino de sanar y crecer gradualmente a nivel espiritual.

4. **Reflexión Profunda:**
   - El Tikún te permite darle un significado profundo a los momentos importantes de tu vida.
   - Recuerda que no es un castigo, sino una oportunidad para alcanzar tu máximo potencial.

Los cinco niveles del ALMA SEGÚN LA CÁBALA

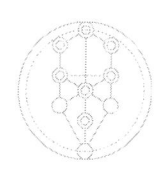

NIVELES DEL ALMA

Nivel anímico		Universo		Letra
Yejidáh	Esencia Única	Adám Kadmón	Primer Hombre	
Jayáh	Esencia viviente	Atzilut	Cercanía	Yud
Neshamáh	Pneuma	Briáh	Creación	Hei
Rúaj	Espíritu	Yetziráh	Formación	Vav
Néfesh	Alma	Äsiáh	Acción	Hei

Los cinco niveles del ALMA SEGÚN LA CÁBALA

1. **Nefesh (נפש):**

   - *Nefesh:* Este nivel se considera el más denso y está relacionado con el universo de la acción. Representa el alma animal y está vinculado a lo que percibimos a través de nuestros sentidos. En este nivel, experimentamos dualidad: masculino y femenino. Sin embargo en la Nefesh, a menudo prevalece el mal sobre el bien.

   - El propósito del nefesh es proporcionar energía vital y supervisar las funciones básicas del cuerpo físico. Es responsable de las sensaciones, instintos y deseos físicos.

   - *Personalidad:* Una persona con una personalidad predominantemente asociada al nivel de nefesh podría ser alguien muy arraigado en el mundo material, enfocado en satisfacer sus necesidades básicas como la comida, el refugio y la seguridad física. Puede ser práctica, realista y tener una conexión profunda con la naturaleza y los placeres sensoriales.

   - *Tikún y Corrección:* El tikún para alguien con un énfasis excesivo en el nivel de nefesh podría implicar aprender a equilibrar las necesidades materiales con las aspiraciones espirituales, cultivando la gratitud y la conexión con la dimensión espiritual de la existencia.

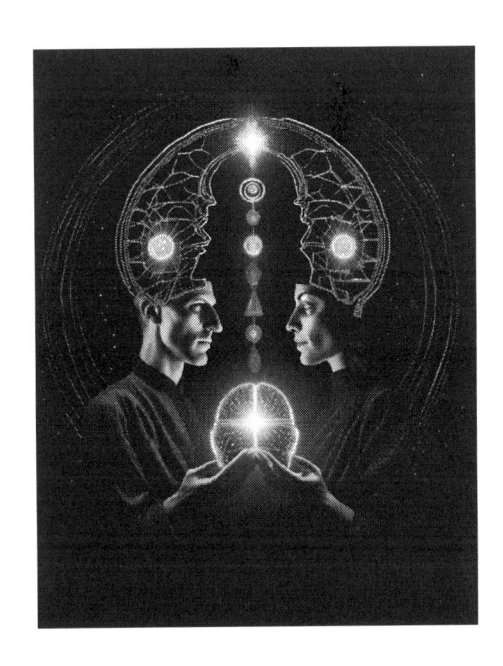

Los cinco niveles del
ALMA SEGÚN LA CÁBALA

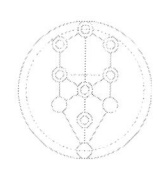

2. **Ruaj (רוח):** El Nivel del alma correspondiente a este universo es llamado Ruaj, es el Alma psicológica – relacionado con lo intelectual, capacidad de interpretar emociones. Tiene una percepción totalmente dual de la existencia regido por las reglas de la sociedad y de la física (todo es consecuencia de algo).

- El ruaj se refiere al nivel del alma asociado con la emoción, la pasión y la capacidad de elección. Es el aspecto del alma que está relacionado con la mente emocional y la fuerza vital interna.

- El propósito del ruaj es proporcionar motivación y dirección emocional. Es responsable de las emociones, los deseos y las aspiraciones personales.

- *Personalidad:* Una persona con una personalidad predominantemente asociada al nivel de ruaj podría ser emocionalmente intensa, apasionada y motivada por sus sentimientos y deseos. Puede ser creativa, inspiradora y estar en sintonía con sus propias emociones y las de los demás.

- *Tikún y Corrección:* El tikún para alguien con un énfasis excesivo en el nivel de ruaj podría implicar aprender a canalizar y dirigir sus emociones de manera constructiva, cultivando la estabilidad emocional y la compasión hacia sí mismo y hacia los demás.

Los cinco niveles del
ALMA SEGÚN LA CÁBALA

3. **Neshamá (נשמה):** La NESHAMÁ quiere liberar al individuo de todos los patrones y condicionantes, esos límites autoimpuestos por él mismo o la sociedad que le producen infelicidad ya que no está cumpliendo el cometido por el que vino a esta dimensión «real».

- La neshamá es el nivel del alma asociado con la mente y la conciencia superiores. Es el aspecto del alma que está relacionado con la espiritualidad, la sabiduría y la conexión con lo divino.

- El propósito de la neshamá es buscar la verdad espiritual y la elevación. Es responsable del pensamiento racional, la intuición y la conexión con lo trascendente.

- *Personalidad:* Una persona con una personalidad predominantemente asociada al nivel de neshamá podría ser reflexiva, intuitiva y profundamente espiritual. Puede estar interesada en la filosofía, la religión y la búsqueda de significado trascendental en la vida.

- *Tikún y Corrección:* El tikún para alguien con un énfasis excesivo en el nivel de neshamá podría implicar aprender a equilibrar la espiritualidad con la vida cotidiana, cultivando la acción práctica basada en principios espirituales y la conexión con la comunidad.

Los cinco niveles del ALMA SEGÚN LA CÁBALA

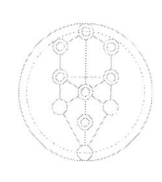

4. **Jaiá (חיה):** La Jaiá es el potencial de toda la información que puede ingresar a la Neshamá, pero que aún no ha ingresado. Las almas elevadas que se conectan con este nivel pueden captar la información de las almas de su misma raíz. Este nivel del alma se corresponde con las energías que operan dentro del universo de Atzilut (la Emanación).

- El jaiá se refiere al nivel del alma asociado con la voluntad y el impulso. Es el aspecto del alma que está relacionado con el poder y la vitalidad primordial.

- El propósito del jaiá es proporcionar la fuerza impulsora detrás de la vida y la acción. Es responsable de la determinación, la energía y el deseo de crecimiento espiritual. Jaiá (חיה):

- *Personalidad:* Una persona con una personalidad predominantemente asociada al nivel de jaiá podría ser enérgica, ambiciosa y orientada a la acción. Puede tener una gran determinación, impulsividad y deseo de lograr metas y objetivos significativos en la vida.

- *Tikún y Corrección:* El tikún para alguien con un énfasis excesivo en el nivel de jaiá podría implicar aprender a equilibrar la ambición con la humildad, cultivando la paciencia y la aceptación de los ritmos naturales de la vida.

Los cinco niveles del
ALMA SEGÚN LA CÁBALA

5. **Iejidá (יחידה):** En este nivel no existe la fragmentación; Este nivel del alma se llama Iejidá. En este nivel, el alma alcanza la Devekut con el Ein Sof (la Unificación con el Todo). Es el nivel más alto, en él está toda la información – pasado, presente y futuro.

- La Iejidá es el nivel más elevado del alma y está asociada con la singularidad y la unicidad espiritual. Es el aspecto del alma que está relacionado con la conexión directa con la divinidad.

- El propósito de la iejidá es experimentar y expresar la esencia única y divina de cada individuo. Es responsable de la conexión más íntima con Dios y la realización espiritual más profunda.

- *Personalidad:* Una persona con una personalidad predominantemente asociada al nivel de Iejidá podría ser profundamente única, auténtica y espiritualmente iluminada. Puede tener una conexión directa con lo divino y expresar cualidades de amor incondicional, compasión y sabiduría trascendental.

- *Tikún y Corrección:* El tikún para alguien con un énfasis excesivo en el nivel de Iejidá podría implicar aprender a equilibrar la experiencia de la unidad con la individualidad, cultivando la compasión práctica y la conexión con todos los seres vivos.

LOS CUATRO ELEMENTOS

LOS CUATRO ELEMENTOS

Existen cuatro elementos básicos que conforman el mundo material: fuego, aire, agua y tierra. estos cuatro elementos corresponden a las cuatro letras del Tetragrámaton (Etz Jaim 42:3).

Tetragrámaton   Elemento
- Iud   Fuego
- Hei   Aire
- Vav   Agua
- Hei   Tierra

Una antigua tradición habla también de cuatro niveles de la existencia física: domem (mineral), tzomeaj (vegetal), jai (animal), medaber (hablante, es decir el hombre); cuatro niveles principales del cuerpo: or (piel), basar (carne), guidim (tendones), atzamot (huesos); y cuatro tipos de fluidos del cuerpo, conocidos como los "cuatro humores". Estos se clasifican como: blanco, rojo, verde (amarillo verdoso) y negro (marrón rojizo). Ellos corresponden a los siguientes órganos:

	Fluidos	Órgano
Blanco	conductos linfáticos	
Rojo	sangre	hígado
Verde	bilis	vesícula biliar
Negro	(fluidos fétidos)	bazo

Los cuatro elementos surgen de un único elemento. Esto está aludido en el versículo, "Y un río fluye del Edén para regar el Jardín; de allí se divide y se transforma en cuatro ríos principales".

Esto es, existe una única fuente que se divide en cuatro: los cuatro elementos. Este único elemento es el Tzadik, la persona recta por cuyo mérito se mantiene el mundo, como en (Proverbios 10:5) "El Tzadik es el cimiento del mundo".

LOS CUATRO ELEMENTOS

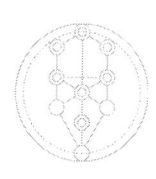

En la danza cósmica de la creación, cada elemento se erige en solitario, distinto en esencia de sus pares, aunque en la trama tejida por la divina sabiduría, convergen para sostener la llama de la vida en un vasto crisol de posibilidades. Cuando el aliento vital abandona su morada, los elementos se dispersan, evocando la imagen del "Mundo de la Separación" (ver también Rambam, Hiljot Iesodey HaTorá 4:3).

En su origen, en el seno del Tzadik, el elemento primigenio, los cuatro se funden en la Unidad Suprema, compartiendo un baile de paz y armonía.

Mientras la esencia vital del Tzadik fluya hacia ellos, los elementos coexistirán en una sinfonía perfecta. Solo al ser privados de esta esencia, su equilibrio se desvanece y la discordia se cierne. Es en este punto donde la decadencia y la aflicción se insinúan, dando paso a la enfermedad y el dolor.

Aunque cada ser humano está compuesto por los cuatro elementos primordiales, arraiga en cuatro raíces principales, correspondientes a las cuatro letras del Tetragrámaton. Cada ser encuentra su esencia en una letra específica, marcando su conexión con un elemento particular y un rasgo de carácter inherente a esa letra. De esta unión nacen los varios temperamentos que pueblan nuestro mundo. Algunos hallan su origen en las llamas del fuego, otros en la libertad del aire, unos más en la solidez de la tierra, y no faltan aquellos enraizados en la fluidez del agua. La clave radica en armonizar estas diferencias, pues cuando la discordia eclipsa a la concordia, la batalla y el conflicto se erigen como estandartes, enfrentando a unos con otros. Este desacuerdo resuena en sus esencias básicas, desencadenando desequilibrios en lo Alto. Como consecuencia, el mundo se ve sumido en la sombra de la destrucción y la aflicción.

Los Cuatro Elementos

Los cuatro temperamentos brillan como estrellas en el vasto firmamento de la personalidad, cada uno enlazado con un elemento primigenio de la naturaleza. ¡Embárcate en esta travesía para desentrañar los misterios que los rodean!.

TEMPERAMENTO SANGUÍNEO (FUEGO):

- *Personalidad:* Los individuos sanguíneos suelen ser extrovertidos, enérgicos, optimistas y sociables. Tienen una pasión por la vida y son propensos a la aventura y la creatividad.
- *Color:* Rojo - Representa la pasión, la energía y la vitalidad.
- Elemento: Fuego - Refleja la fuerza, la voluntad y la inspiración.
- *Bueno:* Son líderes naturales, entusiastas y motivadores. Tienden a ser carismáticos y pueden inspirar a otros.
- *Malo:* Pueden ser impulsivos, impacientes y propensos a la ira. A veces pueden ser imprudentes y descuidados en sus acciones.
- *Corrección Espiritual:* Necesitan aprender a canalizar su energía de manera constructiva y a controlar sus impulsos para evitar situaciones conflictivas. La meditación y la práctica del autocontrol pueden ser beneficiosas.

EJEMPLO DE PERSONALIDADES FAMOSAS:

- *Papa Francisco:* Líder espiritual de la Iglesia Católica conocido por su carisma y capacidad para inspirar a las masas.
- *Oprah Winfrey:* Celebridad y empresaria reconocida por su energía, carisma y habilidad para conectar con la audiencia.
- *Will Smith:* Actor y productor conocido por su carisma, entusiasmo y capacidad para liderar en la industria del entretenimiento.
- Ellen DeGeneres: Presentadora de televisión conocida por su espíritu optimista, humor y capacidad para contagiar alegría.
- *Joel Osteen:* Pastor evangélico y autor conocido por su mensaje inspirador y su capacidad para motivar a las personas.

LOS CUATRO ELEMENTOS

Temperamento Sanguíneo (Fuego):

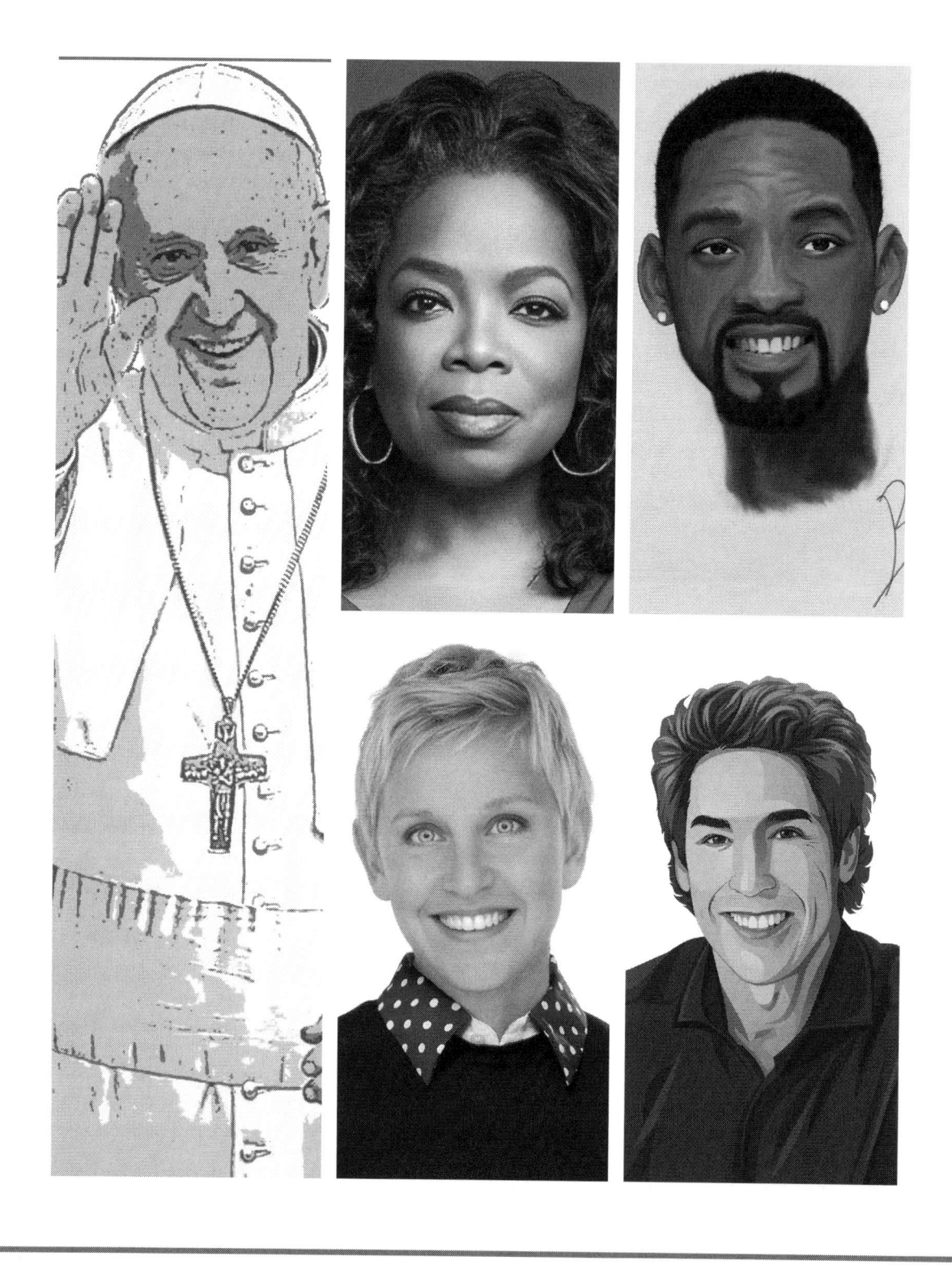

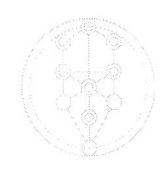

Los Cuatro Elementos

TEMPERAMENTO COLÉRICO (AIRE):

- *Personalidad:* Los individuos coléricos son ambiciosos, analíticos, decididos y orientados a objetivos. Tienen una mente aguda y son buenos para la toma de decisiones.
- *Color:* Amarillo - Representa la inteligencia, la claridad mental y la creatividad.
- Elemento: Aire - Refleja la mente, la comunicación y la racionalidad.
- *Bueno:* Son eficientes, lógicos y tienen un fuerte sentido de la responsabilidad. Pueden ser líderes efectivos y resolver problemas de manera rápida y efectiva.
- *Malo:* Pueden ser dominantes, críticos y distantes emocionalmente. A veces pueden ser insensibles hacia los sentimientos de los demás y tender a ser perfeccionistas.
- *Corrección Espiritual:* Necesitan trabajar en su empatía y comprensión emocional. Practicar la escucha activa y cultivar la compasión puede ayudarles a mejorar sus relaciones interpersonales.

EJEMPLO DE PERSONALIDADES FAMOSAS:

- *Dalai Lama:* Líder espiritual del budismo tibetano conocido por su sabiduría y compasión hacia todos los seres vivos.
- *Malala Yousafzai:* Activista paquistaní por los derechos de las mujeres y la educación, reconocida por su valentía y determinación.
- *Elon Musk:* Empresario y visionario tecnológico conocido por su determinación, liderazgo y ambición en la innovación.
- *Angela Merkel:* Política alemana y ex canciller federal conocida por su liderazgo, pragmatismo y determinación en la toma de decisiones.
- *Martin Luther King Jr.:* Líder del movimiento por los derechos civiles en Estados Unidos, conocido por su determinación y liderazgo en la lucha contra la discriminación racial.

LOS CUATRO ELEMENTOS

Temperamento Colérico (Aire):

Los Cuatro Elementos

TEMPERAMENTO FLEMÁTICO (AGUA):

- *Personalidad:* Los individuos flemáticos son tranquilos, pacientes, equilibrados y comprensivos. Tienen una naturaleza relajada y son buenos para manejar el estrés.
- *Color:* Azul - Representa la calma, la serenidad y la estabilidad emocional.
- Elemento: Agua - Refleja la intuición, la sensibilidad y la conexión emocional.
- *Bueno:* Son excelentes mediadores, amigables y compasivos. Tienen una habilidad natural para entender las emociones de los demás y ofrecer apoyo.
- *Malo:* Pueden ser pasivos, indecisos y carecer de motivación. A veces pueden ser conformistas y evitar enfrentarse a desafíos.
- *Corrección Espiritual:* Necesitan trabajar en su autoconfianza y motivación. Desarrollar metas claras y practicar la asertividad puede ayudarles a alcanzar su pleno potencial.

EJEMPLO DE PERSONALIDADES FAMOSAS:

- *Madre Teresa:* Monja católica y misionera conocida por su compasión y dedicación a los más necesitados.
- *Nelson Mandela:* Líder sudafricano y activista contra el apartheid, reconocido por su calma, sabiduría y compromiso con la reconciliación.
- *Anne Hathaway:* Actriz conocida por su calma, empatía y compromiso con causas humanitarias.
- *Papa Juan Pablo II:* Líder espiritual de la Iglesia Católica conocido por su bondad, compasión y amor por los demás.
- *Prince Ea:* Orador motivacional y activista conocido por su empatía, sensibilidad y mensajes inspiradores.

LOS CUATRO ELEMENTOS

Temperamento Flemático (Agua):

LOS CUATRO ELEMENTOS

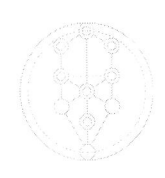

TEMPERAMENTO MELANCÓLICO O NERVIOSO (TIERRA):

- *Personalidad:* Los individuos melancólicos son reflexivos, sensibles, reservados y perfeccionistas. Tienen una profunda profundidad emocional y son creativos.
- *Color:* Verde - Representa la estabilidad, el crecimiento y la seguridad.
- *Elemento:* Tierra - Refleja la estabilidad, la firmeza y la conexión con la realidad física.
- *Bueno:* Son pensadores profundos, creativos y leales. Tienen una apreciación por la belleza y pueden ser artistas talentosos.
- *Malo:* Pueden ser pesimistas, autocríticos y propensos a la melancolía. A veces pueden ser demasiado reservados y tener dificultades para adaptarse al cambio.
- *Corrección Espiritual:* Necesitan trabajar en su autoaceptación y practicar la gratitud. Cultivar una mentalidad positiva y aprender a perdonarse a sí mismos puede ayudarles a superar los sentimientos de tristeza y depresión.

EJEMPLO DE PERSONALIDADES FAMOSAS:

- *Mahatma Gandhi:* Líder espiritual y político indio conocido por su filosofía de la no violencia y su dedicación a la justicia social.
- *Leonardo DiCaprio:* Actor conocido por su sensibilidad, profundidad emocional y compromiso con la conservación del medio ambiente.
- *Emma Watson:* Actriz y activista conocida por su inteligencia, dedicación y compromiso con la igualdad de género.
- *Anne Frank:* Escritora y víctima del Holocausto conocida por su sensibilidad, introspección y valentía al escribir su diario.
- *Aung San Suu Kyi:* Política birmana y activista por la democracia, conocida por su fuerza interior y resistencia frente a la opresión.

LOS CUATRO ELEMENTOS

Temperamento Melancólico o Nervioso
(Tierra):

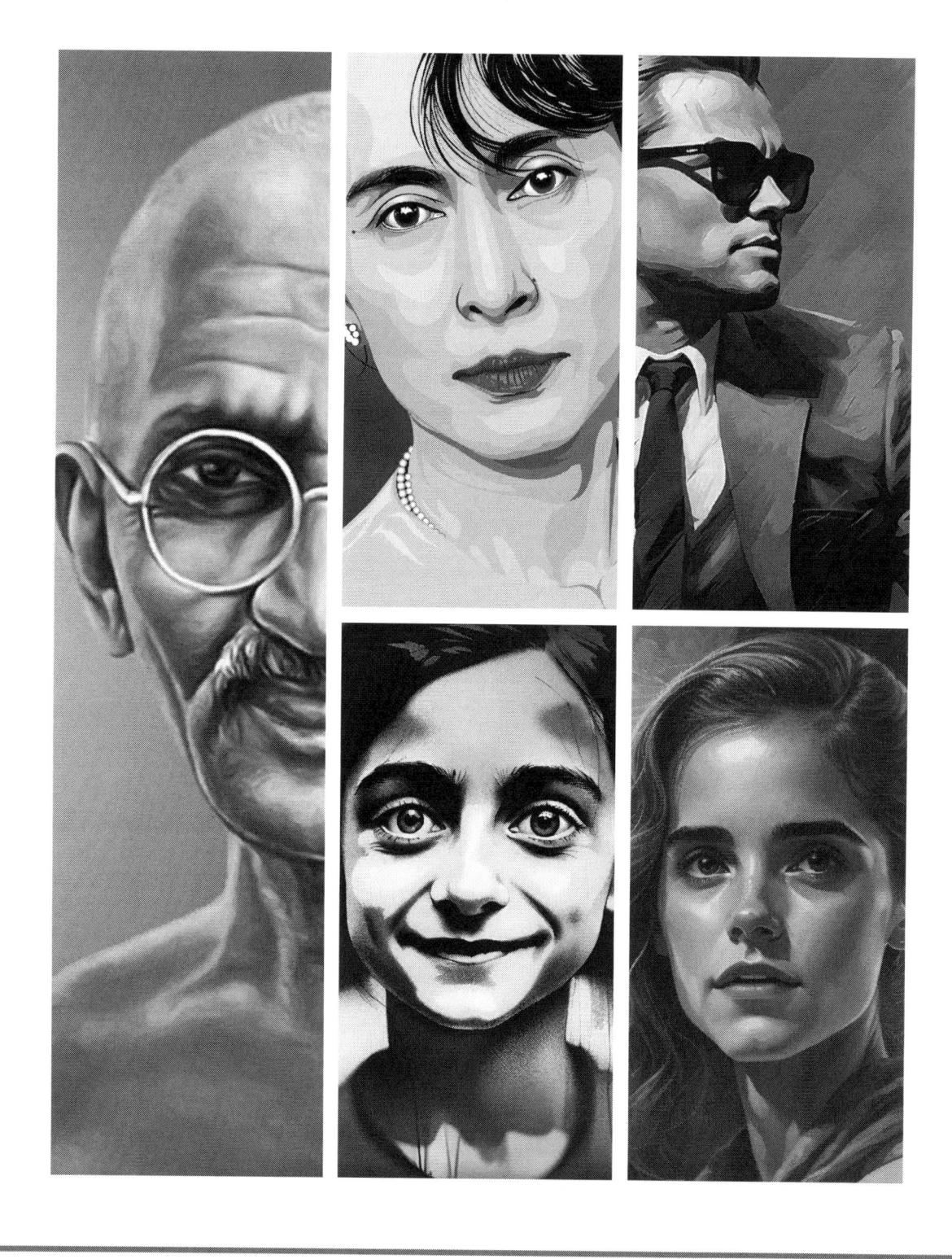

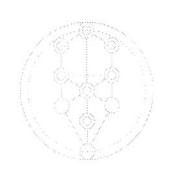

LOS CUATRO ELEMENTOS
TIERRA:

La tipología de rostro asociada al elemento tierra generalmente se caracteriza por rasgos que reflejan estabilidad, practicidad y conexión con la naturaleza. Aquí hay un resumen de las características típicas del rostro de la tipología de elemento tierra:

1. *Rasgos Faciales Equilibrados:* Los rasgos faciales suelen ser proporcionados y equilibrados. Esto puede incluir una forma facial redondeada u ovalada, con líneas suaves y armoniosas.
2. *Complexión Terrosa:* La piel tiende a tener un tono terroso, que puede variar desde tonos más pálidos hasta tonos más cálidos, pero generalmente refleja una conexión con la tierra y la naturaleza.
3. *Expresión Serena:* El rostro del elemento tierra a menudo transmite una expresión serena y calmada. Puede haber una sensación de tranquilidad y seguridad en la mirada y la sonrisa.
4. *Mandíbula Firme:* La mandíbula tiende a ser firme y bien definida, lo que sugiere determinación y resistencia.
5. *Ojos Profundos:* Los ojos suelen ser grandes y expresivos, con una mirada profunda que refleja una conexión con el mundo que los rodea.
6. *Piel Saludable y Radiante:* La piel tiende a ser saludable y radiante, reflejando una buena salud y bienestar general.
7. *Postura Estable:* Las personas con esta tipología de rostro tienden a tener una postura estable y firme, lo que refleja su sentido de arraigo y conexión con la tierra.

En resumen, el rostro de la tipología de elemento tierra es equilibrado, sereno y conectado con la naturaleza, con rasgos que reflejan estabilidad y practicidad.

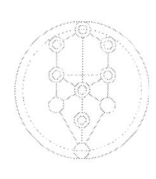

LOS CUATRO ELEMENTOS
FUEGO:

La tipología de rostro asociada al elemento fuego generalmente se caracteriza por rasgos que reflejan energía, intensidad y vitalidad. Aquí hay un resumen de las características típicas del rostro de la tipología de elemento fuego:

1. *Rasgos Faciales Dominantes:* Los rasgos faciales suelen ser prominentes y llamativos. Esto puede incluir una nariz grande y recta, ojos expresivos y penetrantes, cejas arqueadas y marcadas, y pómulos prominentes.
2. *Coloración Cálida:* La piel tiende a tener un tono cálido, que puede variar desde tonos de bronceado hasta colores más dorados o rojizos.
3. *Expresión Dinámica:* El rostro del elemento fuego a menudo transmite una expresión enérgica y dinámica. Puede haber una expresión de determinación, pasión o entusiasmo que se refleja en los ojos brillantes y la sonrisa confiada.
4. *Frente Amplia:* La frente puede ser más amplia y alta, lo que sugiere una mente activa y creativa.
5. *Líneas de Expresión Pronunciadas:* Debido a la expresividad de este tipo de rostro, es común que haya líneas de expresión pronunciadas, especialmente alrededor de los ojos y la boca, que indican una vida emocional rica y activa.
6. *Postura Erguida:* Las personas con esta tipología de rostro tienden a tener una postura erguida y segura, lo que refleja su confianza y determinación.

En resumen, el rostro de la tipología de elemento fuego es vibrante, expresivo y lleno de energía, con rasgos dominantes que reflejan una personalidad apasionada y decidida.

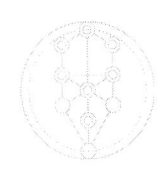

LOS CUATRO ELEMENTOS
AGUA:

La tipología de rostro asociada al elemento agua generalmente se caracteriza por rasgos que reflejan sensibilidad, intuición y fluidez emocional. Aquí hay un resumen de las características típicas del rostro de la tipología de elemento agua:

1. *Rasgos Faciales Suaves:* Los rasgos faciales suelen ser suaves y delicados, con líneas fluidas y redondeadas. Esto puede incluir una mandíbula suave, pómulos ligeramente pronunciados y una nariz pequeña y elegante.
2. *Complexión Pálida o Translúcida:* La piel tiende a tener una complexión pálida o translúcida, lo que refleja sensibilidad y una conexión con el mundo emocional.
3. *Ojos Profundos y Expresivos:* Los ojos suelen ser grandes, redondos y expresivos, con una mirada profunda que refleja una gran sensibilidad emocional e intuición.
4. *Labios Sensuales:* Los labios tienden a ser carnosos y sensuales, lo que añade una cualidad seductora al rostro.
5. *Expresión Cambiante:* El rostro del elemento agua a menudo transmite una expresión cambiante que refleja el flujo de emociones internas. Puede haber una sensación de misterio o enigma en la mirada.
6. *Piel Suave y Radiante:* La piel tiende a ser suave y radiante, reflejando una sensibilidad y receptividad al entorno.
7. *Postura Grácil:* Las personas con esta tipología de rostro tienden a tener una postura grácil y fluida, lo que refleja su naturaleza adaptable y receptiva.

En resumen, el rostro de la tipología de elemento agua es suave, expresivo y lleno de sensibilidad, con rasgos que reflejan una profunda conexión con el mundo emocional y una capacidad intuitiva notable.

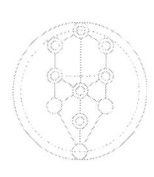

LOS CUATRO ELEMENTOS
AIRE:

La tipología de rostro asociada al elemento aire generalmente se caracteriza por rasgos que reflejan inteligencia, expresividad y comunicación. Aquí hay un resumen de las características típicas del rostro de la tipología de elemento aire:

1. *Rasgos Faciales Delicados:* Los rasgos faciales suelen ser delicados y finamente proporcionados. Esto puede incluir una nariz recta y refinada, pómulos definidos pero no pronunciados, y una mandíbula suave.
2. *Complexión Clara y Luminosa:* La piel tiende a tener una complexión clara y luminosa, lo que refleja una mente activa y alerta.
3. *Ojos Brillantes y Expresivos:* Los ojos suelen ser grandes y brillantes, con una mirada penetrante que refleja agudeza mental y curiosidad. Pueden ser de forma almendrada.
4. *Frente Amplia:* La frente tiende a ser amplia y alta, sugiriendo una mente abierta y receptiva.
5. *Sonrisa Radiante:* La sonrisa es frecuente y radiante, reflejando una naturaleza amigable y comunicativa.
6. *Expresión Animada:* El rostro del elemento aire a menudo transmite una expresión animada y vivaz. Puede haber una sensación de vivacidad y energía en la mirada y los gestos.
7. *Postura Erguida y Grácil:* Las personas con esta tipología de rostro tienden a tener una postura erguida y grácil, lo que refleja su naturaleza comunicativa y sociable.

En resumen, el rostro de la tipología de elemento aire es delicado, expresivo y lleno de vitalidad, con rasgos que reflejan una mente ágil y comunicativa, así como una disposición amigable y sociable.

LOS CUATRO ELEMENTOS

El Colérico

El Nervioso

El Flemático

El Sanguíneo

Los Cuatro Elementos

El fuego es, en su constitución, el más liviano de los cuatro, pues sus propiedades hacen que el calor se eleve. Es la fuente de la arrogancia, de aquél que se ve a si mismo como "por sobre" los demás. El fuego es también la fuente de la ira. La ira y la arrogancia llevan también a la irritabilidad y al deseo de poder y de honor.

El aire es la fuente de la palabra vana - la tendencia a hablar acerca de temas sin valor. También se refiere al habla prohibida: la adulación, la mentira, la calumnia y la burla. El aire es también la fuente de la vanidad.

El agua trae placer- del agua proviene el impulso de todas las clases de deseos. También produce celos y envidia, llevando al comportamiento deshonesto y al robo.

La tierra es el más pesado de los elementos y denota pereza y depresión. Aquél dominado por los aspectos materiales de la tierra siempre se queja de su suerte y nunca está satisfecho con lo que tiene.

En síntesis, cada tipo de temperamento posee características únicas, influenciadas por elementos naturales. La identificación de estas particularidades puede contribuir a que las personas comprendan sus fortalezas y debilidades, y avancen hacia un mayor equilibrio y armonía en sus vidas.

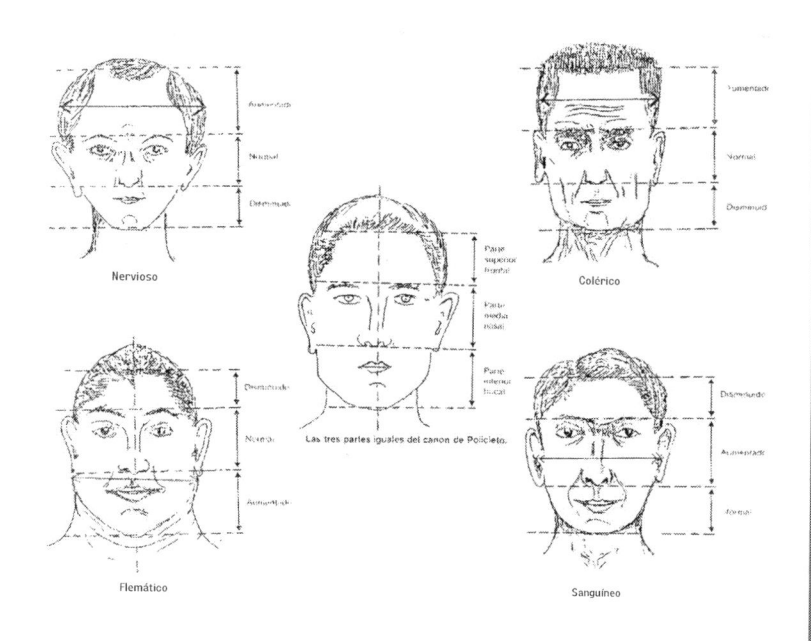

Las Imágenes son solo ilustrativas buscando le ayude a conocer de una forma visual esta teoría de los Temperamentos.

Y VERÁS EL SECRETO DEL ROSTRO

Y VERÁS EL SECRETO DEL ROSTRO

El significado del rostro es para aquellos que tienen sabiduría interna. Los rasgos de los rostros no son aparentes en las inscripciones externas en el cutis, como con la frente, sino más bien en la inscripción de secretos interiores. Esto es así porque los rasgos de los rostros se invierten y surgen en las inscripciones de los rostros, que se esconden en el viento, que se encuentra adentro. Y del viento, los rasgos de los rostros se ven en el exterior, visibles para aquellos sabios que tienen sabiduría interna.

Los rasgos de los rostros son aparentes a partir del espíritu que se encuentra en un hombre, en quien están grabadas las letras, y todas las veintidós letras se hallan ocultas dentro del espíritu. Y de acuerdo a la hora del hombre, estas inscripciones de estas letras ascienden al rostro, y así como esas letras ascienden, así el rostro aparece en las formas inscritas de acuerdo a la hora del hombre, en un espejo que no perdura, sino que son formas transitorias. Y sólo aquellos con sabiduría las ven y existen en ellas, y no las olvidan.

La Torá, ZA, surge con todas las veintidós letras – incluyendo todo – desde un lugar denominado, "el mundo por venir", Bina. Y el río que sale del Edén, ZA, lo toma todo. Cuando las almas y los espíritus lo abandonan, estos son representados en la formación de estas letras y todas ellas surgen también. Por lo tanto, el espíritu del hombre que se representa en la formación de las letras, realiza una imagen del rostro del hombre.

Una imagen de la madre del espíritu, Maljut no se forma dentro de ese espíritu porque las letras surgen del padre del espíritu, ZA. La formación de las letras surge desde ZA y la formación de la madre, Maljut, que son los cuatro rostros – el buey, el águila, el león y el hombre – se representan en ese espíritu desde abajo. Asimismo, la formación de las letras que llega desde ZA está oculta desde dentro y la formación de la madre sobresale.

Y VERÁS EL SECRETO DEL ROSTRO

La forma de la madre, que es Maljut, es el rostro del hombre, el rostro de un león, el rostro de un buey y el rostro de un águila. Y el espíritu hace una forma con todo ellos sólo por el momento actual, pues todo lo que viene del lado del viento sobresale, se ve y de inmediato se esconde. Y todas esas formas visibles toman forma con la formación de las letras que vienen desde ZA, a pesar de que están ocultas desde dentro. Esas cuatro figuras aparecen por un momento a aquellos que tienen ojos, aquellos que tienen sabiduría, quienes saben – debido a la sabiduría – como mirarles.

La primera imagen es la que cuando un hombre marcha por el sendero de la verdad, aquellos que conocen a su amo le miran, pues ese espíritu interior está corregido en él, y la forma que incluye todo sobresale. Y esa forma es el rostro del hombre. Es una forma más completa que todas las formas, que pasa temporalmente delante de los ojos del sabio de corazón; cuando mira a su rostro exterior, ese rostro que se presenta delante de él, los ojos del corazón lo aman.

Existen cuatro signos de letras en ellos: un tendón sobresale en su rostro hundiéndose, es decir no forma una protuberancia, pero es como si sobresaliera al hundirse, en el lado derecho, Y un tendón incluye a los otros dos, que están incluidos en él en el lado izquierdo del rostro, Esos cuatro signos son las cuatro letras en la palabra Edut (testimonio) y este signo es la letra Ayin, ese tendón que sobresale hundiéndose desde el lado derecho, es decir recostándose.

La letra Dalet y las dos letras que se unen con ésta, que son la letra Vav y la letra Tav son ese tendón que contiene los dos otros tendones en el lado izquierdo del rostro, Es como está escrito, "Su nombre es 'un testimonio en José'", pues cualquiera que lo miraba lo amaba con su corazón y él se encontraba completado con el amor.

Y VERÁS EL SECRETO DEL ROSTRO

La simiente de David, las tonalidades de los colores cambian en él, y es debido a esto que Samuel se confundió como está escrito, "No miren su apariencia", pues el otro lado estaba en Eliav. Esto no sucedía con David, pues las formas de David estaban encubiertas porque las formas del otro lado estaban incluidas en sus formas, y la forma del otro lado aparecía en él primero, pasando por los ojos por un momento, y el corazón se espantaba y temía. Luego, está escrito, "Y una apariencia hermosa y el Señor está con él". Este es un testimonio para él.

Esta forma del rostro del hombre incluye todas las formas, y todas están incluidas en ella. Esta no se espanta con su espíritu; cuando él está enojado, se encuentra tranquilo y sus palabras son calmadas y de inmediato se reconcilia.

La simiente de David, en la cual esa forma de Sitra Ajra apareció en el comienzo y que pasa delante de los ojos por el momento – en su enojo, está tranquilo y de inmediato se reconcilia. Sin embargo, al final, él es tan vengativo como una serpiente, pues ese lado es lo que le provoca, rodeándolo por todos lados hasta que toma su venganza. Pero el cerebro adentro de esa Klipa y el corazón se enderezan. Esto es verdad para los justos, pero el malvado no se mueve de esa primera forma malvada y se vincula completamente con ella.

La otra forma es cuando la persona no marcha por el mal camino, se aparta de ese sendero, y retorna a su amo, un buen espíritu empieza a estar con él y vence a esa impureza inicial que estaba con él. Esto sobresale en la mirada de los ojos por un momento, bajo la forma del león predominante. Cuando se observa esta forma en él, esa visión provoca que un león venza por el momento en su corazón, es decir, que su corazón temporalmente prevalezca sobre el lado malo.

Y VERÁS EL SECRETO DEL ROSTRO

Aquel que tiene el rostro de un león predominante, cuando miran su rostro, es un rostro que el corazón no ama por un momento, y su corazón de inmediato retorna a amarlo. Cuando se le mira, él se avergüenza y piensa que todos saben sobre él. Es decir que le parece que ellos saben todo lo que él piensa y hace en secreto. Y por vergüenza, su rostro se llena de sangre por un momento, y luego vuelve a ser blanco o verde.

Hay tres tendones finos en su rostro. Uno se encuentra a la derecha, extendiéndose por su rostro y aferrándose a él; uno asciende a su nariz y hacia arriba, dos a la izquierda, y uno extiende debajo de esos dos, aferrándose a los dos. Esas son letras que están grabadas en su rostro. Sobresalen y no se hunden y cuando se sienta y practica el camino de la verdad, se hunden.

El significado de esas letras se acerca. Porque él se encontraba alejado, ahora que él se ha acercado de nuevo, esas letras sobresalen en su cara y de prisa atestiguan para él. Este signo es Kof del lado derecho del rostro. Y las otras letras, que son la mayoría, se encuentran en el lado izquierdo del rostro. Y a pesar de que los otros tendones se observan en su rostro, no son tan sobresalientes como aquellos, salvo si él marcha por caminos torcidos, entonces sobresalen también.

Aquel que es de la simiente de David cambia por esta visión. Primero, él aparece bajo la forma de un hombre, luego existe bajo la forma de un león, separado del otro lado y en todo él es opuesto al resto de las personas.

La tercera imagen es de esa persona que marcha por un camino que no está corregido y sus caminos se apartan del camino de la Torá. Ese espíritu sagrado se aparta de él y otro espíritu se observa en él, otra forma, sobresaliendo, para la mirada de los ojos de aquellos que son sabios de corazón, por un momento, la forma de un buey. Cuando se observa, los sabio de corazón pasan esa imagen de un buey en sus corazones y la observan.

Y VERÁS EL SECRETO DEL ROSTRO

Tres semillas rojas de azafrán, llamado Kurtama, parecen estar en el lado derecho de su rostro. Estos son pequeños tendones. Y allí las tres en el lado izquierdo del rostro son las letras que sobresalen en él. Uno, de los tres en la derecha y en la izquierda, es un tendón pequeño en un círculo, dos tendones pequeños están sobre él y todos están en un círculo, Y entonces sus ojos están hundidos dentro de la frente.

El significado de estas letras es que uno de las tres es Kaf , y las otras dos son Reish - Tav . Asimismo, las tres del lado izquierdo, una de ellas es Kaf y las otras son Reish-Tav. Este signo es como está escrito, "La expresión de sus caras da testimonio contra ellos". Esas letras en el rostro sobresalen más que los otros tendones, y si él se arrepiente del lado izquierdo y llega al lado derecho, ese espíritu se rinde y el espíritu de Kedusha (santidad) se fortifica, esos tendones se hunden y otros sobresalen.

La simiente de David es lo contrario. Primero, parece como el de un león, y luego retorna a la forma de un buey. Dos tendones negros se encuentran en su rostro, uno a la derecha y uno a la izquierda, y son las letras – una de las cuales es llamada Dalet , y una es llamada Ayin . Y él es enteramente opuesto al resto de las personas.

La cuarta imagen es una imagen de hombre, que siempre está dispuesto para ser corregido por lo que él hizo en el principio y ya no daña más. Esta es una visión para el sabio de corazón en la forma de un águila. Su espíritu es un espíritu débil. No muestra letras sobresalientes dentro, porque ellas se han perdido de él y se han hundido en otro momento, en sus días primeros. Se apartaron de él entonces, y por lo tanto no sobresalen en él.

Y VERÁS EL SECRETO DEL ROSTRO

Sus ojos no iluminan en destellos cuando está contento, ni cuando corta su cabello y su barba, porque su espíritu no ilumina para él con letras, y los destellos que tenía al principio se han hundido. Él no se ubica en Hitaklut Panim (mirando al rostro) para mirarle, pues no tiene letras sobresalientes, y él es como está escrito, "Así es que yo felicité a los muertos por estar ya muertos más que a los vivos que todavía viven". La simiente de David es como está escrito, "El secreto del Señor es para aquellos que Le temen, y Él les hará conocer Su pacto".

Las letras son representadas en el espíritu del hombre, y él las hale sobresalir en su rostro. Esta sabiduría se entrega al sabio de corazón para conocer y reconocer. El espíritu se ubica en el asunto que está escrito: éste es el libro; y todo se ubica en ese asunto, excepto por la visión del rostro que fue juzgado de otra forma, de acuerdo al dominio del espíritu del propietario del espíritu. Dichosos son los sabios a quienes se les ha entregado todo para que lo conozcan. **Hasta aquí el secreto del rostro.**

La lectura fisiognómica y la quiromancia son prácticas ancestrales que datan de tiempos remotos, remontándose a épocas antiguas de la humanidad. Según la tradición, se cree que este conocimiento fue impartido por el Creador a Adán, quien luego lo transmitió a Moisés. Este legado se extendió a lo largo de la historia, llegando al rey Salomón y posteriormente a Rav Shimon bar Yojai, quien es reconocido como el autor del Zóhar. En períodos más recientes, se atribuye esta sabiduría a Rav Isaac Luria, también conocido como el Ari. Estas prácticas, que combinan la interpretación de los rasgos faciales y las líneas de las manos, han sido objeto de estudio y reflexión a lo largo de los siglos, formando parte integral de diversas tradiciones culturales y espirituales.

Y VERÁS EL SECRETO DEL ROSTRO

El análisis facial y quiromántico se distinguen por ser enfoques que trascienden la mera evaluación o clasificación de individuos. Más bien, constituyen instrumentos destinados a la comprensión de nuestro propio tikún, el proceso personal mediante el cual buscamos alcanzar una mayor plenitud espiritual y retornar a la Luz. Al identificar las raíces de las manifestaciones negativas derivadas de experiencias pasadas, nos facultamos para efectuar los ajustes necesarios que promoverán la elevación de nuestro espíritu hacia el siguiente escalón evolutivo. Estas prácticas, en su esencia, invitan a una introspección profunda y un compromiso con el crecimiento personal, encaminados hacia la búsqueda de la armonía interior y la realización espiritual.

Los atributos faciales que se mencionan sugieren la presencia de información arraigada de nuestras vidas pasadas en nuestra existencia actual. Aunque estos rasgos denotan predisposiciones inherentes, no siempre reflejan nuestra situación presente de manera directa. Por ejemplo, ciertos aspectos pueden indicar características que, aunque presentes, podríamos haber superado en la vida actual. Un ejemplo emblemático es el de Abraham Lincoln, cuyos rasgos severos y asimétricos no le impidieron trascender sus presuntas limitaciones para dedicar su vida al mejoramiento de la humanidad. Por otro lado, es plausible que presentemos características faciales que sugieran una naturaleza afable, lo que podría señalar que nuestra misión en esta vida consiste en desarrollar habilidades de discernimiento, emitir juicios constructivos, establecer límites y fomentar competencias de liderazgo. Sin embargo, cuando estos rasgos más nobles adoptan una expresión rígida en el rostro, podría indicar un cambio en nuestra naturaleza interior, lo que se refleja en nuestra apariencia exterior.

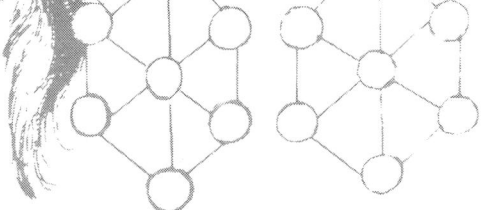

Y VERÁS EL SECRETO DEL ROSTRO

Al examinar la siguiente lista de características, es imperativo abstenerse de emitir juicios tanto hacia uno mismo como hacia los demás desde una perspectiva convencional, ya que tales cualidades solo ofrecen una visión parcial. Estas características nos enseñan que no se puede evaluar algo simplemente por su apariencia superficial. Por ejemplo, lo que la sociedad pueda considerar como rasgos poco atractivos, como una nariz prominente, diastema dental o unas orejas prominentes, en realidad pueden ser señales reveladoras de una riqueza de singularidad y personalidad desde el punto de vista cabalístico. Este recordatorio nos invita a adoptar una comprensión más profunda y holística de la belleza y la singularidad de cada individuo, reconociendo que la verdadera esencia y valor de una persona trascienden la mera apariencia física y residen en la riqueza de su carácter y su identidad única.

Por lo tanto, es fundamental emplear esta sabiduría con discernimiento y cautela. Debemos evitar asignar connotaciones negativas, como la agresividad, o positivas, como la amabilidad, a signos específicos. En su lugar, debemos considerarlos simplemente como descripciones neutras. De hecho, en determinados contextos, la agresividad puede ser un rasgo fundamental y necesario, mientras que la amabilidad podría ser interpretada como una debilidad. Esta reflexión nos insta a reconocer la complejidad y la relatividad de los atributos humanos, evitando caer en simplificaciones que puedan llevar a juicios erróneos o estereotipos injustos.

Además, es esencial considerar cada característica como parte integral de un conjunto más amplio. Estas características nos ofrecen una visión panorámica de todo lo que hemos traído a esta vida: nuestro nivel inicial de desarrollo personal.

La denominación "lectura del rostro y de las palmas de las manos" proviene de la necesidad de examinar tanto los rasgos faciales como las líneas de las manos para una evaluación completa.

Y VERÁS EL SECRETO DEL ROSTRO

Es fascinante y poéticamente significativo que lo que se refleja en las palmas de las manos siempre se corresponda con lo que observamos en nuestro rostro, a pesar de que algunas características presentes en las palmas no se manifiesten en el rostro, y viceversa.

Por ejemplo, es posible que en nuestro rostro identifiquemos rasgos positivos relacionados con el ámbito empresarial, mientras que en nuestras palmas detectemos características negativas asociadas con las relaciones interpersonales o la salud, pero nunca encontraremos una discrepancia entre ambos. Este fenómeno subraya la conexión profunda entre nuestra apariencia física y nuestro destino, resaltando la complejidad y la interrelación entre los diversos aspectos de nuestra existencia.

Es esencial reconocer que la información revelada por nuestro rostro coincide con las señales expresadas a través de nuestras palmas. Por lo tanto, al emplear la lectura facial como una herramienta de análisis, resulta fundamental examinar minuciosamente los rasgos faciales. Para lograr una evaluación precisa, se aconseja observar el rostro en un estado de relajación, dado que las emociones como la tristeza y la ira pueden distorsionar la percepción al generar energías propias.

Además, es común asociar rasgos faciales nítidos y líneas prominentes con poder y vigor, mientras que los rasgos menos definidos sugieren una disminución de energía. Este enfoque detallado nos permite comprender mejor la relación entre nuestra expresión facial y nuestro estado emocional, así como la manera en que estos aspectos pueden influir en nuestra percepción y comportamiento.

Y VERÁS EL SECRETO DE LAS SE'AROT

En este libro se investiga el papel que la conciencia de la reencarnación desempeña en la realización de la misión de nuestra alma en este mundo.

Se explora cómo nuestra apariencia física puede proporcionar indicios significativos sobre nuestras vidas pasadas y nuestro proceso de "tikún". Aspectos tales como las arrugas en la frente (metoposcopia), el grosor de los labios, la forma de los lóbulos de las orejas o la distancia entre los ojos se consideran manifestaciones de nuestra alma en encarnaciones anteriores.

El arte de la lectura facial nos ofrece herramientas para descifrar el simbolismo presente en estos rasgos, lo que facilita la tarea de reconstruir el rompecabezas de nuestra historia personal.

La falta de comprensión del mensaje subyacente en nuestros rasgos faciales conlleva el riesgo de desaprovechar valiosas oportunidades durante nuestra vida actual. Este enfoque ofrece una visión profunda y reflexiva sobre la interconexión entre nuestra apariencia física y nuestra trayectoria espiritual a lo largo de múltiples encarnaciones.

Y VERÁS EL SECRETO DE LAS SE'AROT

El estudio y práctica del arte de la fisiognomía no solo nos proporciona la habilidad de identificar nuestras propias imperfecciones, sino que también nos dota de las herramientas necesarias para elevar nuestro espíritu hacia un mayor nivel de desarrollo personal.

Por ejemplo, si nuestros rasgos faciales revelan una falta de confianza arraigada en vidas pasadas, es crucial que en el presente nos esforcemos por cultivar la asertividad y demostrar respeto y consideración hacia nuestro propio bienestar emocional y espiritual.

Al comprometernos con este proceso de autodescubrimiento y mejora continua, no solo fortaleceremos nuestra autoestima y autoconciencia, sino que también aumentaremos nuestra capacidad para conectar de manera más profunda y significativa con los demás. Este camino de autorreflexión y crecimiento nos impulsa hacia adelante en la búsqueda constante de perfeccionar nuestro ser interior y alcanzar un mayor nivel de armonía y plenitud en nuestra vida.

Y VERÁS EL SECRETO DE LAS SE'AROT (CABELLOS)

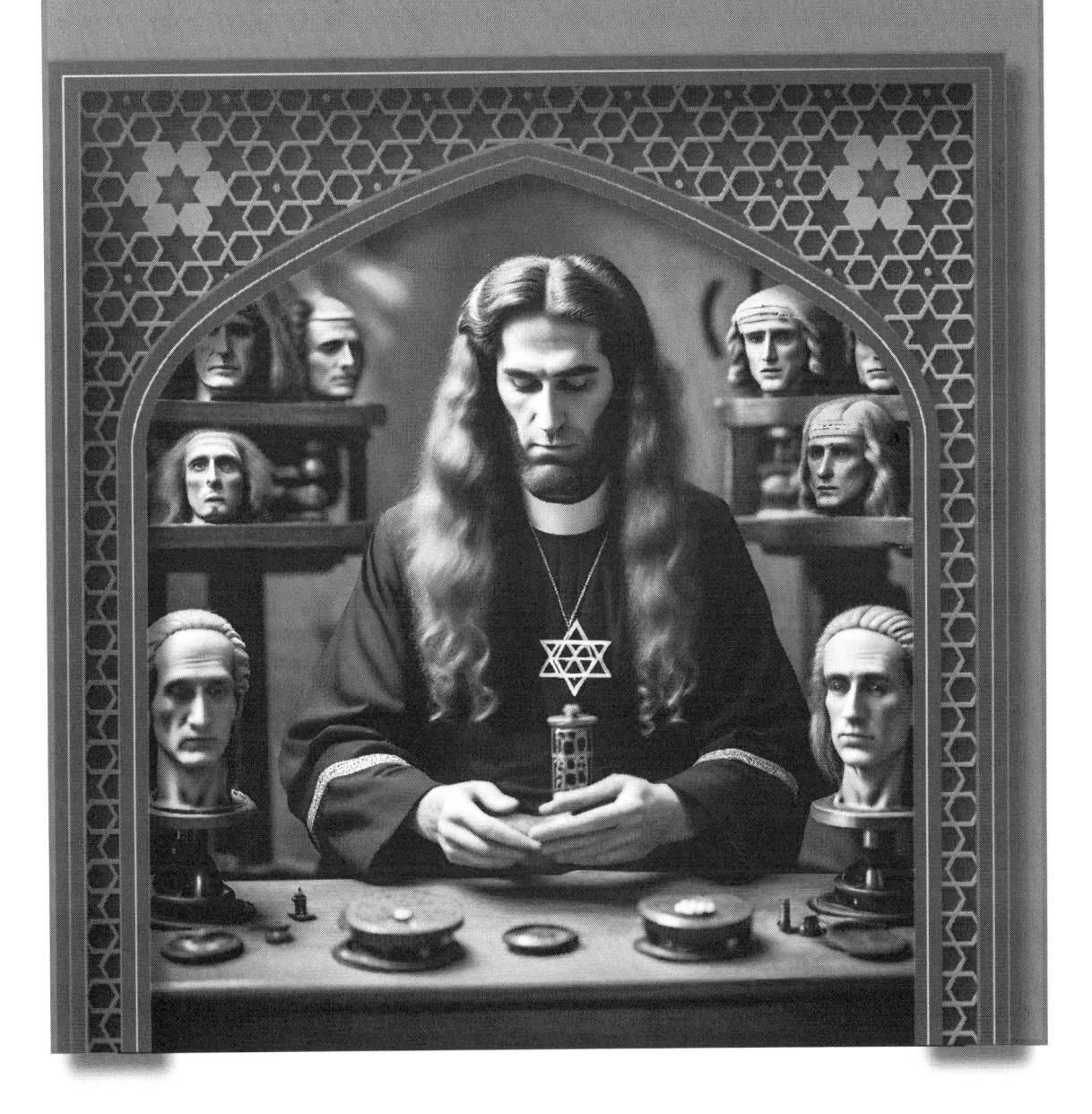

Conceptos generales.

Y VERÁS EL SECRETO DE LAS SE'AROT (CABELLOS)

"Este es el libro de la descendencia de Adam". Habla de los rasgos, con respecto a los rasgos de las personas, los rasgos con los cuales reconocer la forma en el secreto de Adam en esas generaciones de Adam: en el cabello, en la frente, en los ojos, en la cara, en los labios, en las líneas de las palmas y las orejas. A través de estos siete, se reconoce a las personas.

Es aparente en el cabello, porque cualquiera que tenga el cabello crespo, rizado y tenga tendencia a crecer hacia arriba, sobre la cabeza – que no caiga desde la cabeza – está enojado. Su corazón está tan arrugado como un trapo, lleno de temor. Sus obras no son buenas, y en la asociación, uno debe siempre apartarse de él.

Si su cabello es liso y cuelga es bueno asociarse con él, hay un beneficio en él, es decir, que él puede tener ganancias con él. Pero solo, sin un asociado, no tendrá éxito. Conoce secretos supremos y no conoce secretos pequeños. Sus obras a veces son buenas y a veces no son buenas.

Si su cabello cuelga y no es liso, no tiene temor en su corazón. Él es pecador. Desea las buenas obras y en su opinión las considera buenas, pero no las realiza. Cuando sea anciano, retornará al temor del Creador y sus obras serán buenas. Esto en lo relativo a los asuntos mundanos, cuando él es pecador y no realiza buenas obras. Pero en lo tocante a los asuntos del cielo, cualquiera que se le acerque triunfará. No se le deben revelar secretos sublimes, pero puede guardar pequeños secretos. Puede hacer una gran cosa de algo pequeño y sus palabras se escuchan. Esta es la letra Zayin.

CONCEPTOS GENERALES.

Los cabellos son los Kelim de Jojma en el lugar en donde sale. Es debido a esto que se les considera Dinim. En conjunto, en ellos se deben discernir tres grados, extendiéndose desde tres puntos: Holam, Shuruk, Jirik.

- Si los cabellos de uno con el grado son crespos y crecen hacia arriba, ello indica que está en el nivel de Katnut de los Se'arot [cabellos],e n el punto de Holam. Entonces les falta GAR, y por lo tanto crecen hacia arriba en su cabeza. En otras palabras, imparten solamente desde abajo hacia arriba. Fue dicho que él está furioso porque los Dinim en ellos siempre le causan ira. Su corazón está arrugado como un trapo, lleno de miedo, es decir que su corazón está lleno de miedo de los Diním. Sus acciones no son buenas porque la falta de GAR lo conduce a realizar malas acciones. En la asociación, uno debe apartarse de él, ya que cualquiera que se asocia con él es dañado por él.

- Si sus cabellos son muy lisos y cuelgan, que cuelguen significa que hay GAR en ellos, lo que imparte desde arriba hacia abajo. El hecho de que son muy lisos indica que no ha aparecido ningún Din en ellos, y entonces es bueno asociarse con él. Es decir, una vez que tres líneas están establecidas, la línea derecha y la línea media, que son sus socios recibirán la iluminación de GAR de él. También, hay ganancia en él, la iluminación de GAR, mientras que solo, sin un socio, no tiene éxito, ya que cuando está solo le falta Jassadim, como el punto de Shuruk. Por lo tanto, él es bloqueado porque la Jojma en él no puede brillar sin Jassadim.

Fue dicho, "Él conoce secretos supremos", es decir que hay luz de Jojma en él, lo cual es llamado Secretos". Pero él "No sabe secretos pequeños", porque no tiene Jasadím, que son llamados "secretos pequeños". Por lo tanto, mientras está solo, es oscuro porque la Jojmá no puede brillar en él, por falta de Jasadím. Esta es la razón por la cual sus acciones son a veces buenas y a veces no son buenas, ya que acerca de su subsecuente asociación de las tres líneas, sus acciones son buenas, y antes de que asocia las líneas, sus acciones no son buenas.

CONCEPTOS GENERALES.

Si sus cabellos cuelgan pero no son lisos, hay GAR en él y él extiende desde arriba hacia abajo. No son lisos porque los Dinim aparecen en ellos, y aún así, están colgando, es decir extienden desde arriba hacia abajo. Por ello, está reconocido que no hay temor de los Diním en él. Pero es pecador porque al atraer de arriba hacia abajo, incrementa los Diním, como está escrito, "El pecado acecha en la puerta".

Él desea buenas acciones y son favorables en sus ojos, pero él no puede hacerlas por causa de la aparición de los Diním. Cuando llega a una edad anciana, después de ser corregido en la corrección de líneas, él se vuelve temerosos del Creador nuevamente, y sus acciones son buenas. Esto es así porque entonces los Diním que aparecen cuando él atrae desde arriba hacia abajo se convierten en el Masaj del punto de Jirík, por medio del cual la línea media somete a las dos líneas, derecha e izquierda, y mantiene la iluminación de ambas.

Estas palabras se relacionan a asuntos mundanos, en Nukva, que es llamada "un mundo". En ese momento, él es considerado como pecador, ya que incrementa los Dinim en ella. Pero en asuntos celestiales, asuntos de ZA, quien sea que se acerca a él tendrá éxito. En otras palabras, cuando la línea media se acerca a él y recibe de él los Diním para la corrección del Masaj de Jirik, secretos supremos, es decir Jojma, no serán revelados a él por causa de los Diním en él. Pero en cuanto a los secretos pequeños, Jassadím, es bueno para guardarlos porque cuando el Masaj de Jirik somete a las líneas, se guarda de jamás carecer de la luz de Jassadim que se llaman, "secretos pequeños".

Y sin embargo, hay Jojma en él también, pues "Puede hacer una gran cosa de algo pequeño y sus palabras se escuchan". En otras palabras, de la iluminación de Jassadim, que se llama "una cosa pequeña", él hace iluminación de Jojma, que se llaman "una gran cosa".

CONCEPTOS GENERALES.

Esto es así porque ya que Jassadim de la línea media abrieron las dos líneas derecha e izquierda, la línea media, que es Jassadim, es remunerada con la iluminación de las dos líneas superiores, que son Jojma, ya que en la medida completa en que el inferior causa que ilumine en el superior, el inferior es remunerado con ello. Resulta que una cosa pequeña, que es la luz de Jassadim, se vuelve una cosa grande, que es GAR, y este grado es considerado la letra Zayin, Maljut en Mojin de Jojma, y en ese momento ella es la corona de su marido.

Un cabello negro y más amarillo triunfa en todas sus obras de asuntos mundanos, Maljut, en el comercio, la abundancia de Maljut, como está escrito, "Ella era como los barcos mercantes". Como estos, él es productivo. Triunfa solo, sin asociados, y el que se le une en sociedad no triunfa mucho tiempo, Más bien, tiene éxito de pronto y el éxito se le escapa, pues él está incluido en la letra Zayin.

Los cabellos son Kelim de Jojma en su salida. Sin embargo, más adelante son corregidos en tres líneas en cuyo momento se reconocen principalmente por los colores. Aquí El Zohar habla del grado de la línea media, que une las dos líneas – la derecha y la izquierda – a través de la fuerza del Masaj der Jirik.

Es conocido que existen dos acciones en este Masaj. Primero aparece en él el Masaj de Tzimtzum Alef, lo cual es Maljut de Midat ha Din (cualidad del juicio). Luego, el color del cabello es negro sin amarillo. En ese estado, él es apto para recibir solamente Jassadim y no Jojma. La otra acción es para mitigar el Masaj en Midat ha Rajamim (la cualidad de la misericordia), Bina, a través de lo cual se vuelve apto para la recepción de la luz de Jojma también. En ese estado, su cabello es negro y amarillo, en donde lo amarillo indica la mitigación de Midat ha Rajamim.

CONCEPTOS GENERALES.

Un cabello negro y amarillo indica el segundo acto de la línea media, en que el Masaj de Jirik ya está mitigado en Midat ha Rajamim y es apto para la recepción de Jojma. Ya sea que extienda Jassadim y ya sea que extienda iluminación de Jojma, él triunfa en las necesidades de la Nukva, que es llamada "mundo". "En el comercio" quiere decir en su abundancia, como está escrito, "Ella era como los barcos mercantes; trae su abastecimiento desde lejos", lo cual es la iluminación de Jojma que ilumina desde lejos.

Él es productivo. Incluso si la línea media desea Jassadim y no Jojma, de todos modos él cede lo que es suyo y extiende Jojma a la Nukva, pues cuando está solo, extiende la luz de Jassadim y triunfa. Y aquel que se une con él en sociedad – la Nukva que se une a la línea media para recibir la iluminación de Jojma desde ésta – no triunfa mucho tiempo. Más bien tiene un éxito inmediato y luego el éxito se le escapa, pues Jojma no ilumina en ZA, salvo durante el viaje de las líneas. Y cuando reposan, la Jojma lo abandona, Este grado es el conjunto de la letra Zayin.

Un cabello negro que no es amarillo algunas veces triunfa y algunas veces no triunfa. Es bueno para asociarse y para hacer esfuerzos durante corto tiempo, no por mucho tiempo, pues por mucho tiempo, él va a tener pensamientos. Entonces para no separarse de él, es bueno durante un corto tiempo. Va a tener éxito en la Torá si se esfuerza en ello y los otros triunfarán con él. No puede guardar un secreto largo tiempo, su corazón es estrecho, temor en sus enemigo. Sus enemigos no podrán vencerle y él tiene un corazón estrecho, como la letra Yod [] que es pequeña y estrecha y no está incluido en la letra Zayin, sino solamente en la Yod, en las letras pequeñas.

El Zohar habla desde el grado de la línea media en su primer acto, en cuyo momento es un Masaj de Midat ha Dinm no mitigado en Bina y no apto para recibir Jojma, sino solamente Jassadim. Es debido a esto que fue dicho, "Un cabello negro que no es amarillo", es decir, no mitigado en Midat ha Rajamim.

CONCEPTOS GENERALES.

Entonces, algunas veces, él tiene éxito y algunas veces no tiene éxito. Cuando él extiende Jassadim tiene éxito y cuando extiende Jojma no tiene éxito, pues él es solamente bueno para extender Jassadim, lo cual se llama "corto tiempo", pues no hay Dinim en ellas. Y no por Jojma, que es llamada "mucho tiempo", pues por mucho tiempo es necesario para extender desde Jojma, que es llamada "un pensamiento", y él no es apto para esto, ya que el Masaj no fue mitigado en Bina. Para evitar separarse de él, es decir por temor de que ellos se retiren de él y no quieran recibir de él, es bueno durante corto tiempo. Quien emana lo hizo bueno para atraer Jassadim. Y éste va a tener éxito con la Torá si se esfuerza en ello, en las VAK de la Torá.

Los otros tendrán éxito con él", es decir aquellos que tomen ese Masaj y lo mitiguen en Bina tendrán éxito en los GAR también. Pero él mismo no guarda un secreto por mucho tiempo, es decir, él no tiene iluminación de Jojma. "Su corazón es estrecho". Aquel que está desprovisto de Jojma es considerado estrecho de corazón, pues la Jojma mora en el corazón como está escrito, "Y en los corazones de todos aquellos que son sabios de corazón les he infundido sabiduría". Por lo tanto, cuando allí se encuentra ausente, él corazón se vuelve restringido.

"Temor en sus enemigos", pues la línea media somete a todos los Dinim en la línea izquierda – que son considerados enemigos de Kedusha (santidad) – con la fuerza de este Masaj. "Sus enemigos no pueden vencerle", porque su poder es más grande que todos ellos y ellos deben someterse a él.

A pesar de que es estrecho de corazón, que carece de Jojma, de cualquier forma somete a todos sus enemigos. Ya que la letra Yod es pequeña y estrecha, lo cual es la Maljut cuando ella no es adecuada para Jojma, "(él) no está incluido en la letra Zayin", pues la letra Zayin alude a Maljut cuando ella recibe Jojma. "pero solamente la Yod en las letras pequeñas", pues las letras pequeñas indican la ausencia de Jojma.

CONCEPTOS GENERALES.

Si los Se'arot apuntan a la calvicie, tendrá éxito en sus acciones. Él es un fraude, hay hambre en su casa. En el exterior, parece como si temiese al pecado, pero no es así internamente. Pero todo eso sucedió antes de que envejeciera. Si se queda calvo en la vejez, se vuelve todo lo contrario de lo que era anteriormente, para ser mejor o peor.

Esto se relaciona al cabello del que se quedó calvo entre sus ojos, en el cerebro, en el lugar en donde se pone el Tefillin. Si es en otro sitio de la cabeza, no es así, no es un fraude, sino un difamador, murmurando sin elevar la voz. Algunas veces teme al pecado y algunas veces no. Esto es en la letra Zayin, cuando se incluye en la letra Yod.

Hasta aquí los secretos del cabello para aquellos que se sientan en el trono del juicio, que conocen los caminos y los secretos de la Torá para conocer lo que está encubierto en las personas, es decir, que ellos están hechos a la imagen de Dios y este nombre, Elokim, se encuentra oscurecido en ellos y se aclara de diversas formas. El cabello que está en forma familiar y cuelga de arriba hacia abajo se ubica en la letra Zayin, y la letra Tzadi se conecta a ella. Esta ingresa y saca a la letra Samej.

Si los cabellos cuelgan y son negros, y hay tres líneas en la frente a la derecha y dos a la izquierda, y no están unidas con las otras. En la derecha hay tres inscripciones delgadas que pasan sobre ellas, que son los caminos para pasar por esas otras líneas; en la izquierda hay cinco líneas, una de las cuales es corta. Lo anterior se encuentra dentro de la letra Zayin y la letra Tzadi. Entonces hay cejas espesas sobre los huecos de sus ojos, conectadas entre ellas.

Este es un hombre que está enojado; aunque no se enoja rápidamente, él impide un estado de reposo; pretende ser sabio cuando no lo es, y siempre levanta su cabeza para observar. En público, es peleador, pero en su hogar, no lo es. Él no toma en consideración el estudio de la Torá. Las palabras de la gente son una carga para él, y les responde vigorosamente.

CONCEPTOS GENERALES.

Pero si las cejas están separadas, tocándose y no tocándose, entonces se encontrarán dos líneas grandes y una pequeña en el lado derecho de la frente, y dos inscripciones pequeñas entre ellas a lo ancho. También, hay dos a la izquierda, una grande y otra pequeña, y una pequeña inscripción entrando a una línea pero no a la otra.

Este es un hombre enojado. En un momento está lleno de ira y al siguiente la olvida. Es pendenciero en su casa y no tiene paz en su espíritu. Hubo un momento en su vida, en que respondía vigorosamente a la gente. Mira hacia abajo, su frente se crispa cuando está enojado como un perro, y luego rápidamente cuando olvida su ira responde con suavidad. Este es un hombre cuyo espíritu y voluntad se presta para ocuparse del comercio y pagar todo tipo de impuestos al rey. Como resultado de su esfuerzo en el comercio obtiene riqueza, pues la letra Tzadi ha sido reemplazada con la letra Samej.

Si las cejas están separadas y otros vellos se entrelazan entre ellas, este hombre es siempre muy vengativo. Se comporta bien en la casa y es feliz y severo con la gente. Este hombre se ubica entre Tzadi y Samej. Esconde su dinero; no quiere que sus acciones se revelen o queden al descubierto. Es tacaño y sus cabellos cuelgan del mismo largo. No le da importancia a vestir apropiadamente; lo que se pone no le queda, su frente es amplia, con tres líneas en la derecha, cuatro en la izquierda y dos inscripciones que entran entre ellas.

Cuando este hombre habla, estira la piel de su frente y esas líneas no son muy visibles. Inclina la cabeza y camina. Su derecha es como la izquierda y la izquierda es como la derecha. Siempre se lamenta, murmura, considera que es muy sabio al actuar, y odia a todos aquellos que se ocupan de estudiar la Torá.

Si tiene una inscripción negra en el brazo izquierdo y cuatro vellos en ella, dos largos cuelgan y son rojos. Los cabellos son lacios y cuelgan, no son ni rojos ni negros, su frente no es ni amplia ni pequeña, este hombre se ubica entre la letra Samej y la letra Tzadi, incluidas en la letra Zayin.

CONCEPTOS GENERALES.

Una gran línea en su frente se extiende de un lado hasta el otro. Hay otras dos líneas pero no están inscritas así, porque no continúan de un lado al otro como esa línea. Cuatro pequeñas arrugas se ubican entre las dos cejas encima de la nariz.

Este es un hombre feliz. Es sabio, inteligente e indulgente con su dinero. Comprende todo lo que intenta aprender, en ocasiones está enojado, en ocasiones su enojo se calma y nunca guarda rencor. En ocasiones es bueno y en ocasiones no es tan bueno. Más bien, es equilibrado, no es ni el mejor ni el peor. Cuando se arrepiente delante de su Señor, su Señor le sostiene las manos y él se eleva a grandes honores. Todos necesitan de él.

La letra Samej siempre va con él, más que la letra Zayin. Todos aquellos que le dan malos consejos, no tienen éxito, sus consejos fallan y no pueden dañarlo. Aparenta ser engañoso pero no lo es. La letra Samej y la letra Tzadi luchan por él, por lo tanto, en ocasiones asciende y en otras desciende. Cuando se arrepiente ante su Señor, la letra Samej triunfa y cualquiera de sus deseos se cumple; es compasivo y llora cuando se llena de misericordia.

Tiene una inscripción en el brazo derecho y su rostro no tiene vello, pero si su cabello es rizado y no cuelga debajo de las orejas sino que están levantados y rizados encima de las orejas, se trata de alguien que cumple con su palabra.

Su frente es amplia, pero no demasiado, tiene cinco líneas: tres que atraviesan de un lado a otro de su frente y dos no están atravesadas. Tiende a la confrontación, particularmente en casa, todas sus acciones son apresuradas, y aunque parecen ser benéficas, no lo son. Se jacta de aquello que no tiene. Este pertenece a la letra Zayin misma y desde lejos aspira a la letra Tzadi. Trata de alcanzar y no alcanza. Y la letra Samej no está incluida en él. Es indulgente en su discurso, pero nada más. Lleva más a sí mismo de lo que merece y quien participa con él debe tener cuidado de su avaricia, pero triunfará con él.

CONCEPTOS GENERALES.

Sus cabellos cuelgan y no son lisos, y tiene mucho cabello, con cinco líneas en él que se tocan y no se tocan entre sí. Sus ojos son brillantes y alertas. Inclina la cabeza, parece ser agradable y honesto pero no es así. Se jacta de sí mismo y si se ocupa de la Torá, actúa como un gran hombre. Tiene deseos fuertes. Cuando habla, arruga la nariz y estira la piel de la frente y todas sus acciones son para aparentar ante las personas. Tiene éxito con la riqueza. Engaña en todas sus acciones, es un murmurador y sabe cómo defenderse de la gente. Hay locura en él y lo encubre con lo que hace para que no sea aparente. En secreto hace que las personas peleen entre sí.

Sus orejas son grandes colocadas bajo el cabello. Este hombre está en la letra Tzadi y la letra Zayin. Por esta razón, actúa para que la gente lo vea. Si tres cabellos cuelgan entre sus hombros, sin ninguna inscripción, cualquiera que colabore con él no triunfa y el triunfa con sus engaños. Parece ser justo en lo que respecta a demás, que piensan que actúa con la verdad hacia ellos.

Si los cabellos están ondulados y cuelgan bajo las orejas, si no tiene mujer, con una línea en su frente y tres arrugar sobre la nariz entre las cejas, es un hombre feliz, inteligente en todo lo que hace. Es engañoso, condescendiente y cede hacia las personas cercanas. Este se ubica en la letra Samej y en la letra Zayin. Cuando envejece, las letras serán reemplazadas: primero la letra Zayin y la letra Samej con ella. Entonces, será condescendiente únicamente en casa; tendrá éxito en la riqueza; ya no será engañoso, habiéndose retirado de ese camino.

Hay una pequeña inscripción en la ceja izquierda, que le causó un hombre que lo golpeó en su juventud. Es ciego del ojo derecho; tiene cinco arrugas sobre su nariz a lo ancho entre las cejas. Su cabello es algo rizado y entrecierra los ojos. Esta persona se encuentra sólo en la letra Zayin. No tiene entendimiento; hay locura en su corazón y sus acciones son precipitadas.

CONCEPTOS GENERALES.

Hay una línea en su frente y otras cuatro pequeñas. No tiene fe; y una persona no debe asociarse con él porque no tendrá éxito. Es pecador ante su Señor en todas sus obras; tiene una marca de nacimiento en la cadera izquierda – por momentos desaparece y luego reaparece. Si tiene cuatro líneas en su frente, tiene todo esto, salvo la marca de nacimiento en la cadera izquierda. Si tiene tres grandes líneas y tres pequeñas en la frente, y se encuentran en el medio de la frente, tiene un cabello hermoso.

La frente debe ser comprensible a través del cabello y debe definirse a través de los ojos. Los ojos deben explicarse por el cabello a los cuatro lados: en la pupila del ojo, los colores en el ojo, el blanco en el ojo, y el negro en el ojo. Toda observación para percibir esas seis señales en el cabello de la frente se harán únicamente a partir de los trece años de edad en adelante, cuando en la persona el espíritu de Kedusha (santidad) ya se ha separado del espíritu de Tuma'a (impureza), salvo en las líneas, pues las líneas, ya sean grandes o pequeñas siempre están cambiando. Se pueden poner prueba para ver si son de Tuma'a o de Kedusha.

"Moisés eligió hombres valerosos de Israel", pues buscaba otras señales además de la de hombres valerosos pero no encontró ninguna. Asimismo, "Toma sabios... y hombres reconocidos en sus tribus". "Reconocidos", significa conocidos por estas señales. Y encontró y no encontró a ninguno sino al inteligente. Esto significa que los méritos de los valerosos y sabios son cercanos, pues aquí escribe, "Moisés eligió hombres valerosos", y en Deuteronomio escribe, "Y tomé las cabezas de las tribus, hombres sabios".

El cabello de la cabeza corresponde a estas "puertas", pues el cabello está fuera de la cabeza, como si protegiera todo lo que se encuentra dentro, igual que la puerta protege a un edificio de los extraños. Es por esto que la palabra hebrea para cabello, SeAR, se escribe igual que la palabra puerta ShaAR, aludiendo a las "puertas de la sabiduría". ¿Qué es lo que estas puertas representan exactamente?.

CONCEPTOS GENERALES.

-(El "cabello negro", tal como se lo menciona en las santas escrituras, se refiere generalmente a una etapa inmadura o primaria del desarrollo intelectual, como opuesto al "cabello blanco", que se refiere a una etapa más madura del desarrollo intelectual. Maljut, la más baja de las Sefirot, representa el comienzo o puerta, hacia una percepción más grande de la Divinidad. Por tanto, en nuestro tratamiento de Maljut como "cabello negro", nos estamos refiriendo al comienzo de la senda de la espiritualidad).

Todos tenemos algo de "materia externa" dentro de nosotros, tanto el necio como el sabio. Esta materia externa se manifiesta en el cabello que crece en la cabeza pero fuera del cuerpo. El hombre sabio "apunta" su materia externa hacia la espiritualidad - de modo que sus SeARot (cabellos) se transforman en SheARim (puertas), a través de las cuales él aumenta su sabiduría y su logro de Divinidad. Así, el profeta Elías es descrito como (2 Reyes 1:8) 'un hombre con pelos". Sin embargo, las SeArot del necio dan lugar a más materia externa, significando con ello más enemigos.

Como dijo el Rey David (Salmos 69:5), "Mis enemigos son más numerosos que los cabellos en mi cabeza". Esto se debe a que el necio, en lugar de buscar el shaar de la sabiduría, se contenta con darle al sear un lugar importante en su vida, dedicándoles tiempo y esfuerzos excesivos a los aspectos externos insignificantes, tales como su cabello, lo que sólo lo lleva hacia más excesos. Estos excesos lo llevarán a ganar enemigos. Este concepto está implícito en el versículo (Eclesiastés 10:2), "El corazón del sabio se inclina hacia la derecha [Shin/SHaAR], mientras que el necio se inclina hacia la izquierda [Sin/SeAR]" (Likutey Moharán I, 69:10).

CONCEPTOS GENERALES.

De manera similar, el amor se nutre de una mente clara y equilibrada, exenta de pensamientos ajenos, mientras que el odio se gesta en una mente perturbada. Cuanto más se permita que la mente se contamine, especialmente a causa de la avaricia, mayor será el resentimiento experimentado, tanto hacia los demás como desde los demás hacia uno mismo. Es comprensible que cuanto más nublada esté la mente, más justificación encontrarán los enemigos para albergar sentimientos de hostilidad. Este estado también propicia la aparición de "enemigos infundados", aquellos que carecen de razones para odiar a alguien pero manifiestan su resentimiento. Estos "enemigos" se asemejan al cabello, que, al ser externo al cuerpo, se nutre de los "excesos mentales", de la misma manera en que estos enemigos "externos" surgen de los desequilibrios de la mente. Limpiar la mente de toda impureza es imperativo para cultivar el amor (Likutey Moharán I, 69:10).

Del mismo modo, el Talmud emplea la metáfora de Eva (cabello rizado) para representar a Eva, quien encarna el principio de Biná (entendimiento). El cabello rizado simboliza el entendimiento, que puede referirse tanto a un nivel profundo de comprensión como a un nivel más superficial (Likutey Moharán I, 67:6). De esta forma, el intelecto puede ser utilizado para el crecimiento espiritual o para distorsionar la verdad.

Un hecho interesante con respecto al cabello es que aunque crece constantemente, la parte que vemos de él está compuesta por células muertas (motivo por el cual no sentimos dolor al cortarlo). Al igual que el modelo seguido por la mayor parte de las células del cuerpo, el cabello crece rápidamente durante la juventud pero al envejecer disminuye su ritmo de crecimiento y a veces hasta deja de crecer. Las raíces del cabello pueden llegar a morir, dando lugar a la calvicie.

Y verás el secreto de las Se'arot (cabellos)

Resplandeciente: Símbolo de éxito físico y opulencia material, considerado un líder político y valorado por la comunidad.

1. Atenuado: Muestra de logros menos destacados.
2. Espeso: Irradia vitalidad y energía.
3. Esbelto: Indicio de falta de vitalidad.
4. Abultado: Indica posibles rastros de agresividad.

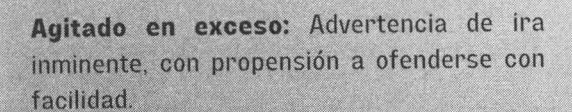

Agitado en exceso: Advertencia de ira inminente, con propensión a ofenderse con facilidad.

1. Inclinación hacia comportamientos negativos.
2. Tendencia a juzgar a otros de manera precipitada.
3. Deficiencia en la decencia.
4. Inclinación hacia la deshonestidad, crueldad o impulsividad.

Rizos ondulantes: Equilibrio entre amabilidad y firmeza, con tendencia a la serenidad.

1. Seguro de sí mismo.
2. Equilibrado y en control siempre que no busque sólo el éxito material.

Y verás el secreto de las Se'arot (cabellos)

Cabello color rojo (naturalmente)

1. Tendencia hacia la excitabilidad.
2. Potencial para ser fiero si le provocan; potencial para estallar y pelear.
3. Puede ser energético.
4. Mente activa: rápido en los pensamientos y en el habla.
5. Puede sugerir mala suerte a los miembros de la familia debido a que la persona asume su propio criterio y tiene una mente sagaz.

Ausencia de cabello en la frente (antes de los 30 años): podría revelar deshonestidad, integridad perdida o promesas quebrantadas y tendencia a defraudar..

1. Calvicie en la parte posterior: insinúa una inclinación hacia el murmullo y el cotilleo. Vejez complicada.
2. La calvicie temprana susurra sobre la fragilidad de la salud, una mente inquieta, un ser mental que anhela dominar cada faceta y una ambición desmedida por el triunfo sin fatiga.
3. Si la calvicie aparece después de los 50 años positivamente puede indicar una inteligencia extraordinaria.

Observación: Por otro sendero, la melena sedosa y parcialmente desvanecida podría conferir un aire de astucia, fortuna en el terreno económico y un espíritu sediento de viajes que abraza el hastío con facilidad.

Y verás el secreto de las Se'arot (cabellos)

Rubio:

1. Exhibe una predisposición para la espiritualidad.
2. Se caracteriza por su serenidad, paz y estabilidad.
3. Es pragmático y directo en sus acciones.

Observación: El cabello rubio tiene la capacidad de suavizar los aspectos menos favorables relacionados con la textura y el nacimiento del cabello.

Negro o Marrón:

1. Representa alegría, entusiasmo y energía positiva en la vida.
2. Simboliza una energía apasionada que emana del ser interior.
3. Puede llevar al éxito tanto en el ámbito físico como en el espiritual si se persigue.

Blanco (CANAS): Reducción de la intensidad de la juventud: menor urgencia por el triunfo, menor impulso por realizar acciones imprudentes en comparación con la juventud. Incremento de la amabilidad y la delicadeza.

Nota. El cabello encanecido prematuramente incluso de un día a otro anuncia problemas legales y mala suerte, es un anuncio del cielo a la persona.

Y verás el secreto de las Se'arot (cabellos)

Cabello estilo Púas:

Tenías una actitud defensiva o agresiva. En un sentido figurado, comparar el cabello con púas podría sugerir una actitud defensiva o agresiva por parte de la persona. Esta comparación podría implicar que la persona está en guardia, lista para protegerse o para enfrentar desafíos. **Nota.** solo cuando el cabello nace así de forma natural.

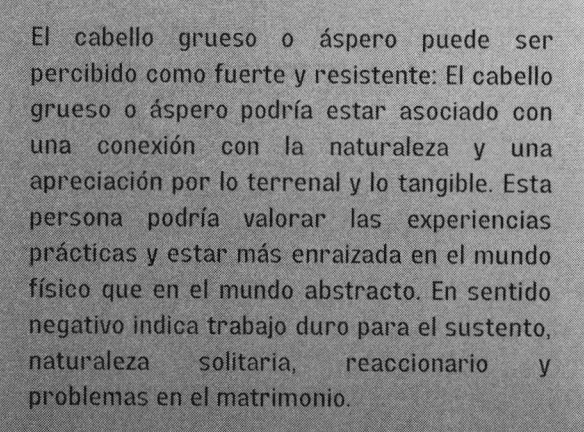

El cabello grueso o áspero puede ser percibido como fuerte y resistente: El cabello grueso o áspero podría estar asociado con una conexión con la naturaleza y una apreciación por lo terrenal y lo tangible. Esta persona podría valorar las experiencias prácticas y estar más enraizada en el mundo físico que en el mundo abstracto. En sentido negativo indica trabajo duro para el sustento, naturaleza solitaria, reaccionario y problemas en el matrimonio.

El cabello rizado puede evocar una sensación de juventud y energía en comparación con el cabello liso. Signo de vitalidad y juventud en su personalidad.
1. Personalidad dinámica y adaptable: abierta a nuevos desafíos y experiencias. Algunas personas podrían interpretar el cabello rizado en un hombre como un signo de su capacidad para adaptarse a diferentes situaciones y entornos. Mal aspectado puede sugerir un toque de agresividad y engaño en la palabra.

Y verás el secreto de las Se'arot (cabellos)

Cabello lacio: Orden y disciplina. Persona que valora la estructura y la organización en su vida, siendo metódica y precisa en sus acciones y pensamientos. Refleja una personalidad equilibrada y armoniosa. Estas personas podrían ser vistas como tranquilas, serenas y con una naturaleza pacífica, buscando evitar conflictos y mantener la estabilidad emocional. Si su cabello es liso y cuelga es bueno asociarse con él, hay un beneficio en él, es decir, que él puede tener ganancias con él. Pero solo, sin un asociado, no tendrá éxito

Persona calva: Antes de 30 años indica deshonestidad, falta de integridad. Autoconfianza y seguridad en sí mismo. Se podría interpretar que está cómoda con su apariencia y no se ve afectada por la presión social o las expectativas externas sobre la belleza física. Pragmatismo y enfoque en lo esencial: Refleja un enfoque práctico y orientado a lo esencial en la vida. Se podría asociar con una persona que valora lo importante y no se preocupa por las apariencias superficiales o las vanidades.

Falta de energía o vitalidad: El cabello débil podría interpretarse como un reflejo de una baja energía o vitalidad en la persona. Se podría asociar con una sensación de cansancio, agotamiento o falta de vigor físico y mental. Inseguridad o falta de confianza. Está asociado con una falta de confianza en uno mismo o inseguridad en la persona. Se podría interpretar que la persona se siente frágil o vulnerable en términos emocionales o psicológicos.

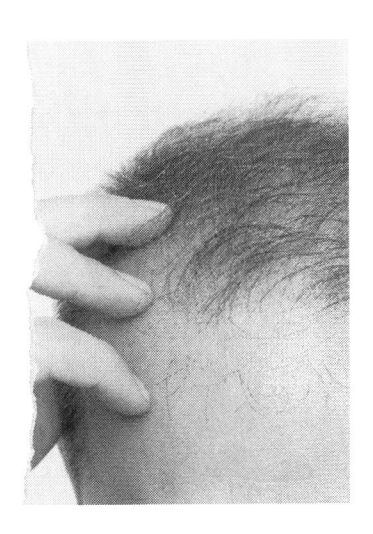

Y verás el secreto de las Se'arot (cabellos)

El cabello abundantemente presente en la región frontal sugiere una personalidad que ha experimentado intensamente en vidas pasadas lo material. Los primeros años estuvieron marcados por dificultades en la relación con los padres, lo que afectó su concentración en los estudios y lo llevó a enfocarse en lo mundano. Se sugiere que su tikún implique una mayor inmersión en el estudio para equilibrar este aspecto.

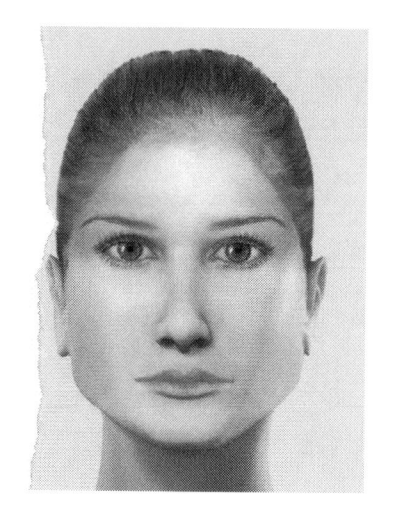

Una persona con cabello seco y opaco puede reflejar una desconexión con las energías divinas del universo, denotando posibles bloqueos mentales y un exceso de preocupaciones en su vida. Esta situación podría haber desencadenado, incluso en vidas pasadas, situaciones como divorcios y numerosas dificultades económicas.

Dos remolinos en el cabello: actúa como un punto de recepción y conducción de energía a lo largo del cuerpo. Una doble e incluso triple división puede resultar en una sobrecarga energética que afecta negativamente o positivamente a la persona. Se atribuye la capacidad de vislumbrar el futuro, sanar diversas dolencias y potencialmente adquirir habilidades mágicas a través de sus propios poderes.

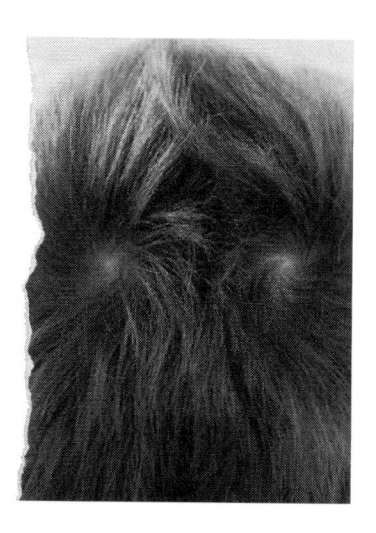

Y verás el secreto de las Se'arot (cabellos)

La textura del cabello está determinada por la herencia autosómica, que se encuentra mayormente regulada por la expresión genética de un solo gen. En este contexto, la dirección del giro del cabello puede ser dominante en el sentido de las agujas del reloj o recesiva en sentido contrario. Se sugiere que si el giro es hacia la izquierda, refleja una mayor influencia genética paterna, mientras que si es hacia la derecha, indica una influencia más marcada de la línea materna.

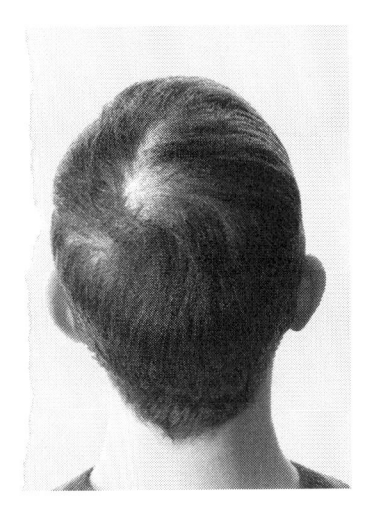

Pico de la viuda: Indica una persona con una perspectiva única o original sobre las cosas. Estas personas tienen una forma de pensar distinta y pueden ofrecer ideas creativas o soluciones innovadoras a los problemas. Algunas interpretaciones sugieren que el pico de viuda está relacionado con la independencia y la autonomía. Se podría interpretar que la persona tiene una fuerte voluntad y prefiere tomar sus propias decisiones sin depender demasiado de los demás. También indica problemas en el matrimonio o divorcio. carácter muy romántico.

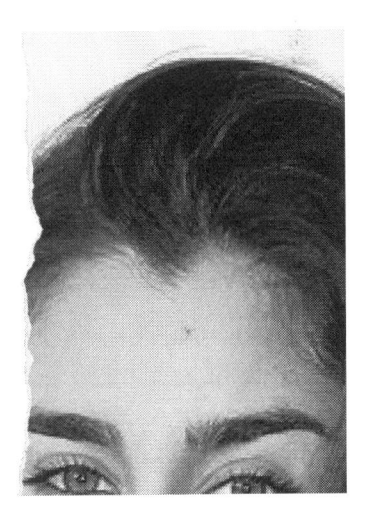

La desigualdad en el nacimiento del cabello puede indicar una disparidad en la energía recibida. Durante los primeros años de vida, puede surgir confusión debido a las diferencias en las ideas de los padres, lo que puede llevar al niño a sentir incertidumbre sobre a quién seguir.

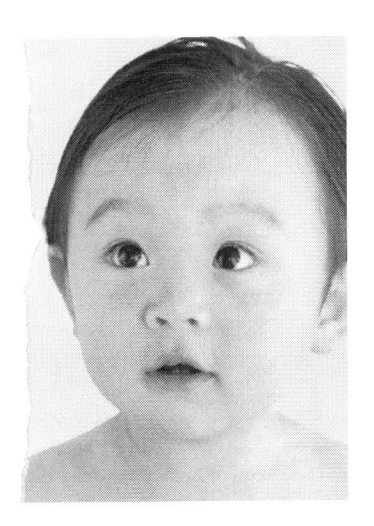

Y verás el secreto de las Se'arot (cabellos)

En los humanos, más cabello significa una energía más fuerte. Por ejemplo, los bebés que nacen con más cabello condensado van a tener buena energía. Los positivos tienen más probabilidades de nacer bajo el signo o signo ascendente (hora del día) de Leo. Leo es & 'Arié" (León) y una de las Santas Criaturas del Santo Trono. Representan el aspecto de Jésed. Las personas Leo tienen un mayor potencial para canalizar a Jésed, pero en el lado negativo, los Leo tienen un deseo más fuerte por sí mismos y una tendencia a manipular y controlar a los demás para sus propósitos y necesidades.

Las raíces del cabello arrugado y pequeño están en el aspecto de la pequeña 7 'He' de Maljut. La energía interior de la persona no es fuerte y tiene dificultades para desarrollar el poder interior y la capacidad de manifestación. Estas personas, si tienen algunos dones naturales, necesitan personas fuertes o esposas a su lado para completarlos y llevarlos al éxito. Este tipo de cabello se puede identificar cuando no es suave ni organizado, por lo general es cabello fino y se siente con falta de energía.

La LONGITUD (largo) del cabello es el aspecto de 'Las 10 Sefirot', el ANCHO (grosor) es el aspecto de 7"17" "HaValáH".

Cuando vemos arrugas más cerca de la raíz, representa desequilibrio y confusión. Si el cabello (cerca de la raíz) se endereza, se arruga y se dobla hacia abajo, entonces, como dicen los sabios, indica el rechazo de la Luz de Jojmá. Las personas con este tipo de cabello se enojan rápidamente y tienen mayores problemas para confiar en la Luz.

Y verás el secreto de las Se'arot (cabellos)

El cabello alborotado y largo, como se muestra en la imagen, era característico de una persona con una disposición más varonil. Esta persona tendía a irritarse fácilmente, mostrando una propensión hacia la hiperactividad y la agresividad. Además, era susceptible a ofenderse con facilidad, tomando las cosas de manera personal, lo que aumentaba su potencial de atracción hacia lo negativo y su tendencia a juzgar a los demás con facilidad.

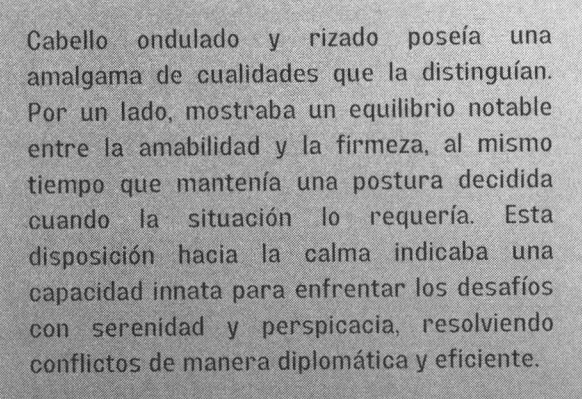

Cabello ondulado y rizado poseía una amalgama de cualidades que la distinguían. Por un lado, mostraba un equilibrio notable entre la amabilidad y la firmeza, al mismo tiempo que mantenía una postura decidida cuando la situación lo requería. Esta disposición hacia la calma indicaba una capacidad innata para enfrentar los desafíos con serenidad y perspicacia, resolviendo conflictos de manera diplomática y eficiente.

El cabello frágil y quebradizo, sugería una susceptibilidad emocional y una tendencia hacia la sensibilidad. propensión a experimentar altibajos emocionales y a sentirse afectadas por el estrés y la presión. Esta fragilidad capilar podía reflejar una necesidad de cuidado y atención especial tanto a nivel físico como emocional. Además, estas personas podían ser percibidas como reflexivas y cautelosas, prefiriendo evitar situaciones que pudieran poner en riesgo su equilibrio emocional.

Y VERÁS EL SECRETO DE LA FRENTE

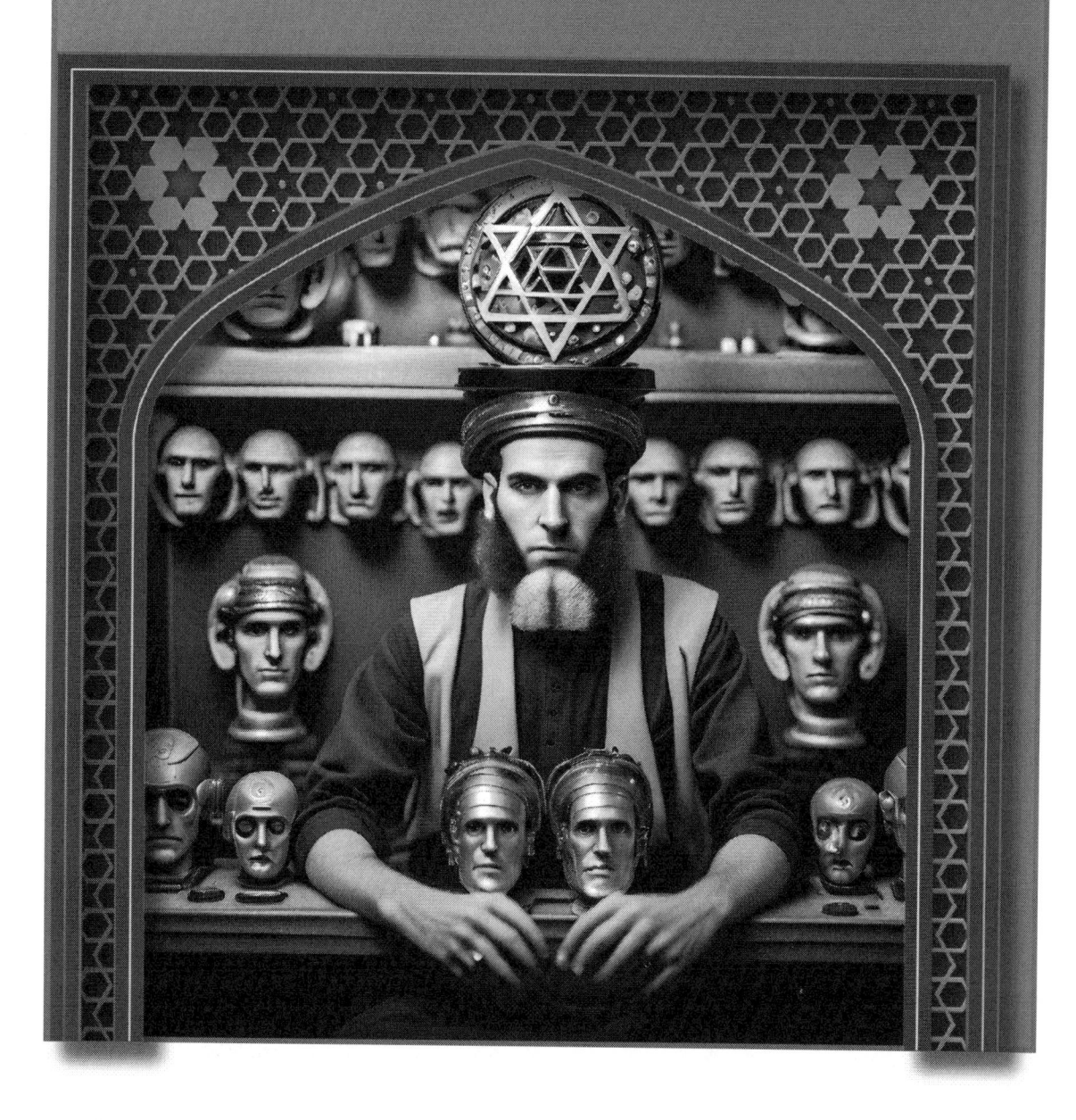

Conceptos generales.

El significado de la frente. En la letra Nun, Guevura, se encuentra la completitud de la letra Zayin, Maljut, pues Maljut está construida con la línea izquierda, Guevura. Algunas veces, la Nun está incluida en la letra Zayin y algunas veces está sola. Cuando la frente es pequeña y puntiaguda y no es redonda, es una persona que está descompuesta. Piensa que es sabio pero no sabe. Su espíritu se encuentra agitado y muerde con su lengua como una serpiente.

Las arrugas de su frente son pronunciadas y están desconectadas una de otra. Cuando habla, estas arrugas se desconectan. Otras Reshimot de su frente están todas conectadas una a la otra. Uno no debe asociarse con él, excepto durante corto tiempo, no por mucho tiempo. Todo lo que hace o piensa es para su propio beneficio, no se preocupa por el bienestar de los otros. No puede guardar un secreto, murmura y revela secretos y sus palabras no tienen ninguna importancia. Este es el significado de la letra Nun que está incluida en la letra Zayin. No se le considera como un espíritu fiel que persista.

Si la frente es pequeña y redonda, es una persona que es sabia en lo que observa. Algunas veces, se encuentra alarmado en su espíritu. Su amor es con alegría. Tiene misericordia en todo. Observa muchas cosas y si se esfuerza en la Torá será muy sabio. Si hay tres grandes arrugas en su frente mientras habla, tres arrugas se encuentran cerca del ojo y tres arrugas sobre el otro ojo y grita cuando está enojado es mejor de lo que parece. Pone detrás de sí todos los asuntos mundanos, ya sea en sus acciones o en otros asuntos, y no se preocupa sobre estos, y tiene éxito con la Torá. Cualquier persona que se asocie con él se beneficiará de otros asuntos mundanos, que él no considera. En ocasiones su voluntad se apega al Creador y en ocasiones no. Él no tiene éxito en el juicio, se mantiene apartado del juicio. Esta es la letra Nun sola, cuando no está incluida con la letra Zayin. Y ya que no encuentra incluida, él se mantiene apartado del juicio y no se halla en éste. El amor es su parte.

Si la frente no es redonda y es grande, es una persona que inclina su cabeza cada vez que está de pie y cuando camina. Esto se divide en dos formas de locura. Una forma es locura aparente y las otras personas conocen su locura pues es evidente para todos y él es un necio.

CONCEPTOS GENERALES.

Si tiene cuatro arrugas grandes en su frente, algunas veces cuando habla, arruga la frente y algunas veces su frente se expande en su piel y no son aparentes. Entonces las arrugas que se ven son otras arrugas grandes, al lado de los ojos, Se ríe de cualquier cosa, sin razón alguna, tiene la boca grande.

Este no es un hombre útil; es del otro lado, La locura se oculta dentro de él y las personas no le miran. Es listo en lo que hace, incluso con la Torá. Sin embargo, es Lo Lishma, pero más bien para alardear frente a las personas. Toda su conducta es clandestina y orgullosa; muestra que es justo y no lo es. Todas sus palabras no son para el Creador, sino para las personas; piensa pensamientos y se conduce en el exterior para que se le observe. Esta es la letra Nun que está incluida en la letra Zayin.

Si la frente es redonda y grande, él es inteligente. Lo recuerda todo. Sabe todo en lo que se esfuerza, incluso sin tener un maestro que le enseñe. Triunfa en todo lo que intenta. Y con dinero, algunas veces triunfa y otras no. De una cosa pequeña mira a cosas grandes. Se le considera inteligente. No se preocupa por los asuntos mundanos, Incluso aunque sabe que será avergonzado por ellos, no se preocupa y no presta atención Tiene un corazón suave.

Si tiene dos grandes arrugar en la frente, una arruga en un ojo y una arruga en el otro ojo, y hay tres grandes arrugas en su frente, en esas sobre los ojos y junto a ellas, la arruga inferior se divide sobre los ojos, él tiene pensamientos interiores. Sin embargo, no son conocidos porque él no considera a las personas con sus acciones. Tiene temor por un tiempo y no más.

Para tranquilizar, se reconcilia con sus acciones externas ante las personas, pero las obras son solamente en ocasiones como las de un niño y en ocasiones con sabiduría. Esta es la letra Nun sola, no incluida en la letra Zayin. Y él es débil, pues no fue incluido en las primeras letras pero estaba a proximidad de la letra Samej para ser incluida en ella y no en las primeras letras. Hasta aquí los secretos de la sabiduría de la frente.

Conceptos generales.

LA FRENTE

Un famoso pasaje del Zohar trata de los misterios de la frente, describiendo cada arruga y línea y explicando cómo es posible "leer" el rostro de otra persona a través de su frente (Zohar II, 71b). Ubicada entre el cerebro y esa parte del rostro donde se encuentran los sentidos, la frente actúa como una interfase. Debido a su prominente posición en el rostro, ella puede revelar los pensamientos de la persona a través de sus movimientos. La frente está asociada con la Sefirá de Keter, aludiendo a los ocultos poderes de la mente; pero debido a que puede ser "reveladora", también está asociada con Daat, es la manifestación externa de Keter.

Escribe el Ari que cuando una persona realiza una mitzvá, las letras asociadas con esa mitzvá se inscriben sobre su frente e iluminan su rostro ese día. De la misma manera, cuando la persona comete una transgresión, las letras asociadas con esa transgresión también le aparecen en la frente. Las mitzvot y las transgresiones del día se inscriben sobre la frente de la persona durante todo ese día y son eliminadas a la espera de las acciones buenas o malas del día siguiente. La excepción a esta regla la constituye la mitzvá de la caridad, que se mantiene grabada en la frente de la persona, como está escrito, 'La caridad se mantiene por siempre" (Salmos 111:3; Pri Etz Jaim, Shaar Shabat 4, p.388). La frente puede así mostrar la más profunda iluminación de las buenas acciones de la persona, iluminando su rostro con la luz de sus Mitzvot.

La frente puede revelar también los sentimientos. Hay dos características contrastantes que pueden "mostrarse" claramente en la frente: la humildad y el descaro. La persona modesta tiene un rostro brillante, que refleja la humildad. La falta de vergüenza y el descaro también se muestran de manera prominente, como indica el versículo (Jeremías 3:3), "Tienes frente de ramera; y rehúsas sentir vergüenza".

CONCEPTOS GENERALES.

Antes de cometer una transgresión, la persona tiene conciencia del Santo, bendito sea, y siente cierta medida de vergüenza delante de Él. Si transgrede, el Cielo no lo permita, se debe a que la ha poseído un espíritu de locura. Cuando se arrepiente, este espíritu se transforma en un espíritu de sabiduría. La persona se siente entonces avergonzada delante del Santo, bendito sea, debido a su pecado anterior - mucho más avergonzada de lo que se sintiera antes de haber pecado. El pecado fue en sí mismo algo vergonzante, pero ahora es su arrepentimiento lo que hace que su vergüenza se refleje en su rostro. En este sentido, alcanza ahora una nivel superior de conciencia del Santo, bendito sea, y es esta nueva humildad la que brilla sobre su frente, como opuesto a la "frente de ramera", no refleja vergüenza alguna. Con humildad, uno puede alcanzar un nivel muy elevado de comprensión del temor al Santo, bendito sea (Likutey Moharán I, 38:5).

La palabra hebrea para designar la frente es metzaj. Existe un poder de impureza que es conocido como el Metzaj HaNajash, la "Frente de la Serpiente", que connota las fuerzas destructivas del ateísmo. Este Metzaj HaNajash obtiene su fuerza de la gente que vive una larga vida pero que no llena sus días con santidad. El ateísmo se enquista y se hace cada vez más fuerte a medida que pasa la vida.

La antítesis de Metzaj HaNajash es Metzaj HaRatzón, la "Frente del Favor Divino", que corresponde a Keter. Como hemos visto, Keter corresponde al Partzuf de Arij Anpin, que se traduce como "Rostro Extendido". Frente a la larga vida de Metzaj HaNajash se encuentra el Metzaj HaRatzón, Keter, el Rostro Extendido, que indica "larga vida" - la de las fuerzas de la santidad. Dado que el poder de Metzaj HaRatzón proviene de la "larga vida" plena del favor Divino, puede así anular el Metzaj HaNajash, las fuerzas del ateísmo.

las Líneas de la Frente:

LAS LÍNEAS DE LA FRENTE (METOPOSCOPIA).

Los misterios de las líneas que trazan la frente, en el arte ancestral de la metoposcopia, sugieren que tales marcas no solo desvelan los matices de nuestro presente, sino también los vestigios de pasados y memorias que yacen en lo profundo del ser. No obstante, este saber no es un destino inmutable, sino más bien un faro que ilumina el sendero hacia la autoconsciencia y la maestría de nuestro propio destino.

Un ejemplo notable es el de Moisés, quien según la interpretación de la metoposcopia, poseía rasgos que podrían ser interpretados como negativos, pero logró reprimir su manifestación. Las tres líneas rectas en su frente son interpretadas como un símbolo de su dominio sobre estas imperfecciones, lo que sugiere que Moisés fue capaz de ejercer un control consciente sobre su comportamiento y sus inclinaciones, demostrando así un nivel de autodominio y autoconocimiento significativo.

Y verás el secreto de la frente

Frente: Grande, Ancha y Saliente

Exhibió una notable inteligencia y memoria. Alcanzó el éxito en cada iniciativa emprendida. Tenía la capacidad para visualizar de forma integral y anticipar escenarios. Era sensible, sin descuidar minucias. No se caracterizaba por su sencillez ni modestia aparentes.

Frente Redonda

Las personas con frentes redondas solían ser amables, cálidas y sociables, con fuertes habilidades interpersonales. Podían mostrar sensibilidad emocional, siendo empáticas y comprensivas. Se creía que tenían una mente creativa y una mentalidad abierta, siendo imaginativas y curiosas.

Frente Plana

Una frente plana sugería una personalidad pragmática y realista. Las personas con frentes planas podían ser vistas como prácticas y orientadas hacia lo concreto, tomando decisiones basadas en hechos y lógica en lugar de en la fantasía o la especulación. Se enfocaban en el presente y en las situaciones inmediatas, en lugar de en el futuro o en ideas abstractas.

Y verás el secreto de la frente

Tres líneas rectas en la frente

- se comportaba con integridad, honestidad.

1. Se comportó de una forma decente (no avergonzó a los demás o intentó humillar a otras personas).
2. Confiaba en que había una visión más amplia.
3. Puso su confianza en la Luz.

Dos líneas rectas en la frente

- una de las buenas cualidades de las tres líneas rectas todavía no esta perfeccionada.

Una línea recta

- dos de las buenas cualidades de las tres líneas rectas aún no están perfeccionadas.

Y verás el secreto de la frente

Líneas rotas o discontinuas

Tus acciones no reflejaron adecuadamente tus virtudes. Para restablecer la cohesión, es necesario dedicar un mayor esfuerzo en tu vida, permitiendo que tus cualidades positivas (potenciales) se manifiesten plenamente.

Cejas rectas

Había una tendencia hacia la racionalidad y la objetividad en la persona. Tomaban decisiones basadas en la lógica y el análisis, en lugar de ser influenciadas por emociones o intuiciones. Esas personas podían ser vistas como serenas y equilibradas en su manejo de las emociones, capaces de mantener la calma en situaciones estresantes. Tenían una mente clara y ordenada, capaz de concentrarse en tareas y objetivos con determinación.

Cejas Arqueadas

- Se creía que las cejas arqueadas podían indicar una mayor sensibilidad espiritual y una conexión intuitiva con dimensiones más profundas de la existencia. Esas personas podían tener una capacidad innata para percibir energías sutiles y entender aspectos espirituales de la vida que iban más allá de lo físico.

Y verás el secreto de la frente

Cejas Gruesas

- Podían indicar una personalidad fuerte y determinada. Esas personas podían ser vistas como tenaces y persistentes en la consecución de sus objetivos, mostrando una gran fuerza de carácter y resiliencia frente a los desafíos. Podían experimentar emociones de manera más profunda y apasionada.

Gruesas y alborotadas

Sugerían una personalidad independiente y rebelde. Estas personas podían desafiar las normas establecidas y seguir su propio camino, mostrando una actitud desafiante hacia la autoridad y las expectativas sociales. Además, podían tener una imaginación vibrante y una capacidad para pensar de manera innovadora, buscando constantemente nuevas ideas y perspectivas.

Cejas separadas

Sugerían una personalidad independiente y una fuerte individualidad, preferían seguir su propio camino. También estaban dispuestas a considerar diferentes puntos de vista y a explorar nuevas ideas, mostrando una actitud de tolerancia y apertura hacia la diversidad de opiniones cuando se encontraban en equilibrio interior.

Y verás el secreto de la frente

Cejas conectadas

Solían sugerir una personalidad que puede ser percibida como dominante y autoritaria. Inclinación hacia el liderazgo y tomar decisiones con firmeza. Conexión con sus raíces culturales y tradiciones familiares. Sin embargo, también se asociaba este rasgo con una tendencia hacia el temperamento volátil y una posible dificultad para aceptar opiniones divergentes.

Cejas blancas

1. La forma en que se manifiesta el rasgo depende del color del pelo de la cabeza.
2. Pelo de la cabeza blanco - ver la descripción para el cabello blanco más arriba.
3. Cabello negro o rojo - hubo una desconexión: parecía ser una persona amable pero en realidad era más negativa, un tramposo o un estafador.

Cejas desiguales

Solían sugerir una personalidad desequilibrada o inconstante. Estas personas podrían haber experimentado cambios de humor o tener dificultades para mantener la coherencia en sus acciones y decisiones. Podían enfrentar desafíos para encontrar un equilibrio entre diferentes aspectos de sus vidas, como el trabajo y la vida personal e incluso haber nacido sin alguno de sus progenitores.

Y verás el secreto de la frente

Cejas escasas

Podría ser percibida como reservada o introvertida. Tendencia a ser discretas y a mantener un perfil bajo en situaciones sociales. Además, se pensaba que podían experimentar una falta de confianza en sí mismas o tener dificultades para expresar sus opiniones de manera clara y directa. reflejaban una sensibilidad así como una capacidad para concentrarse en los detalles y apreciar la belleza en las cosas simples.

Cejas Caidas

Las cejas caídas solían asociarse con una personalidad que podría ser percibida como melancólica o pesimista. Estas personas podrían haber mostrado una tendencia a sentirse abrumadas por las preocupaciones y los desafíos de la vida, lo que podría haberles llevado a adoptar una postura más negativa. Además, se pensaba que podían experimentar una falta de motivación o energía para enfrentar los obstáculos.

Cejas punta arriba

Estas personas podrían haber mostrado una disposición positiva hacia la vida, con una actitud de esperanza y entusiasmo incluso frente a los desafíos. Sin embargo, también se reconocía que las cejas que apuntaban hacia arriba podían reflejar una tendencia a ser impulsivas o imprudentes en algunas situaciones, debido a su naturaleza entusiasta y aventurera.

Y VERÁS EL SECRETO DE LOS OJOS

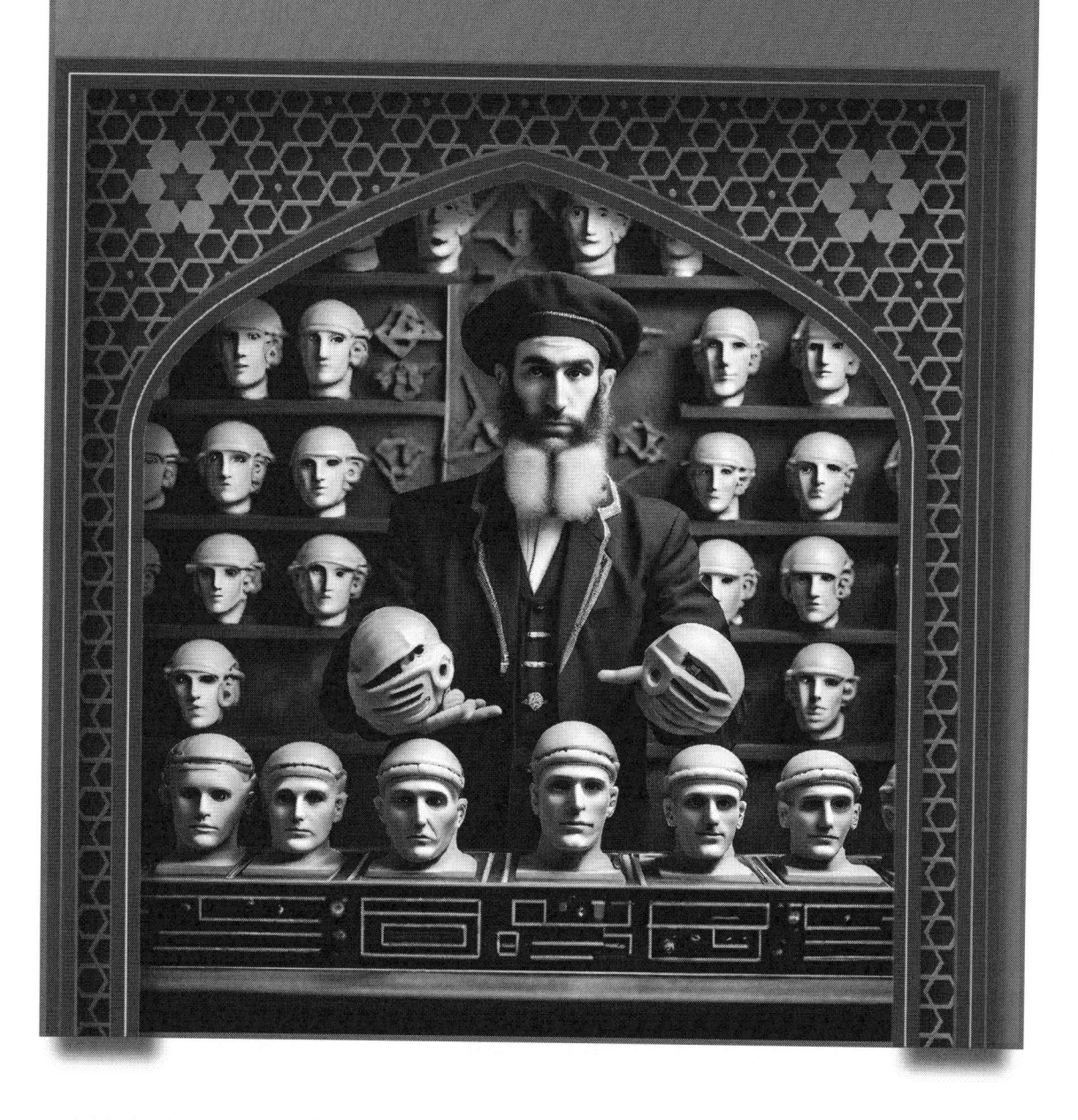

Conceptos generales.

Y VERÁS EL SECRETO DE LOS OJOS

Los ojos son la letra Samej [ס]. Uno debe mirar los colores que rodean a los ojos desde afuera. Y como el ojo se posiciona, si se posiciona por completo, si no está sumergido profundamente en la frente, entonces él no es un fraude, y está lejos de cualquier mentira.

HAY CUATRO COLORES EN LOS OJOS:

1) El blanco que rodea al ojo, como lo tiene cada persona. Esto es lo mismo para todos.

2) En frente de esto está el negro que lo rodea. Blanco y negro están mezclados, lo que indica JG, que están incluidos el uno en el otro.

3) En frente de esto está el verde, lo cual alude a Tifferet y está incluido en el negro.

4) En frente de eso está la pupila, que es un punto negro que alude a Maljut. Esto es una persona que siempre está riendo, siempre contenta, y piensa pensamientos positivos. Y los pensamientos no están completados porque el siempre los eleva de su deseo. Él se ocupa de asuntos mundanos, y cuando se ocupa de asuntos celestiales, tiene éxito. Tal persona debe ser alentada para ocuparse de la Torá, ya que tendrá éxito en ella.

Si sus cejas son grandes y cubren abajo, y si hay inscripciones rojas a lo largo de los ojos, estas inscripciones se llaman "pequeñas letras en el ojo", ya que son colores en el ojo, y si hacen brillar una luz, esa luz manda letras arriba para mostrar los peleadores con esas otras listas pequeñas. Está en la letra Samej y está incluido en la letra Hei.

Ojos verdes, rodeados por blanco, donde el verde está mezclado con ese blanco, significa que él es misericordioso y siempre piensa solamente sobre su propio beneficio, totalmente ajeno al daño de los otros.

Si no se ve nada de color negro en él, él es codicioso, pero no del lado malo. Si algo tiene éxito para él del lado malo, él no lo retornará. Él es leal en lo que es conocido y no es leal en lo que es desconocido. Él mantiene un secreto en algo que es secreto hasta que escucha el secreto en otra parte. Una vez que lo ha oído, lo revela todo, y no hay más secreto en él por completo porque todas sus palabras no son con integridad. Uno en quien los colores en sus ojos están rodeados por blanco y verde, eso es en la letra Hei, y está incluida en la letra Zayin y la letra Samej.

CONCEPTOS GENERALES.

Si sus ojos son amarillos y verdes, hay locura en él. Y por causa de la locura, él habla orgullosamente y se presenta como un gran hombre por causa de su orgullo. Pero quien lo ataca lo derrota. Él no es merecedor de los secretos de la Torá porque su corazón no está quieto en secretos y él los revela a toros para hacerse grande por medio de ellos. Está en la letra Hei, y está incluido solamente en la letra Zayin, alejándose de la letra Samej. Y ya que se comporta con orgullo, permanece alejado de la letra Samej y no se acerca a ella. Cuando este habla, hace muchas arrugas en su frente.

Ojos blancos que están rodeados por un poco de verde significa que está furioso, misericordioso, en mayor parte, pero cuando se llena de ira, no hay amor en él en absoluto, y se vuelve cruel. Él no mantiene un secreto. Esto es en la letra Hei cuando está incluida en la letra Samej.

Los ojos que son verdes y blancos a la vez, con un poco de negro en ellos, significa que él mantiene los secretos y es exitoso en todos ellos. Y si comienza a tener éxito, él tiene éxito y se eleva. Sus enemigos no lo pueden vencer y él los gobierna con control completo, y ellos capitulan ante él. Esta es la letra Jaf, que está incluida en la letra Samej. Por lo tanto, si comienza a gobernar, gobierna. Hasta aquí estos ojos para aquellos que tienen sabiduría.

El ojo se encuentra bajo la letra Reish y la letra Peh en donde las cejas son blancas y el cabello es rojo. Si las cejas son blancas, se trata de una persona con quien la gente debe ser cautelosa; todas sus palabras son engañosas; es perspicaz y vengativo. Y todo esto está en la letra Reish. La letra Peh no se conecta con él sino que va y sobrevuela sobre él y no se asienta en él. Sus ojos están hundidos. Es precipitado con sus acciones. Se deben vigilar las obras de cualquiera cuyos ojos están hundidos. Es engañoso y con engaño razona sus palabras.

Si su frente es amplia y no es redonda, y dos grandes inscripciones corren a lo largo de su frente de un lado al otro y cuatro pequeñas. Sus cabellos cuelgan. Su mente es serena, por lo tanto es inteligente. Sus orejas son pequeñas, y tiene mucho vello en los brazos, cubierto con puntos de inscripciones negras. Si tiene inscripciones rojos, algunas veces regresa para hacer el bien y se queda allí por un corto tiempo, y algunas veces invierte sus malos caminos, Es codicioso.

CONCEPTOS GENERALES.

Si su frente es amplia, redonda y bella, y todas las letras son visibles y se elevan en él; algunas se elevan y algunas caen, las que cayeron suben, dejando espacio a estas y aquellas. Por lo tanto, sus inscripciones se elevan a lo largo por encima de su frente; sus cejas son la misericordia de la misericordia. No son negras, ni rojas sino entre esos dos colores. La pupila dentro muestra todas las imágenes del mundo. Una línea roja los rodea y la alegría lo rodea todo. Al principio, cuando esos malvados se acercan a observar los ojos, cuando los malvados los ven se ríen, pues en ellos hay compasión, gracia y misericordia. Luego observan en ellos valor y coraje, terror e ira. Sus ojos son como palomas hacia ellos. "Palomas", quiere decir que engañan a los malvados, como está escrito, "No se defraudarán los unos a los otros".

También está escrito, "Sus ojos son como palomas", atrayendo a todos los que los miran y los ahuyentan. Todas las imágenes en el mundo están incluidas en su rostro. Los cabellos de su cabeza fueron inscritos con colores de cinco tipos de oro. Está escrito en el libro de Adam haRishon, "La apariencia del primer Mesías es como la luna, que es Maljut, de la simiente de David", pues el segundo Mesías es el Mesías, hijo de José. "Su rostro tendrá una apariencia de oro verdoso. Su apariencia será como el oro de Ofir en su barba. Su apariencia será oro de Sheba en las cejas. Su apariencia será como el oro de Parvaim en los parpados. Su apariencia es de oro puro en los cabellos de su cabeza. Su apariencia es como el oro refinado sobre su pecho en el pectoral sobre su corazón. Su apariencia es como el oro de Tarshish en ambos brazos. Esas siete apariencias quedaron inscritas en todos esos lugares de los cabellos.

En su brazo derecho una inscripción, oculta de la gente, está grabada e inscrita. Es una torre con un león grabado y una Alef pequeña inscrita allí, como está escrito, "En donde cuelgan cientos de escudos". Todo el tiempo que libra la guerra, esa inscripción se alza y sobresale y esta Alef golpea en la torre. En ese momento, él se vuelve más fuerte para librar la guerra. Y cuando participa en la guerra, el león golpea, y entonces se vuelve poderoso como un león y vence en las guerras y esa torre provoca una carrera, como está escrito, "El justo que está establecido en lo alto, corre hacia ella". David era más elevado que sus enemigos, que no podían derrotarle. Y esas marcas y esas inscripciones estaban inscritas en el brazo izquierdo. La inscripción de otra persona no es como esa. No es como la simiente de David.

Si los ojos son amarillos y saltones, hay locura en su corazón. Su frente es amplia, su cabello es abundante y cuelga del cuero cabelludo de su cabeza. Es inteligente, con una boca que habla de grandes cosas, Sus labios están marchitos y murmura. Hay tres líneas en su frente. Si tiene dos venas rojas en el ojo, sólo está en la letra Reish y hay una vena que ilumina en ellos. Tuvo oportunidad de transgredir pero se salvó de ello.

CONCEPTOS GENERALES.

Si hay una vena roja dentro del ojo, situada a lo largo, con dos venas pequeñas debajo de ella, una que cruza sus ojos, tiene una mala intención con respecto a la mujer que está prohibida para él y si la intención aún persiste. Entonces encontrarás una sola línea a lo largo de su frente. Un solo cabello sale de la ceja derecho y cuatro vellos negros debajo de este, con uno pasa entre ellos a lo ancho.

Si se aparta del pecado, habrá dos venas finas en sus ojos atravesando el ojo y otra no pasa entre ellos. Lo mismo sucede en la frente. Y el tiempo que esté separado de ese pecado será considerado hasta nueve días, pues después estas inscripciones quedarán borradas y otras aparecerán.

Cuando los ojos son angostos y se vuelven un poco rojizos, es un hombre inteligente y todas sus palabras son para arrepentirse. Descubrirás tres inscripciones en su frente, una grande, atravesando de lado a lado, y otras dos que no se cruzan. Sus cejas son grandes; es testarudo; cuando habla y está enojado arruga la nariz o cuando es cruel Tiene mala reputación. Es malvado a los ojos de todos y todo el mundo lo odia. En ocasiones triunfa y en otras no.

Hay tres cabellos largos en su pecho, sobre su corazón. Sus labios están marchitos; es orgulloso al punto de la locura y es murmurador.

Su cabello es liso, largo y abundante. Su rostro es un tanto alargado y algo redondo. En ocasiones se arrepiente de todo lo que ha hecho, luego vuelve a sus malos caminos. Descubrirás dos venas en su ojo derecho y una en el ojo izquierdo. Sus orejas son pequeñas y derechas.

La simiente de David es todo lo contrario: En la simiente de David, todos esos signos eran buenos y para hacer el bien, salvo los labios gruesos, pues cualquiera que tiene labios gruesos es un gran murmurados, ya sea que sea justo o malvado, salvo si es un justo completo, pues por su mérito triunfa y se guarda de la murmuración.

Si los ojos son verdes con un poco de color rojo entre ellos, hay dos inscripciones en un frente dese este lado hasta el otro, y una pequeña arriba y una pequeña abajo; este hombre se encuentra en la letra Peh y en la letra Reish. Su frente es amplia en un círculo, es bueno con todos, da de lo que tiene a cada persona, es indulgente, su cabello es lacio y cuelga. En el lado derecho, tiene cabello blanco desde el día en que nació.

CONCEPTOS GENERALES.

La gente inteligente del mundo, cuyos ojos son alertas, que son sabios, que son de fe - que es la Divinidad - que fue ocultada en ustedes. Aquellos de ustedes que ascendieron y descendieron, que recibieron las luces que iluminan de abajo hacia arriba, que son denominadas "ascensos", y las luces que iluminan de arriba hacia abajo, que son denominadas "descensos", aquellos con quienes está el espíritu del Dios santo, deben elevarse y saber que cuando la cabeza blanca - Keter - quiso crear al hombre, impartió dentro de una luz, que es Bina, y la luz impartió en la expansión de la luz, ZA, que sentencia e ilumina las dos líneas, la derecha y la izquierda de Bina. Y la expansión de la luz hizo nacer las almas de los seres humanos.

Aún así, él se unió e impartió la expansión de la luz, ZA, a una roca sólida, la Maljut y la roca produjo una llamarada ardiente, que consiste de muchos colores, lo cual es el Ibur de la luna, que está llena de Dinim. Y esa llamarada asciende, recibiendo Yenika, es decir que las luces iluminan en ella de abajo hacia arriba. Y desciende, es decir que recibe GAR de Ruaj es decir que las luces iluminan de arriba hacia abajo, pero con Dinim, debido a la deficiencia en Jassadim. Finalmente, la expansión de la luz, ZA, le otorgó, le impartió en la línea media y Jassadim y luego retorna y se sienta en su lugar y se convierte en el espíritu de vida para Adam HaRishon. Se hicieron secciones en ese espíritu – las doce fronteras de la diagonal que recibe de ZA. Toma un color verde del sol, ZA, desciende y toma un color de la luna, Maljut, un color que recibe de todos los colores. Recibe de los cuatro animales: el buey, el águila, el león, el hombre y la Merkava inferior (carroza/asamblea).

Se desplaza hacia la derecha y toma el color del agua, el blanco, incluido en la boca del león, Jesed. Se desplaza hacia la izquierda y toma el color del fuego, que es rojo, incluido en la boca de un buey que es rojo como una rosa, Guevura. Se desplaza hacia adelante y toma el color del viento, que es verde, incluido en la boca del águila de alas grandes y emplumadas. Todos los colores aparecen en él. Este es el color carmesí, que incluye a todos los colores, lo cual es Tifferet. Se desplaza hacia atrás y toma el color del polvo, que recibe de todos los otros colores, incluido en las cuatro direcciones del mundo, JG TM que reciben de la boca del rostro del hombre a quien miran todas las formas, y se trata de Maljut.

Ese espíritu se asienta en el polvo y se viste en él, pues el polvo, Maljut es Nefesh de Adam HaRishon y Ruaj se vistió en Nefesh. Después ese polvo, Nefesh, se sacudió, descendió y recogió polvo de las cuatro direcciones del mundo, convirtiéndose en una forma y un Partzuf, el cuerpo de Adam HaRishon. Ruaj fue ocultado dentro de él en lo profundo y en cuanto a ese polvo que se recogió de las cuatro direcciones, el cuerpo, Nefesh otorgó en él cuando fue incluido en Ruaj.

CONCEPTOS GENERALES.

Esa Nefesh es un Yesod (fundamento) para las acciones del cuerpo, como son las acciones de esa Nefesh (alma) en el Guf (cuerpo), así es que aparece en la piel desde fuera. Ruaj (el espíritu) está oculto dentro y la Nefesh se ve fuera, ascendiendo, cayendo y golpeando su rostro, mostrando formas e inscripciones, golpeando su frente y mostrando formas e inscripciones, golpeando sus ojos y mostrando formas e inscripciones, como está escrito, "La expresión de sus rostros da testimonio en contra de ellos".

La luz desde donde extendió la medida es el Masaj de Jirik, que mide el nivel de una línea verde, una línea media, que tiene un color verde. Recibe este Masaj de Maljut, la llama de Tohu – el fuego de Maljut de Midat de Din (cualidad del juicio) que se denomina, Tohu.

La luz golpea las manos de la persona cuando duerme, haciendo inscripciones y líneas en sus manos. Y según las manos de la persona, así está escrito. Esas letras se invierten en él de abajo hacia arriba y esos amigos – los verdaderos justos – conocen en la inscripción de las letras de la luz, Maljut, y todas las fuerzas en el rostro del hombre hacen inscripciones y líneas y las letras se invierten. Aquel que escribe, escribe al final del tabernáculo. Asimismo, Maljut se llama, "tabernáculo", como está escrito, "Cuando estaba tejido en las profundidades de la tierra", en el fondo de Maljut, llamada "tierra". Ella también es tejida por el poder de la llama de Maljut de Midat ha Din, como las manos del hombre.

Los ojos que son blancos y hay briznas de carne roja en donde surgen los ojos, en las cuencas de los ojos, y cuando los gira son visibles, este hombre está en la letra Peh y la letra Reish juntas. Su frente es amplia, tres líneas suben por su frente y otras seis pequeñas. Él rojizo y no es rojizo, está entre dos colores, y lo mismo pasa con su cabello. Su rostro es grande, su cabello arrugado, rizado y no tanto. Cuelgan un poco debajo de las orejas. Este hombre es bueno, hombre de fe y tiene cólera cuando se enoja.

Si ese rojo bajo sus ojos, en las cuencas de sus ojos, se extiende a través del ojo, su ira es mala. Cuando habla enojado, cierra la boca, le sale humo de las fosas nasales. Su ira disminuye por corto tiempo pero no toda la ira, hasta después de un día o dos. Este hombre a veces triunfa y a veces no. Sin embargo existe con éxito ya sea mucho o poco.

Si lo rojo en el ángulo del ojo es pequeño como una línea y no se expande a través del ojo cuando se enoja y tiene todos esos signos, tiene un corazón débil, tiene temor de todo, El sueño no le llega, siempre tiene pensamientos y tiene miedo de todo. Él triunfa para todos aquellos que colaboran con él; es un hombre corrupto y no se restringe para el adulterio.

CONCEPTOS GENERALES.

Algunas veces se arrepiente y teme y por su temor, lo rojo en el ángulo del ojo estará en la orilla del ojo y una fina vena roja en el ojo izquierdo. Si lo que está en la derecha y lo que está en la izquierda intercambia lugares, de todas formas sigue siendo corrupto, es decir que no se ha arrepentido. Rompe una vez más la pieza del hielo que lo separaba de la transgresión para cometer la transgresión.

Tiene dos arrugas encima del ojo y tres abajo En el dedo medio del pie de la pierna izquierda tiene seis vellos y cinco en otras ocasiones. Ahora tiene seis porque hay un pequeño vello entre ellos, Los ojos son negros y las cejas espesas y tiene muchos vellos en ellas uno encima del otro. Y estos ojos negros y verdes van dentro y el verde está más hundido. Este hombre tiene cinco líneas en la frente – dos que cruzan de lado a lado y tres que no cruzan.

Y VERÁS EL SECRETO DE LOS OJOS

Y verás el secreto de los ojos

LOS OJOS: VENTANAS AL MUNDO

Los ojos, ventana del alma al mundo exterior, nos permiten sumergirnos en un universo de formas, colores y maravillas divinas. A través de la vista, exploramos la riqueza de la creación y nos maravillamos ante la belleza que nos rodea, conectándonos así con la presencia de lo divino en cada aspecto de nuestra realidad. Más que simplemente captar imágenes, la visión nos invita a adentrarnos en lo más profundo de las cosas, a descubrir su esencia interior y a reconocer la huella de lo sagrado en cada detalle.

Cuando contemplamos con una mirada clara y sincera, no solo percibimos el mundo material, sino que también vislumbramos la presencia de Dios que habita en todas las cosas. Es a través de nuestros ojos que podemos reconocer la divinidad que nos rodea, permitiendo que la luz de lo eterno ilumine nuestro ser interior. Sin una visión clara y aguda, nos alejamos de esta conexión espiritual y nos privamos de experimentar la presencia amorosa y trascendental que permea todo lo creado. Por lo tanto, cultivar una visión profunda y perceptiva nos permite estar en comunión con lo divino y experimentar la plenitud de la vida en toda su magnificencia.

En el transcurso de la vida diaria, debemos evitar que nuestros ojos vean aquello que "queremos" ver, como opuesto a lo que realmente está allí. Motivos ulteriores pueden distorsionar fácilmente nuestra percepción. Esto está indicado en el dictamen de la Torá (Éxodo 23:8; Deuteronomio 16: 9), "No aceptes soborno. El soborno ciega los ojos del sabio y pervierte las palabras de los rectos". Cuando el juicio se ve enturbiado por motivos ulteriores, perdemos nuestra capacidad para discernir las diferencias entre lo correcto y lo incorrecto, entre (Deuteronomio 25:1), "librar al inocente y penar al culpable". Hasta los rectos están en peligro de que sus palabras "sean pervertidas". Y si el sabio, cuya visión es penetrante, puede errar al definir aquello que ve, ciertamente aquéllos de visión espiritual más débil deben cuidarse mucho más.

De acuerdo con la cábala, los ojos son una extensión del hemisferio derecho del cerebro, asociado con la Sefirá de Jojmá (ver Likutey Moharán II, 40:1). Debemos por lo tanto preguntarnos, "¿Cómo utilizamos nuestros ojos?" "¿Acaso vemos la esencia real de aquello que estamos mirando o juzgamos las cosas por su apariencia externa?".

Y VERÁS EL SECRETO DE LOS OJOS

Cuando nos concentramos en un objeto, la pupila del ojo se expande o se contrae para regular la entrada de luz. Esta expansión y contracción permite que el ojo pueda ajustar el foco apropiado sin causar daños a la retina. De manera similar, cuando nos embarcamos en la búsqueda de una mayor sabiduría espiritual, es importante limitarse al comienzo a un nivel inferior del intelecto. Si durante las primeras etapas nos centramos en un avance gradual más que en objetivos futuros, ello permitirá que el intelecto se expanda y contraiga" naturalmente, y así podremos alcanzar el logro gradual de un intelecto superior.

Los ojos son ventanas a un universo de maravillas, capaces de revelar lo divino en lo cotidiano si se purifican lo suficiente para ver más allá de lo evidente. Aunque constantemente somos bombardeados con visiones, nuestra mirada suele ser fugaz, impidiéndonos captar la plenitud de lo que nos rodea. Sin embargo, aquellos que alcanzan un nivel de pureza espiritual pueden vislumbrar la inmensidad de las maravillas que nos rodean.

La incapacidad de muchos para ver estas maravillas radica en la impureza de sus ojos, que les impide enfocarse adecuadamente y apreciar la belleza oculta en cada momento. Solo aquellos que han purificado su mirada pueden ser testigos de la profundidad y la trascendencia que se ocultan tras la apariencia superficial de las cosas. Así, la búsqueda de la pureza visual no solo nos permite contemplar la belleza del mundo, sino que también nos abre las puertas hacia una comprensión más profunda de la presencia divina que permea toda la creación.

Este parrado se refiere aquí a las visiones del ojo de la mente. Estas visiones asombrosas no sólo están reservadas a los Tzadikim, quienes han fortificado sus sentidos y alcanzado los más elevados niveles de conciencia. De hecho, tales visiones forman parte de nuestras vidas, tanto despiertos como dormidos. Los Tzadikim saben cómo prestarle atención a todo lo que sucede pues ellos han purificado sus sentidos; ellos se han sintonizado al punto de poder percibir las cosas en una diferente longitud de onda. Ellos saben cómo "cambiar los canales" cuando una poderosa imagen visual o un buen pensamiento llega a la mente. De esta manera son capaces de "ver" lo que sucede delante del ojo de la mente y percibirlo antes de que desaparezca. Los grandes Tzadikim eran expertos en esto - sus ojos eran tan puros que allí donde miraban podían percibir visiones asombrosas y comprender profundas verdades. Como veremos, en muchas instancias ¡cerrando los ojos los abrían a las más grandes verdades!.

Y verás el secreto de los ojos

EL MAL OJO

Aquél que tiene un ojo generoso será bendecido. Proverbios 22:9 Existe un "ojo generoso" y un "mal ojo". Ambos términos han sido 'utilizados durante muchos milenios y pueden encontrarse en las Escrituras y en el Talmud como indicadores de la medida de un hombre. Abraham fue el paradigma del que posee un "ojo generoso". Siempre buscaba el bien en los demás y no sentía celos ni odio por sus congéneres. Bilaam, por el contrario, es el epítome de aquél que tiene un "mal ojo" - de aquél que siempre busca la falla en los demás y siente celos de los bienes o de la posición de los otros (ver Avot 5:19).

El Talmud, al referirse al mal ojo, le adscribe poderes casi místicos. Mirar los bienes ajenos con envidia en los ojos puede hacer que el mal recaiga sobre esa persona. Usualmente el "mal ojo" se entiende como mirar a la otra persona con intención de que le suceda algo malo. También incluye el envidiar las posesiones de otro, sentirse mal por su éxito (como si su éxito de alguna manera disminuyera nuestra capacidad para lograr algo en la vida), l mezquindad y demás.

Enseña por tanto el Talmud (Sotá 38b), "Debemos darle la copa [de vino, en la bendición] de después de comer a alguien con buen ojo. Así está escrito (Proverbios 22:9), 'Aquél que tiene ojo generoso será bendecido'. No leas solamente 'será bendecido', sino 'bendecirá...'". Por el contrario, uno debe tener cuidado de la gente con mirada envidiosa, como advierte el Rey Salomón (Proverbios 23:6), "No compartas pan con [aquél que posee] un mal ojo".

Estos pasajes nos llevan más allá de la superficialidad de las supersticiones, mostrándonos la profunda conexión entre nuestras percepciones y el flujo de energía en el universo. Se nos recuerda que la mirada no es simplemente un acto físico, sino una ventana a nuestra intención y energía interior. Cuando miramos con codicia, envidia o deseo insatisfecho, enviamos un mensaje al universo que puede traer consecuencias no deseadas para aquellos que miramos. Por otro lado, cuando nuestras miradas están impregnadas de generosidad, compasión y gratitud, podemos desencadenar bendiciones para aquellos que están en nuestro campo de visión. Esto nos lleva a un nivel más profundo de comprensión espiritual, donde reconocemos que nuestros ojos son mucho más que meros órganos sensoriales. Son ventanas de la mente, canales a través de los cuales fluyen nuestras intenciones y energía espiritual. Por lo tanto, debemos ser conscientes de cómo usamos nuestra mirada, ya que puede tener un impacto significativo en el mundo que nos rodea y en la vida de quienes observamos.

Y verás el secreto de los ojos

Por ejemplo, una persona puede tener mal ojo contra la posición social de otra persona. Este mal ojo surge del atributo caído de Maljut (Reinado, que al dañarse lleva a un descenso de la autoestima y a la necesidad de disminuir a los demás para sobresalir). Para corregir este Maljut caído, uno debe tratar de elevar el Maljut de Dios - mediante el estudio de la Torá o difundiendo el Nombre de Dios en el mundo. De esta manera, uno demuestra su lealtad a Dios más que a la propia necesidad de auto engrandecimiento. Esto sirve para rectificar en su raíz el mal ojo del Maljut caído (Likutey Moharán I, 54:4).

1. *Envidia hacia la prosperidad de otro:* Si alguien siente envidia hacia la prosperidad material o el éxito de otra persona y esto se manifiesta como el deseo de que esa persona pierda lo que tiene, podría considerarse mal de ojo. La reparación espiritual podría implicar trabajar en la gratitud y la apreciación por las propias bendiciones, así como en enviar intenciones positivas hacia la persona afectada.
2. *Resentimiento hacia la felicidad ajena:* Cuando alguien experimenta resentimiento hacia la felicidad o la alegría de otra persona y esto se manifiesta como el deseo de que esa persona sufra o se sienta mal, podría ser un caso de mal de ojo. La reparación espiritual podría involucrar prácticas de perdón, compasión y amor incondicional hacia uno mismo y hacia los demás.
3. *Deseo de daño emocional o espiritual:* Si alguien siente deseos de causar daño emocional o espiritual a otra persona, ya sea consciente o inconscientemente, esto también podría considerarse una forma de mal de ojo. La reparación espiritual podría implicar el cultivo de la empatía, la comprensión y la conexión espiritual con el bienestar de todos los seres.
4. *Pensamientos negativos y críticos:* Cuando alguien emite pensamientos negativos o críticos hacia otra persona, especialmente si estos están cargados de envidia o resentimiento, puede contribuir al mal de ojo. La reparación espiritual podría incluir prácticas de limpieza mental, meditación y visualización de energía positiva hacia la persona afectada.
5. *Palabras de maldición o maleficio:* Si alguien pronuncia palabras de maldición o maleficio hacia otra persona, esto puede generar un fuerte efecto negativo en la vida de esa persona. La reparación espiritual podría implicar la práctica del perdón, el arrepentimiento y la transmutación de la energía negativa a través de la oración y la conexión con la luz divina.

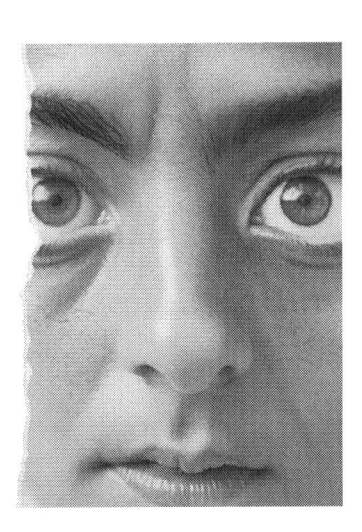

Y verás el secreto de los ojos

PESTAÑAS

1. Pestañas grandes, gruesas y largas - sensible, emocional.
2. Pestañas delgadas, cortas - menos sensible y emocional.

OJOS SALIENTES

1. Adúltero, tuvo tendencia a un interés sexual exagerado y necesita restringir esta tendencia en esta vida.
2. Arrogante, demandaba respeto.
3. Se auto alababa, hablaba sobre sus logros con orgullo, compartía pero solo por sus propios intereses.

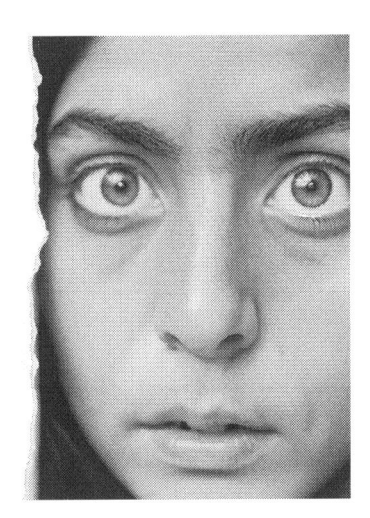

OJOS CRUZADOS

1. Mentiroso.
2. Se presentaba como una persona amable, discreta, aunque no era el caso, con el fin de aprovecharse de los demás.
3. Egocéntrico, egoísta.
4. Tuvo el mal de ojo.
5. Absorbía energía de los demás.

Y verás el secreto de los ojos

OJOS HUNDIDOS

1. Astuto, deshonesto, un pillo, especialmente cuando se trata de las finanzas y los negocios.
2. Intenciones ocultas a los demás.
3. Perseguía dinero, si no sexo.

OJOS MUY JUNTOS

1. Crítico y analítico, orientado al detalle.
2. Pesimista.
3. Obstinado, no dispuesto a cambiar.

OJOS ESTRECHOS

1. Personalidad cerrada y con tendencia a sospechar.
2. Codiciaba lo que tenían los demás.

Y verás el secreto de los ojos

AZUL/GRIS (OJOS CLAROS Y BRILLANTES)

1. Tenía gracia, compasión y una naturaleza de compartir.
2. Espiritual.

NEGROS O MARRONES Y CHISPEANTES

1. Feliz, generoso, amoroso, cálido y amable.

NEGROS O MARRONES OSCUROS Y AMENAZADORES

1. Negativo: poseído por el mal de ojo, tendencia a los celos.
2. Puede causar enfermedad a otras personas.
3. Tomaba sin dar.

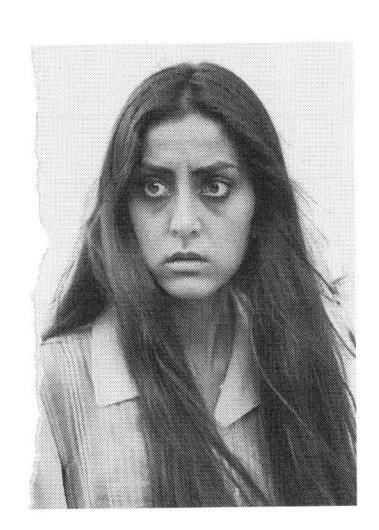

Y verás el secreto de los ojos

Rojo/inyectados en sangre/venas en las esquinas

1. Si no fuera por razones médicas podría haber sido un asesino.
2. Si era espiritual, un cirujano.
3. Adúltero, obsesionado con el sexo.

Blanco debajo del iris, por encima de las pestañas inferiores

1. Inquieto.
2. Poco confiable.
3. Se aprovechó de los demás sin sentir arrepentimiento.

Amarillo en el blanco de los ojos

1. Arrogante y egoísta.
2. Se esforzó por enfatizar un sentimiento de engreimiento.
3. Hablaba sin sentido.

Y verás el secreto de los ojos

Blanco visible alrededor de todo el iris:
(solo si la mirada es dulce como imágenes de los Santos)

1. • Demostró una naturaleza de compartir.
2. • Mostro compasión y misericordia.

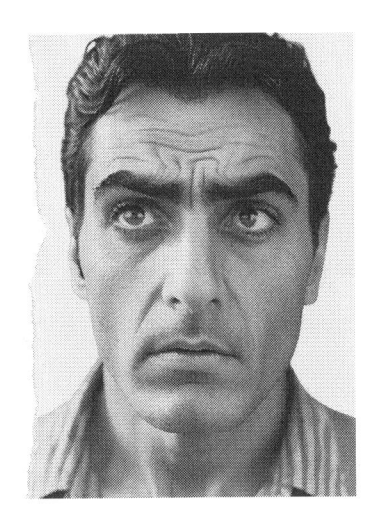

Ojos de color Verde

1. Feliz e llena de alegría.
2. Siempre pensando.
3. Virtuoso y compasivo, con amistades fuertes.
4. Tuvo riqueza y estatus.
5. Muy exitoso espiritualmente.

Cuatro espacios blancos:

Los ojos con cuatro espacios en blanco, donde la esclerótica era visible en los cuatro lados, solían ser un síntoma que sugería la posibilidad de cambios drásticos en el comportamiento de una persona, acompañados de estados alterados de irritabilidad que podían representar un riesgo para su integridad.

Y verás el secreto de los ojos

Lagrimal de los ojos:

Ese hundimiento arriba del lagrimal de ambos ojos, significaba que el matrimonio antes de los 40 años era poco probable y iba acompañado de un alto riesgo de fracaso de divorcio, independientemente de con quien se casara esa persona.

Blanco en los ojos:

En el pasado, el tipo de ojos que presentaban un espacio blanco debajo del ojo sugería la presencia de problemas gastrointestinales. Asimismo, se relacionaba con rasgos como la distracción, la tendencia a olvidar con facilidad y la propensión a desconectarse de la realidad, sumergiéndose en su propio mundo.

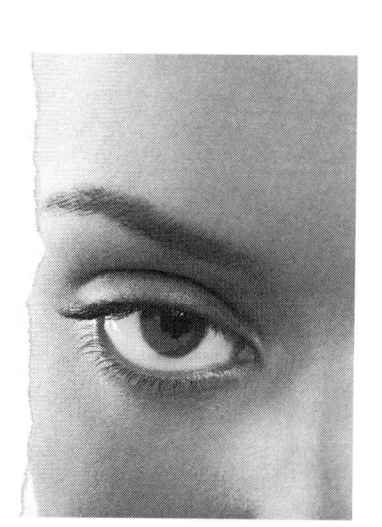

Mirada de Fuego:

Podía sugerir que la persona estaba llena de pasión y determinación en lo que estaba haciendo o en lo que estaba expresando. Transmitía una sensación de intensidad y compromiso. Fuerza y confianza: También podía reflejar una sensación de fuerza interior y confianza en sí mismo, indicaba que la persona estaba segura de sus habilidades o convicciones y estaba lista para enfrentar cualquier desafío.

Y verás el secreto de los ojos

El estrés y la ansiedad también podían haber contribuido al desarrollo de ojeras. El estrés crónico podía haber afectado la salud de la piel y haber hecho que aparecieran ojeras más prominentes. Genética: Asimismo, algunas personas podían haber tenido una predisposición genética a desarrollar ojeras más prominentes debido a la estructura de su piel o su herencia familiar. En estos casos, las ojeras podían haber sido un rasgo heredado y no necesariamente haber indicado un problema de salud.

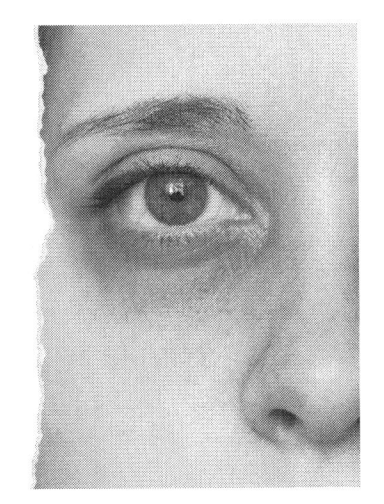

Los ojos, conocidos como los guardianes, ejercían influencia sobre la agudeza mental, la capacidad de percepción y evaluación de situaciones, así como la perspectiva individual. Una mirada decidida y ambiciosa como la imagen podía revelar a alguien que perseguía oportunidades con determinación.

Estos ojos, con un párpado superior notablemente amplio que sugería una apariencia caída o abultada, eran característicos de una persona cuya naturaleza emocional albergaba profundamente sus sentimientos y le resultaba difícil expresarlos. En ocasiones, estas emociones se manifestaban de manera temperamental.

Y verás el secreto de los ojos

Estrabismo interno del ojo izquierdo: En el pasado, este era un signo de un complejo de inferioridad debido al temor, consecuencia de un instinto que no tenía otro campo de investigación que el de la naturaleza del sujeto. Estrabismo interno del ojo derecho: Asimismo, indicaba una gran susceptibilidad, inteligencia y atención constante dirigidas sobre su propia persona, mostrando a un sujeto batallador y rencoroso.

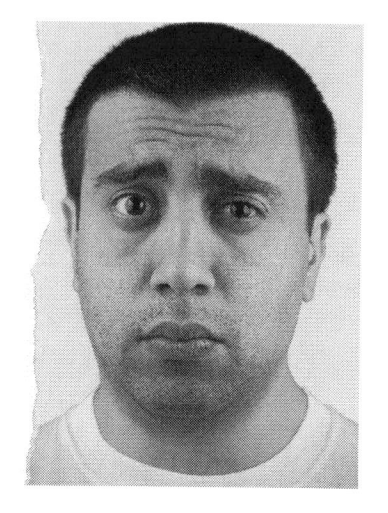

El tamaño de la apertura de los ojos se relacionaba con el nivel de extroversión e introversión de una persona. Los ojos más pequeños podían indicar una menor apertura emocional, lo que solía asociarse con una personalidad observadora, perspicaz y realista, reflejando una predisposición inicial hacia la desconfianza.

Los ojos hundidos reflejaban la retirada del entorno externo y la introspección. Al cerrar las cortinas para resguardarse de los ruidos, se lograba una mayor percepción de lo que sucedía internamente o se enfocaba la atención en un objeto externo específico. Aunque la visión periférica se veía reducida, la reflexión y la concentración se enriquecían en profundidad y fuerza, limitando la agudeza de la percepción a un punto concreto pero intensamente significativo.

Y VERÁS EL SECRETO DE LAS OREJAS

Y verás el secreto de las orejas

Y VERÁS EL SECRETO DEN LOS OREJAS

El significado de las orejas. Aquel que tiene las orejas grandes es un necio en su corazón y trastornado en su espíritu. Aquel que tiene las orejas pequeñas y se sostienen ellas mismas adecuadamente, cuando despierta, es sabio de corazón. Desea ocuparse de todo. Esta es la letra Yod que está incluida en todas las otras letras.

Hasta aquí el asunto de los rasgos del hombre; en adelante, otros secretos en las letras, que no se encuentran dentro del Partzuf. Pero conocer los secretos de este verso, es un libro dentro de grados elevados en tiempos y períodos de este mundo, y aún no hemos sido merecedores de ellos.

Rabí Shimon dijo "Hijos míos, bienaventurados son ustedes en este mundo y en el mundo por venir y bienaventurados son mis ojos que han venido a verlo al ingresar en el mundo por venir. Para mi alma, convoco a Atik Yomin este verso, 'Tu preparas ante mí una mesa' y el Creador nos convoca, 'Abran las puertas, para que la nación justa ingrese, aquella que ha permanecido fiel'".

Y verás el secreto de las orejas

PEQUEÑAS OREJAS

1. Posee una notable sabiduría e inteligencia, destacándose por su rapidez en los estudios.
2. Ha gozado de éxito en sus empresas.
3. Se distingue por su disposición a escuchar y su compasión.
4. Mantenía una perspectiva optimista hacia las personas y las circunstancias.
5. Su triunfo se basaba en su disposición para escuchar a los demás, en vez de depender exclusivamente de su propia inteligencia.

OREJAS GRANDES

1. Demostraba un proceso de aprendizaje gradual con una notable curva de mejora.
2. Mostraba una inclinación por buscar y considerar las opiniones de los demás.
3. No se percibía a sí mismo como una persona especialmente inteligente.
4. Destacaba en ámbitos relacionados con negocios y política.
5. Mostraba un interés notable por aspectos espirituales.

Las orejas adornadas con marcas o señales evocan la infancia y la sapiencia de escuchar y aprender. Si las mismas ostentan irregularidades al nacer, insinúan desafíos en los primeros años de existencia, tejidos con timidez o complejos. Estos emblemas podrían guardar secretos de vidas ancestrales, la espiritualidad en esos años no se desarrolló plenamente.

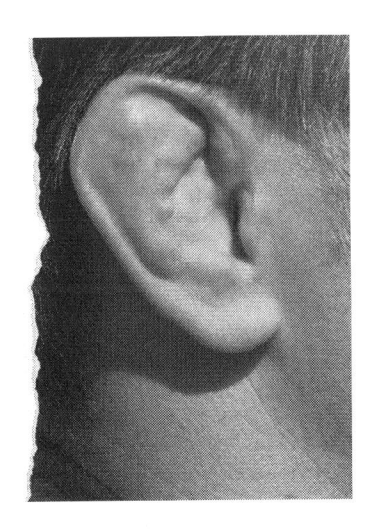

Y verás el secreto de las orejas

Las orejas angostas, alargadas y rectangulares se enmarcaban en un rectángulo erguido donde la altura superaba en más del doble a su anchura. Bajo esta forma, la atención se estrechaba, el carácter se tornaba secundario; el individuo concentraba su mirada en lo específico, descuidando las múltiples facetas de una misma realidad. En exceso, podía manifestar una mentalidad sistémica, una orientación inflexible, escasa disponibilidad y falta de tolerancia.

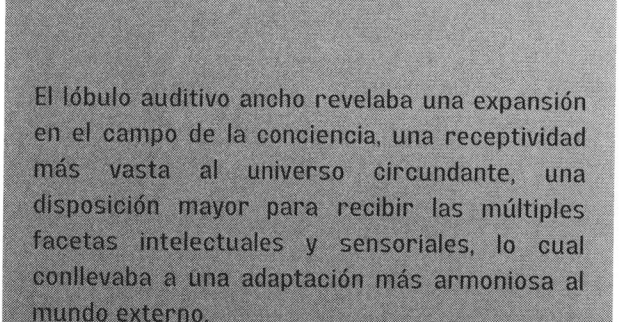

El lóbulo auditivo ancho revelaba una expansión en el campo de la conciencia, una receptividad más vasta al universo circundante, una disposición mayor para recibir las múltiples facetas intelectuales y sensoriales, lo cual conllevaba a una adaptación más armoniosa al mundo externo.

El lóbulo de la oreja apenas perceptible revelaba un aura de inquietud. En este terreno sensorial, la energía vital no alcanzaba las cimas exigidas, dando paso a un trasfondo de turbulencia psíquica y una danza descontrolada del ser. Este sutil lóbulo solía ser el atributo de aquellos cuyo anhelo por lo terrenal eclipsaba al espíritu.

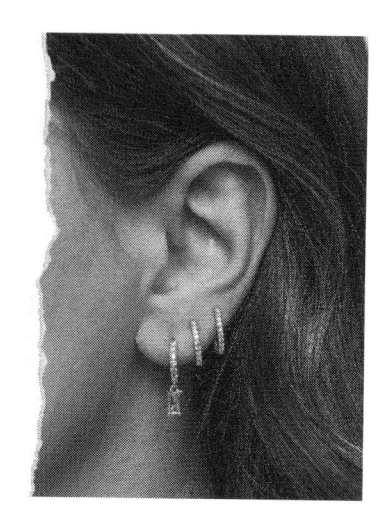

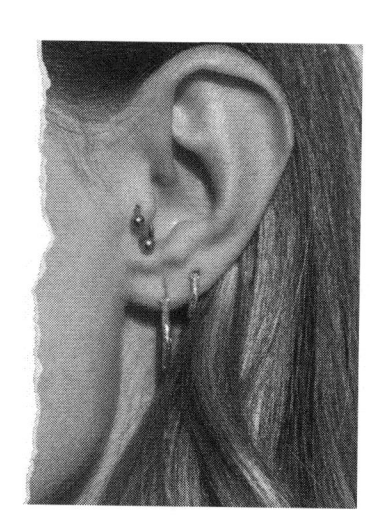

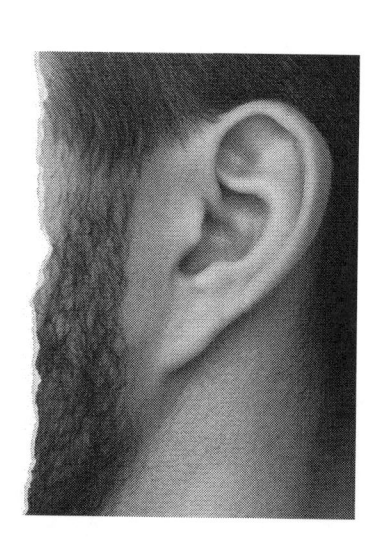

Y verás el secreto de las orejas

La oreja carnosa indicaba una mayor sensibilidad emocional y una capacidad para conectarse con los sentimientos propios y de los demás. Estas personas podían ser más empáticas y comprensivas. Tenían inclinación a disfrutar de los placeres sensoriales de la vida, como la comida, la música y el arte. Eran generosas y sociables, alguien que disfrutaba de la compañía de los demás y que tendía a ser amable y considerado con los demás.

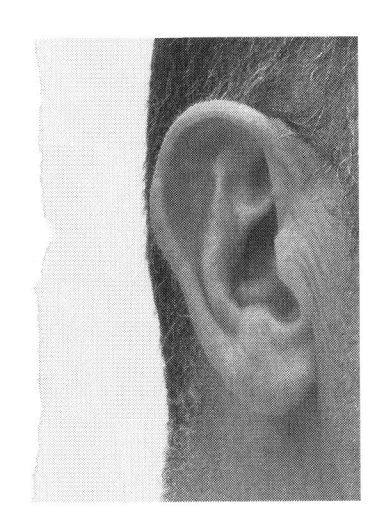

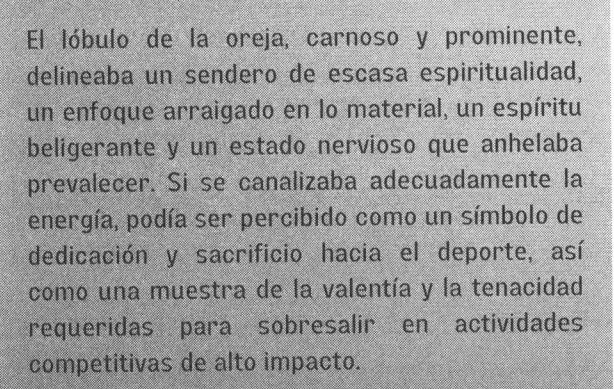

El lóbulo de la oreja, carnoso y prominente, delineaba un sendero de escasa espiritualidad, un enfoque arraigado en lo material, un espíritu beligerante y un estado nervioso que anhelaba prevalecer. Si se canalizaba adecuadamente la energía, podía ser percibido como un símbolo de dedicación y sacrificio hacia el deporte, así como una muestra de la valentía y la tenacidad requeridas para sobresalir en actividades competitivas de alto impacto.

El lóbulo de la oreja podía ser dominante, alargado, flexible y distanciado de la mejilla, lo cual podía indicar una sensibilidad exigente que se manifestaba de manera serena y equilibrada.

Y verás el secreto de las orejas

Un pabellón auricular grande solía ser considerado como un indicio de una personalidad extrovertida y comunicativa. Con una inclinación hacia la interacción social. Se percibían como carismáticas y enérgicas, capaces de llamar la atención y destacar en diferentes situaciones sociales. Además, este rasgo podía estar relacionado con una habilidad destacada para expresar ideas y emociones, gustaban de la música y el arte auditiva.

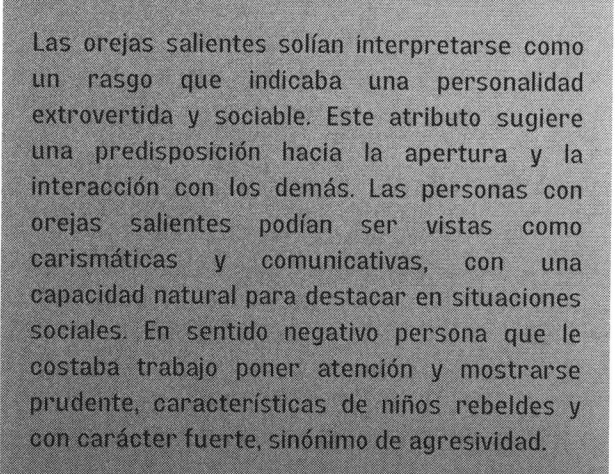

Las orejas salientes solían interpretarse como un rasgo que indicaba una personalidad extrovertida y sociable. Este atributo sugiere una predisposición hacia la apertura y la interacción con los demás. Las personas con orejas salientes podían ser vistas como carismáticas y comunicativas, con una capacidad natural para destacar en situaciones sociales. En sentido negativo persona que le costaba trabajo poner atención y mostrarse prudente, características de niños rebeldes y con carácter fuerte, sinónimo de agresividad.

La "oreja de fauno" se consideraba un rasgo que señalaba una personalidad creativa y artística. Describía una oreja con una punta en la parte superior, similar a la de un fauno en la mitología griega. Se creía que las personas con esta característica poseían una sensibilidad especial hacia el arte y la música, así como una habilidad natural para la expresión artística. Esta forma de oreja también se asociaba con una imaginación vivida y una mente creativa, lo que indicaba una tendencia a buscar la belleza y la inspiración en su entorno.

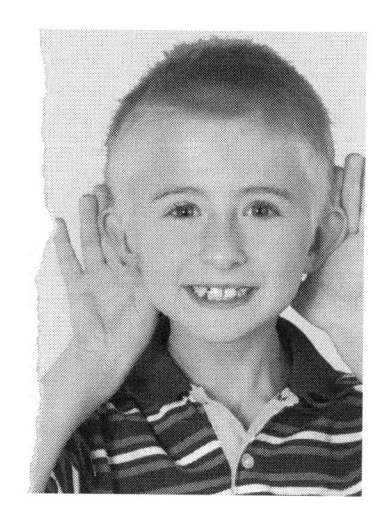

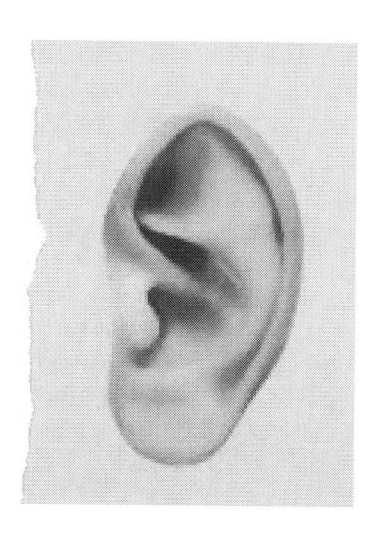

Y verás el secreto de las orejas

Las Orejas Pequeñas: Solían asociarse con personas sabias e inteligentes, rápidas en los estudios y con buena memoria. Estas personas tenían una tendencia al éxito y estaban dispuestas a escuchar a los demás, mostrando una inclinación hacia ver lo positivo en la vida. Se creía que su éxito dependía de su capacidad para escuchar a los demás en lugar de depender exclusivamente de su propia inteligencia. Se asociaba este rasgo con una tendencia a ser más introvertidos y a valorar la privacidad.

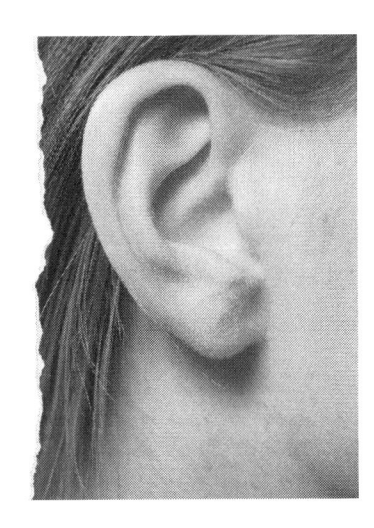

Las orejas grandes solían indicar una tendencia a aprender con lentitud pero con una curva de aprendizaje gradual. Si tenían dudas, estas personas buscaban el consejo de los demás, no se percibían a sí mismas como especialmente inteligentes, pero destacaban en los ámbitos de los negocios y la política. Además, se asociaban con una naturaleza espiritual. son personas que gustan de aprender y buscar sabiduría y conocimiento en los temas que les agradan.

El lóbulo de la oreja grande y carnoso (despegado y que cuelga) solía asociarse con individuos resueltos, con una vida bien estructurada, de naturaleza intelectual, con habilidades de liderazgo, un carácter formal orientado hacia los negocios y, en menor medida, hacia lo artístico. En positivo: disfrutaban de los placeres sensoriales de la vida, como la comida, la música y el arte. Sugería una personalidad generosa y sociable, alguien que disfrutaba de la compañía de los demás y que tendía a ser amable y considerado.

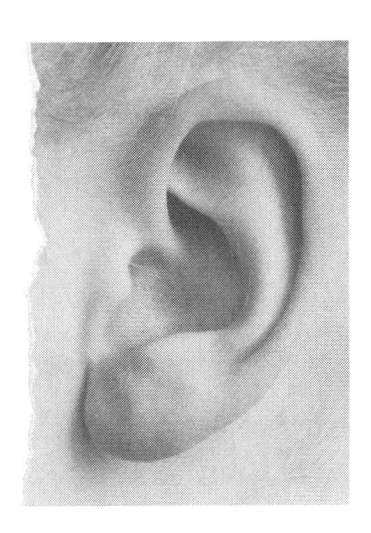

Y verás el secreto de las orejas

Lóbulo pequeño y conectado a la mejilla: indica un éxito limitado en la vida y revela una tendencia previa a no saber preservar el dinero. Se aconseja precaución en la gestión de recursos financieros para evitar gastos innecesarios. Asimismo, sugiere una mayor dedicación a asuntos triviales en el pasado.

Las orejas sobresalen internamente: la persona se mostraba aventurera, atrevida, amante del riesgo, original, con un enfoque propio, extrovertida y revolucionaria. Esta combinación de rasgos sugiere un potencial tanto para un liderazgo positivo como para liderar revoluciones que puedan desembocar en conflictos.

La parte superior de la oreja es la más ancha y desarrollada. Esta característica indica un individuo que valora la expansión de su intelecto, priorizando el conocimiento y la autoconciencia sobre los aspectos materiales y terrenales. Este rasgo se asocia comúnmente con la inteligencia y el equilibrio, aunque podría reflejar una falta de determinación y fuerza para concluir todos sus proyectos.

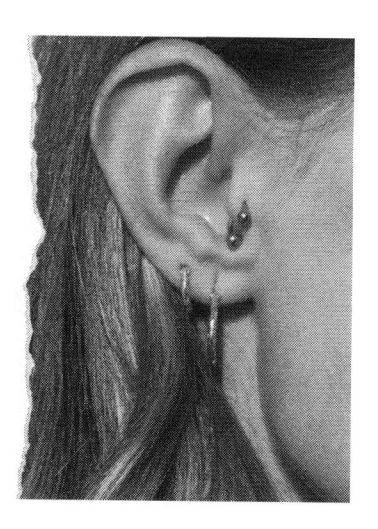

Y VERÁS EL SECRETO DE LA NARIZ

Y verás el secreto de la Nariz

La nariz es el canal más importante para la entrada del aire. Contiene varios filtros compuestos de membranas mucosas y de microscópicas proyecciones semejantes a cabellos, llamados cilios, que purifican el aire al entrar al sistema. el cuerpo humano tiene muchos sistemas para filtrar y eliminar las sustancias de desecho. La nariz también actúa como filtro, reteniendo las impurezas del aire y desviando la materia de desecho, la que finalmente será expelida. Af; una de las palabras hebreas para designar "nariz" también significa "ira", como en (Deuteronomio 9:19), "Yo temo el af [la ira]". En otro sentido, la nariz representan paciencia, como en (Éxodo 34:6), "Erej Apaim" - literalmente "nariz extendida", es decir, de largo aliento, lento para la ira, paciente. El Rebe Najmán habla en profundidad sobre el valor de la paciencia y de los beneficios de "dejar pasar" la ira. El Rebe compara la ira con el soplar de una violenta tormenta de viento que finalmente se calmará. La paciencia nos ayuda a dejar pasar tales tormentas y volver a conectarnos con el "largo aliento" de Dios, la Fuente de toda Vida. (Likutey Moharán I, 8:3).

1. **Discernimiento espiritual:** La nariz se considera el órgano de discernimiento espiritual. Por lo tanto, una nariz sensible puede simbolizar una persona con una gran intuición espiritual y capacidad de discernimiento.
2. **Purificación:** Se cree que el sentido del olfato está relacionado con la capacidad de distinguir entre lo puro y lo impuro. En este sentido, una nariz limpia y funcional puede representar una persona que busca la pureza espiritual y se esfuerza por mantenerse alejada de lo que es impuro.
3. **Integración de los aspectos espirituales y materiales:** En la Cábala, se enseña que el sentido del olfato es único porque permite experimentar tanto los aspectos materiales como espirituales del mundo. Se cree que la nariz actúa como un puente entre estos dos reinos, ayudando a integrar la espiritualidad en la vida cotidiana.
4. **Sentido de identidad espiritual:** Algunos maestros cabalísticos sugieren que la forma y el tamaño de la nariz pueden reflejar aspectos de la identidad espiritual de una persona. Por ejemplo, una nariz grande puede indicar una fuerte conexión con la espiritualidad y una búsqueda activa de significado en la vida.
5. **Expresión emocional:** La nariz también puede estar asociada con la expresión emocional en la Cábala. Se cree que los cambios en la forma o el tamaño de la nariz pueden reflejar cambios en el estado emocional de una persona, especialmente en lo que respecta a su conexión espiritual y su relación con lo divino.

Y verás el secreto de la Nariz

Las Fosas Nasales.

En el mágico templo de la nariz, dos portales se alzan, guiando el aliento en su danza vital. Según el antiguo pergamino del Zohar (III, 224a), la diestra y la siniestra, reflejos de Jesed (abundancia, amor) y Guevurá (juicio estricto), encarnan las fosas nasales en una danza de aromas y emociones. La fosa diestra acoge perfumes dulces, mientras que la siniestra abraza el humo de la ira. El Sabio Najmán revela que al dominar la ira, el ser humano filtra el humo para inhalar una brisa pura y limpia, como la nariz que purifica el aliento. Así, contener la ira equivale a tamizar lo negativo en nuestro ser, reteniendo lo puro.

Solo aquel que domine el vendaval de emociones podrá respirar el dulce aroma de la paz interior, purificando su ser en la danza celestial de la vida.

1. **Tamaño y Forma:** El tamaño y la forma de las fosas nasales pueden reflejar diferentes aspectos de la personalidad. Por ejemplo, unas fosas nasales anchas podrían sugerir una personalidad más extrovertida, abierta y sociable, mientras que unas fosas nasales estrechas podrían indicar una tendencia hacia la reserva, la introspección o la timidez.
2. **Simetría:** La simetría de las fosas nasales también puede ser significativa. La simetría facial en general se asocia con la armonía interna y la estabilidad emocional. Por lo tanto, unas fosas nasales simétricas podrían indicar un equilibrio emocional y una capacidad para gestionar el estrés de manera efectiva.
3. **Profundidad:** La profundidad de las fosas nasales podría interpretarse en términos de la intensidad emocional y la capacidad para experimentar y expresar emociones. Por ejemplo, unas fosas nasales profundas podrían sugerir una personalidad apasionada, con una rica vida emocional, mientras que unas fosas nasales más superficiales podrían indicar una tendencia hacia la contención emocional o la racionalidad.
4. **Orientación:** La orientación de las fosas nasales, es decir, si apuntan hacia arriba, hacia abajo o hacia los lados, también puede proporcionar pistas sobre la personalidad de una persona. Por ejemplo, unas fosas nasales que apuntan hacia arriba podrían sugerir una actitud optimista y una disposición a enfrentar desafíos con energía, mientras que unas fosas nasales que apuntan hacia abajo podrían indicar una tendencia hacia la melancolía o la depresión.

Y verás el secreto de la Nariz

LAS FOSAS NASALES.

La inmoralidad también tiene una base en la nariz. Anatómicamente, el sentido físico del olfato está asociado con el lóbulo límbico del cerebro, que es considerado como el lazo de unión entre los procesos cognoscitivos y emocionales, es decir, entre los pensamientos y los sentimientos. Dado que el impulso sexual es indudablemente una de las pasiones más fuertes del hombre, la cual impacta tanto en su mente como en sus emociones, fisiológicamente la nariz y el deseo sexual se encuentran interconectados.

En un sentido espiritual, un sentido puro del olfato sólo puede obtenerse a través de la pureza sexual (Likutey Moharán I, 2:8). Allí donde falta la pureza sexual, la energía espiritual inevitablemente se desvanece. Esto, a su vez, afecta a la nariz, que representa la capacidad de filtrar y separar lo puro de lo impuro, tal como hemos visto.

La conexión entre la nariz y la inmoralidad puede verse en las palabras utilizadas por la Torá para prohibir el adulterio (Éxodo 20:13), "Lo tinaf - No cometerás adulterio". Comentan nuestros Sabios (Mejilla Itró) que la palabra TiNAF es una combinación de las palabras TeiN AF (da la nariz), implicando la exhortación: "ni siquiera huelas el perfume de [otra] mujer", pues esto lleva al adulterio.

El Talmud (Berajot 43b) enseña que el olfato está íntimamente relacionado con el alma. Esto se basa en la similitud entre las palabras Rúaj (alma; espíritu) y RéiaJ (perfume). El Rebe Najmán observa (Likutey Moharán II, 1:12) que mientras un objeto con olor putrefacto es dejado quieto no emite su terrible hedor, pero cuando se lo mueve, puede comenzar a oler mal nuevamente, y quizás peor aún que antes. De manera similar, si un alma ha pecado, está envuelta en un terrible hedor. Al "mover" el alma hacia el arrepentimiento, el Tzadik debe saber cómo presentar su amonestación de manera tal que pueda despeñarse el perfume natural del alma, pues una amonestación abusiva puede hacer que el alma "hieda" aún más (Likutey Moharán II, 8:1). En la lucha por la espiritualidad, uno debe buscar el bien y lo agradable, más que las restricciones y otros caminos que pueden desanimar a la persona en su búsqueda de la Divinidad. De esta manera uno alcanzará un nivel de pureza, emanando perfumes fragantes y respirando la belleza de la vida espiritual.

Y verás el secreto de la Nariz

La nariz en relación con la sexualidad:

- **Nariz recta y proporcionada:**
    - Positivo: Equilibrio emocional y sexualidad saludable.
    - Negativo: Moderación excesiva en la expresión sexual.
- **Nariz grande:**
    - Positivo: Fuerte energía sexual y pasión.
    - Negativo: Tendencia a la impulsividad sexual o dominación en las relaciones.
- **Nariz pequeña:**
    - Positivo: Control y moderación en la expresión sexual.
    - Negativo: Reserva excesiva o dificultades para expresar la sexualidad.
- **Nariz puntiaguda:**
    - Positivo: Agudeza mental y capacidad para disfrutar la intimidad.
    - Negativo: Tendencia a ser crítico o exigente en el ámbito sexual.
- **Nariz ancha:**
    - Positivo: Sensualidad y apertura emocional en las relaciones íntimas.
    - Negativo: Posible tendencia a la indulgencia o falta de moderación en el placer.
- **Nariz respingona:**
    - Positivo: Espontaneidad y alegría en la expresión sexual.
    - Negativo: Inmadurez emocional o superficialidad en las relaciones íntimas.

- **Identidad y autoimagen:** La nariz es una característica facial prominente y puede estar asociada con la percepción de uno mismo y con la imagen que proyectamos al mundo. Una nariz grande o pequeña puede influir en la autoestima y la confianza en uno mismo.
- **Percepción del entorno:** La nariz es el órgano principal del sentido del olfato, que está estrechamente relacionado con la capacidad de percibir y evaluar el entorno. Una nariz sensible puede indicar una sensibilidad aguda hacia el ambiente y las emociones de los demás.
- **Comunicación y expresión emocional:** La nariz puede desempeñar un papel en la expresión emocional y la comunicación no verbal. Por ejemplo, arrugar la nariz puede indicar desagrado o incredulidad, mientras que la dilatación de las fosas nasales puede reflejar emociones intensas como la ira o el miedo.
- Bloqueos emocionales: Problemas físicos en la nariz, como la congestión nasal, pueden reflejar bloqueos emocionales o dificultades para expresar ciertas emociones. Por ejemplo, una congestión nasal crónica puede estar relacionada con una dificultad para liberar la tristeza o la ira.

Y VERÁS EL SECRETO DE LA NARIZ

- **Vulnerabilidad y protección:** La nariz es una parte delicada y vulnerable del cuerpo, y su forma y tamaño pueden influir en la sensación de vulnerabilidad de una persona. Algunas personas pueden sentir la necesidad de proteger o esconder su nariz si tienen inseguridades sobre su apariencia.
- **Intuición y percepción:** En algunas tradiciones espirituales y culturales, la nariz se asocia con la intuición y la percepción extrasensorial. Se cree que algunas personas tienen "olfato" para detectar situaciones o personas peligrosas, incluso si no hay evidencia tangible.
- **Discernimiento espiritual:** En algunas culturas y tradiciones espirituales, la nariz se asocia con la capacidad de discernir entre lo divino y lo profano, lo sagrado y lo mundano. Una nariz sensible puede simbolizar la capacidad de percibir la presencia y la voluntad de lo divino.
- **Purificación y conexión espiritual:** La nariz, como el órgano del sentido del olfato, está asociada con la inhalación de aire puro y vital. Desde un punto de vista espiritual, la respiración profunda y consciente puede ser un medio para purificar el cuerpo, la mente y el espíritu, y establecer una conexión más profunda con lo divino.
- **Disciplina espiritual:** La nariz puede representar la puerta de entrada a prácticas espirituales que requieren disciplina y control del aliento.
- **Percepción espiritual:** La nariz puede simbolizar la capacidad de percibir la presencia espiritual y las energías sutiles que nos rodean. En algunas culturas, se cree que las personas con un "olfato espiritual" desarrollado son capaces de detectar la presencia de entidades espirituales o la vibración de los lugares sagrados.
- **Ofrenda y sacrificio:** En ciertas tradiciones religiosas antiguas, como el judaísmo y el cristianismo, se realizaban sacrificios rituales quemando incienso u otras fragancias aromáticas como ofrenda a lo divino. La nariz puede simbolizar la aceptación divina de estas ofrendas y la conexión entre lo terrenal y lo divino.

Y verás el secreto de la Nariz

La nariz puede estar relacionada simbólicamente con la actitud hacia el dinero y la gestión financiera. A continuación, se presenta un listado de cómo se interpreta la nariz en relación con el dinero:

1. **Nariz recta y bien definida:** Se asocia con una buena capacidad para administrar el dinero de manera sensata y responsable. Indica una actitud equilibrada hacia las finanzas y una tendencia a tomar decisiones financieras prudentes.
2. **Nariz prominente y alta:** Sugiere una ambición saludable y una determinación para lograr el éxito financiero. Las personas con este tipo de nariz pueden ser emprendedoras y estar dispuestas a asumir riesgos calculados en sus inversiones.
3. **Nariz pequeña y delicada:** Se interpreta como un signo de modestia y humildad en relación con el dinero. Indica una preferencia por vivir de manera sencilla y una actitud de valorar más las experiencias y relaciones que las posesiones materiales.
4. **Nariz aguileña o curvada hacia abajo:** Puede estar asociada con una actitud hacia las finanzas y una tendencia a preocuparse por la seguridad económica. Indica un control para generar riqueza y una aversión al riesgo financiero.
5. **Nariz grande y abultada:** Se interpreta como un signo de ambición materialista y una fuerte motivación por acumular riqueza. Las personas con este tipo de nariz pueden ser percibidas como codiciosas y centradas únicamente en obtener ganancias financieras.

Y verás el secreto de la nariz

Nariz Larga, Afilada y Puntiaguda

1. Se mostraba desconfiado hacia los demás, tendiendo a experimentar celos.
2. Manifestaba inseguridad en su propia vida, lo que resultaba en intromisión al examinar la vida de los demás y hablar sobre ellos.
3. Sentía envidia por las posesiones ajenas.
4. Mostraba un enfoque conservador, aburrido y anticuado.
5. Demostraba impaciencia ante las debilidades de los demás.

Nariz Grande con las fosas nasales cerradas

En su vida pasada, este individuo se mostraba reservado en cuanto a sus asuntos emocionales, encontrando dificultades para expresar sus afectos, los cuales reservaba únicamente para aquellos que consideraba cercanos. Sin embargo, una vez comprometido con algo, cumplía con sus responsabilidades de manera constante y puntual, aunque prefería administrar sus recursos de forma autónoma, lo que le dificultaba compartir.

Nariz En Forma de Gancho

- Compartía los rasgos de la nariz grande y carnosa, pero con una tendencia a ser más espiritual.

Y verás el secreto de la nariz

NARIZ TORCIDA

Este individuo mostraba una inclinación hacia la falta de honestidad y probidad en sus acciones. Demostró habilidades para el engaño, manifestándose a través de su retórica y estrategias manipulativas. Su conducta fraudulenta no se restringió únicamente al ámbito empresarial, sino que también se extendió a sus relaciones personales, donde empleó artimañas similares para alcanzar sus objetivos.

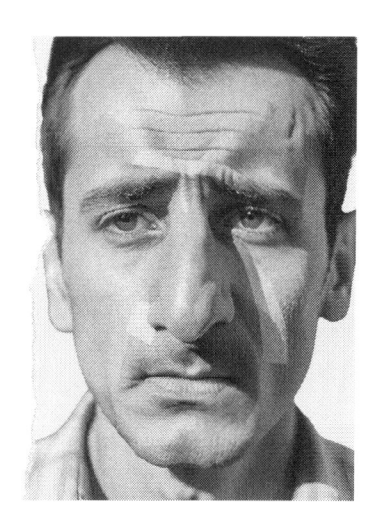

NARIZ EN FORMA DE FLECHA

Solía ser interpretada como un rasgo que indicaba determinación y liderazgo. Esta característica se asociaba con personas enérgicas y con una fuerte voluntad. Se creía que aquellos con esta nariz tenían una personalidad dinámica y proactiva, con una capacidad para tomar decisiones y liderar a otros. Además, esta forma de nariz podía sugerir un espíritu aventurero y ambicioso, con una inclinación hacia el logro de metas y objetivos.

NARIZ CHATA

Una nariz chata solía interpretarse como un rasgo que indicaba una personalidad afable y práctica. le falto desarrollar madurez emocional por lo tanto muchas veces se comporto de forma algo caprichosa e infantil. le costo trabajo mantener una estabilidad económica porque gastaba demasiado rápido su dinero.

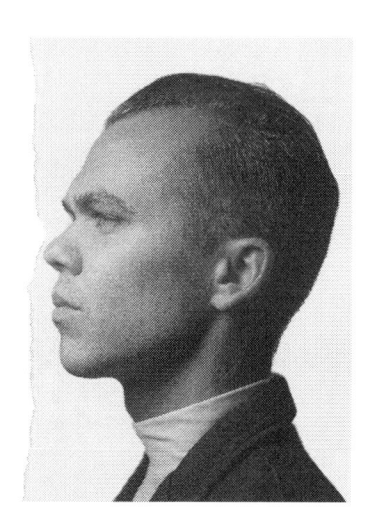

Y verás el secreto de la nariz

NARIZ LARGA, AFILADA Y PUNTIAGUDA

Este individuo exhibía una naturaleza desconfiada y susceptible a los celos, reflejando inseguridad en sus interacciones. Su comportamiento se caracterizaba por una tendencia a entrometerse en asuntos ajenos, demostrando una actitud codiciosa y una impaciencia hacia las flaquezas de los demás.

NARIZ GRANDE PUNTA ANCHA

Este individuo exhibía una marcada inclinación hacia lo material, ansioso por adquirir posesiones ajenas y centrado exclusivamente en la acumulación de riqueza. Poseía habilidades negociadoras destacadas, lo que le permitía aumentar su fortuna con éxito, especialmente entre las edades de 45 y 52 años. Además, mostraba aptitudes diplomáticas y destacaba como líder militar. En una nota positiva, demostraba una notable capacidad para perseguir y alcanzar sus metas, convirtiendo sus deseos en realidad.

NARIZ AGUILEÑA

La nariz aguileña, caracterizada por su perfil prominente y curvado hacia abajo en la punta, solía interpretarse como un rasgo asociado con la autoridad y el liderazgo. Aquellos que la poseían eran vistos como individuos dominantes, con una presencia imponente y una personalidad enérgica. Esta forma de nariz sugería determinación y confianza en sí mismo, así como una inclinación hacia lo artístico.

Y verás el secreto de la barbilla

BARBILLA SALIENTE, CUADRADA O GRANDE

1. Gran vitalidad.
2. Con fuerza de voluntad, decidido.
3. Perseveraba cuando los demás se cansaban.
4. Autoritario, líder responsable.

BARBILLA RETRAÍDA

1. Falta de confianza en sí mismo.
2. Carácter débil.
3. Necesitaba apoyo y ánimos constantes.

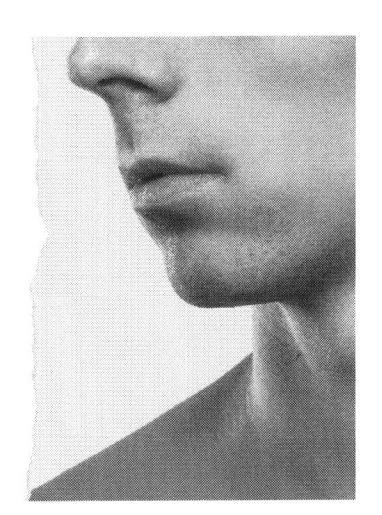

BARBILLA AFILADA Y PUNTIAGUDA

Tendencia a la queja. indicaba determinación y fuerza de carácter. Se asociaba con personas con una voluntad fuerte y decidida. Personalidad tenaz y perseverante, capaces de enfrentar desafíos con determinación. Ambición y poder, con una tendencia a buscar el éxito y la realización personal.

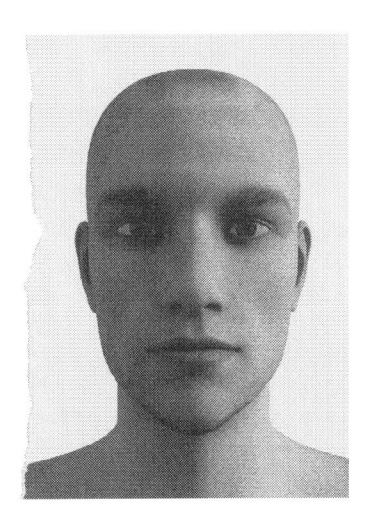

Y VERÁS EL SECRETO DE LOS LABIOS

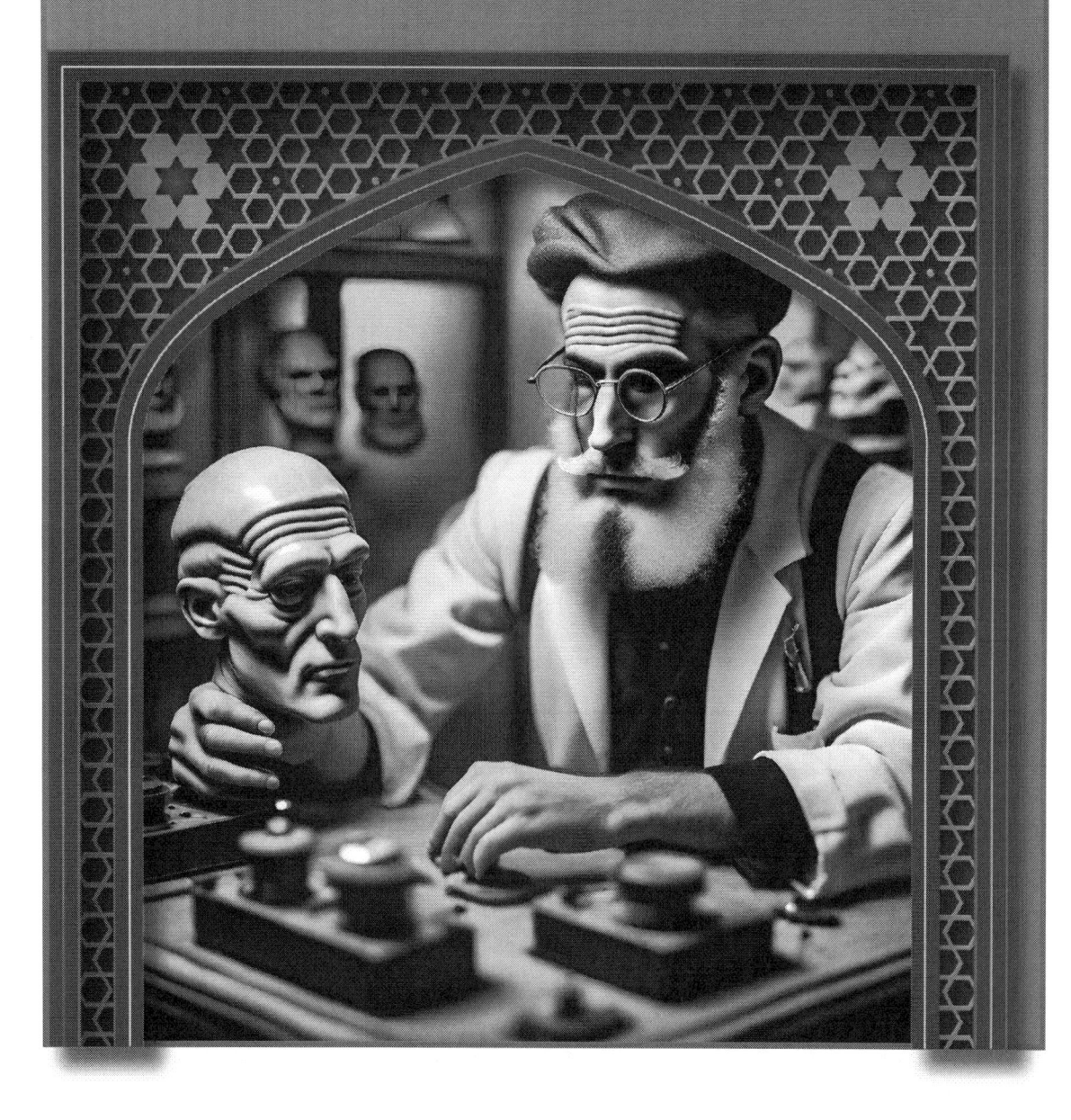

Conceptos generales.

Tikuney Zohar p. 17a

Maljut es el principal Atributo a través del cual el hombre puede interactuar con Dios. A veces Maljut es también llamado Shejiná, la Presencia Divina de Dios. Nuestra aceptación del Maljut (Reinado) de Dios es el requerimiento primordial y más importante para el reconocimiento de Su soberanía y para Su servicio. La razón por la cual Maljut está asociado con la boca es que un melej (rey) gobierna principalmente a través de la palabra. Sus edictos, que surgen de los pensamientos de su mente, deben ser expresados para que puedan ser obedecidos por los súbditos; estos pensamientos del melej se hacen públicos sólo a través de las palabras, que sirven para descubrir las intenciones del rey.

Tal es el poder de la boca en nuestra búsqueda por la espiritualidad. Con motivaciones puras, las palabras que decimos pueden ser utilizadas para crear la más íntima conexión con Dios. Por el otro lado, palabras dichas con motivos ulteriores, no expresadas en aras de Dios sino para la propia ganancia personal o para daño de alguna otra persona, hacen que la Presencia Divina se nos oculte. Y esto es claro: las palabras que se contraponen al propósito de la Creación son equivalentes a ocultar a Dios y a arrojar el yugo de Su soberanía. Si nos sentimos distantes de Dios, eso es una clara señal de que Lo hemos ocultado a través de nuestras palabras.

La sabiduría se expresa a través de la palabra. Pero no todos los pensamientos pueden o deben ser articulados en su totalidad. Uno debe considerar sus pensamientos antes de expresarlos, decidiendo si ha de comunicarlos o retenerlos. Este principio se encuentra representado en la constitución física de la tráquea y de la laringe. Debido a su angostura, existe una presión de succión durante la respiración, por lo que es necesario que estén reforzados por anillos de cartílago que impiden su colapso.

El estudio del Talmud corresponde a la laringe. El Talmud, compuesto por las seis secciones de la Mishná, corresponde a los seis anillos de cartílago de la tráquea (Likutey Moharán I, 3:1). (Existen de hecho nueve secciones de cartílago en la tráquea. Los "seis anillos" a los que se refiere aquí el Rebe son los tres pares de cartílagos: el aritenoides, la cornícula y el cuneiforme). Este paralelo sirve para mostrarnos cómo debemos utilizar la laringe: para el estudio de la Torá y para servir a Dios.

Conceptos generales.

EL CUELLO

Los senderos del aire se entrelazan con la faringe, que se extiende hacia la tráquea y, a través de los bronquios, hacia los pulmones. Indudablemente, el cuello y la garganta desempeñan papeles vitales en el sistema respiratorio. Albergando las cuerdas vocales y siendo la morada del habla, la garganta se teje con significados espirituales profundos.

Para que un pensamiento cobre vida, precisa ser expresado. Cada acción sigue un triángulo de etapas: pensamiento, palabra y acción. Los pensamientos nacen en la mente, se moldean en vocablos y luego se materializan en acciones. Nos instruye el Zohar que "todos los pensamientos son pronunciados". Aunque el ser humano pueda no percatarse de este flujo, sus pensamientos se articulan, a menudo de manera sutil. Así, la vigilancia de los pensamientos es crucial, pues estos terminarán por convertirse en palabras habladas. Los pensamientos se condensan y se liberan en la palabra. La palabra surge a través del "estrecho pasaje de la garganta" para finalmente manifestarse en acciones.

La incapacidad de materializar buenos anhelos suele derivar de un "hablar incompleto". Por ende, es esencial expresar con claridad los deseos y presentarlos ante el Santo, bendito sea. Así, los pensamientos se liberarán de sus restricciones, del "estrecho pasaje de la garganta", para adquirir plenitud en su expresión. La palabra completa y refinada permitirá al individuo cumplir sus deseos y alcanzar sus metas.

En hebreo, el cuello es identificado como mitzar hagarón, el angosto pasaje de la garganta. Esto encarna el concepto del tzimtzum, la contracción - en particular la contracción necesaria antes de que el pensamiento y la palabra puedan materializarse. Esta tzimtzum está precedida por otra anterior, que acontece entre el pensamiento y su expresión verbal, pues el pensamiento debe fluir a través de la palabra. Las palabras deben atravesar la garganta antes de concretarse. Al articular ideas y plasmarlas en palabras, se cristalizan los pensamientos, acercándolos a su realización.

Conceptos generales.

La Voz

En la Torá, el tono de voz y la forma en que se habla son considerados de gran importancia. Aquí hay algunas enseñanzas y principios que se encuentran en la Torá con respecto al tono de voz y su significado:

1. Respeto y bondad: Se enfatiza que la manera en que nos comunicamos con los demás debe reflejar el respeto y la bondad hacia ellos, independientemente de las circunstancias o diferencias.
2. Construcción o destrucción: La Torá advierte sobre el poder de las palabras y cómo el tono en el que se expresan puede construir o destruir relaciones, tanto con Dios como con los seres humanos.
3. Efecto en la oración: Se enfatiza la importancia de rezar con devoción y humildad, utilizando un tono de voz que refleje reverencia y reverencia hacia lo divino.
4. Modulación y control: Se alienta a evitar el tono de voz excesivamente alto, agresivo o dominante, así como el tono de voz demasiado bajo o débil. En su lugar, se insta a hablar con claridad y convicción, pero también con suavidad y comprensión cuando sea necesario.
5. Autodisciplina: Se enfatiza que aquellos que pueden controlar su tono de voz tienen más probabilidad de evitar conflictos y malentendidos, y de mantener relaciones armoniosas con los demás.

El tono de voz por ejemplo: una voz suave y melodiosa puede reflejar calma y serenidad, mientras que una voz aguda y estridente puede denotar ansiedad o tensión. La capacidad de modular la voz puede revelar habilidades de comunicación y expresión. Una modulación adecuada puede indicar confianza y habilidad para transmitir emociones de manera efectiva, mientras que una falta de modulación puede sugerir timidez o dificultad para expresarse. El volumen de la voz puede transmitir diferentes niveles de energía y dominio. Una voz fuerte y resonante puede denotar seguridad y autoridad, mientras que una voz suave y apagada puede sugerir timidez o falta de confianza. La claridad en la voz puede indicar precisión y enfoque en la comunicación. Una voz clara y articulada puede reflejar pensamiento claro y capacidad de expresarse de manera efectiva, mientras que una voz confusa o entrecortada puede sugerir falta de claridad mental o dificultad para comunicarse.

Conceptos generales.

En adelante, se discute el significado de los labios, la letra Peh que fue incluida en la letra Samej. Los labios grandes significa una persona que acusa y no tiene vergüenza ni miedo. Es pendenciero y murmura entre una persona y la otra. Él provoca disensión entre los hermanos, no guarda un secreto y cuando se esfuerza en la Torá, cubre un secreto. Sin embargo, él acusa y no coloca el temor en su corazón.

Este signo, la letra Peh que está incluida en la letra Reish y no está incluida en la letra Samej, parece como que fuera justo y no temiera al pecado y no hay necesidad de persuadirle pues todas sus palabras están en la boca y no en el cuerpo.

Los labios que se marchitan que no son pequeños son de una persona que es extremadamente impaciente, pecadora. No puede tolerar nada, difama abiertamente y sin vergüenza de todos, algunas veces con burla. Es una persona de quien uno debe apartarse.

Si su barba es tupida, es difamación. Indica que él habla abiertamente a todos y no tiene vergüenza. Se mete en disputas y tiene éxito en asuntos mundanos. Observa a sus enemigos; es un parpadeo con sus ojos. Está escrito acerca de esto, "Un malvado muestra un rostro atrevido". Esto es sólo en la letra Peh cuando no está incluida en la letra Samej en absoluto. Algunas veces se conecta con la letra Reish y está incluida en esa letra Reish.

La boca sirve como la entrada primordial para la ingestión de alimentos. A través de la acción de masticar con los dientes, los alimentos son triturados antes de ser dirigidos hacia el estómago a través del esófago. Una vez en el estómago, se produce la descomposición de los alimentos mediante ácidos gástricos y enzimas, facilitando su posterior digestión.

La forma en que una persona se alimenta puede revelar mucho sobre su naturaleza. Si se come por simple glotonería, se equipara a un animal, pero si se consume con la intención de nutrir el cuerpo y favorecer un desarrollo integral, tanto físico como espiritual, la boca se convierte en un instrumento que puede elevar al individuo a un nivel espiritual superior. Este acto de comer consciente puede colmar el cuerpo con un sentido de reverencia hacia lo divino (Likutey Moharán II, 77). Por consiguiente, la boca se erige como el órgano determinante que guía el camino hacia la plena humanidad en todos sus aspectos.

Conceptos generales.

Los adultos cuentan con treinta y dos dientes que desempeñan un papel fundamental tanto en la masticación de los alimentos como en la articulación de las palabras. Resulta significativo mencionar que el término hebreo para "honor", KaVOD, tiene un valor numérico de 32, en correspondencia con la cantidad de dientes presentes en la boca de un adulto (ver Zohar III, 33a). Esta analogía entre el número de dientes y la palabra que representa el honor destaca la importancia de la boca en el establecimiento del respeto, tanto hacia los demás como hacia uno mismo.

1. *Fuerza y Protección:* En términos generales, los dientes representan fuerza y poder. En la Cábala, se considera que los dientes son una defensa contra lo que podría dañar el cuerpo físico y espiritual.
2. *Manifestación de Energía:* Los dientes también se interpretan como la manifestación de la energía vital en el mundo físico. Se cree que la fuerza para masticar los alimentos y romperlos en partes más pequeñas para la digestión es un acto de manifestación de la energía divina en el plano terrenal.
3. *Expresión de Palabra y Acción:* En una dimensión más simbólica, los dientes están relacionados con la capacidad de hablar y expresarse. Se considera que los dientes bien formados y sanos simbolizan la capacidad de comunicar de manera clara y efectiva, mientras que los problemas dentales pueden interpretarse como obstáculos en la expresión verbal.
4. *Purificación y Transformación:* Desde una perspectiva espiritual, algunos textos de la Cábala sugieren que los problemas dentales pueden estar relacionados con la purificación y transformación del individuo. Se cree que los desafíos dentales pueden ser una señal de que se necesita un proceso de purificación interna para superar obstáculos y alcanzar un nivel más elevado de conciencia espiritual.
5. *Actitud y Perspectiva:* La actitud y la perspectiva con las que uno se expresa verbalmente con los demás son fundamentales. Se cree que una actitud positiva y una perspectiva de gratitud y compasión son clave para cultivar una conexión más profunda con la divinidad y para generar armonía en las relaciones humanas, debemos cuidar nuestras palabras y todo lo que sale por nuestra boca ya que es fuente de emanación y creadora de energía.

Conceptos generales.

Boca Grande:

- Vinculado a menudo con almas extrovertidas, comunicativas y afables. Estos seres hallan deleite en la compañía y expresan sus pensamientos con gracia. Además, suelen brillar como guías naturales y proyectar una presencia imponente en los círculos sociales.

- *Características de personalidad:* Extroversión, sociabilidad, comunicación fluida.
- *Cualidades positivas:* Carismático, líder innato con el don de inspirar a otros.
- *Cualidades negativas:* Inclinación a la dominación, palabrería, escasez de escucha.
- *Sugerencias para el crecimiento:* Cultivar la empatía y el arte de escuchar, ejercitar la mesura en la comunicación.

Boca Pequeña:

- Refleja una esencia reservada, introvertida y precavida en el arte de comunicar. Aquellos seres con diminutas bocas suelen guardar secretos y prefieren saborear el tiempo antes de liberar opiniones o sentires. Su inclinación puede ser hacia charlas íntimas en pequeños círculos o en confidencias individuales.

- *Personalidad:* Reservada, reflexiva, cautelosa en la comunicación.
- *Cualidades positivas:* Observador, meditativo, maestría en escuchar.
- *Cualidades negativas:* Podría parecer distante o gélido, y quizás encuentre dificultades al expresar emociones.
- *Recomendaciones:* Cultivar la expresión emocional, ejercitar la apertura en la comunicación y nutrir el contacto visual.

Conceptos generales.

Boca Ancha:

- Se relaciona con personas con una fuerte presencia y poder de persuasión. Suelen ser individuos seguros de sí mismos y con habilidades para liderar y motivar a los demás. Pueden tener una tendencia a ser dominantes en las interacciones sociales y a tomar el control de las situaciones.

- *Personalidad:* Confianza, poder de persuasión, presencia dominante.
- *Positivo:* Persuasivo, seguro de sí mismo, capacidad para liderar.
- *Negativo:* Puede ser percibido como dominante o autoritario, falta de tacto en la comunicación.
- *Corrección:* Desarrollar la empatía y la habilidad para colaborar con los demás, practicar la escucha activa.

Boca Estrecha:

- Evoca una esencia reservada y perspicaz. Aquellos con labios estrechos suelen ser contemplativos y prudentes al hablar, optando por escuchar antes de hablar. Suelen ser cautos en sus actos y elecciones, prefiriendo no destacar en ambientes sociales.

- *Personalidad:* Reserva, prudencia, enfoque en la observación.
- *Positivo:* Cauteloso, meticuloso en la toma de decisiones, habilidad para analizar situaciones.
- *Negativo:* Puede dar la impresión de timidez o falta de comunicación, dificultad para expresar opiniones.
- *Sugerencia:* Cultivar la autoconfianza, ejercitar la expresión verbal y participar activamente en diálogos.

Conceptos generales.

Boca Recta:

- Revela a un ser imbuido de armonía y centrado. Tales almas suelen ser pragmáticas, lógicas y racionales en su andar terrenal. Su objetividad es la guía en el mar de opiniones, desplegando destreza en la resolución de enigmas cotidianos.

- *Personalidad:* Equilibrio, racionalidad, objetividad.
- *Cualidades Positivas:* Práctico, lógico, eficiencia en la resolución de problemas.
- *Cualidades Negativas:* Puede escasear la expresión emocional, parecer excesivamente analítico o frío.
- *Consejo:* Cultivar la inteligencia emocional, practicar la expresión de sentimientos y emociones.

Boca Curvada hacia Arriba

Enlaza con almas radiantes, rebosantes de optimismo y alegría, con una visión positiva del mundo. Son seres rebosantes de entusiasmo, impulso y luz, capaces de hallar la luminosidad en cada instante y de esparcir su resplandor a su paso.

- *Personalidad:* Optimismo, alegría, entusiasmo.
- *Positivo:* Inspirador, motivador, capacidad para generar un ambiente positivo.
- *Negativo:* Puede ser percibido como superficial o excesivamente optimista, falta de realismo.
- *Corrección:* Equilibrar el optimismo con el realismo, practicar el enfoque en soluciones prácticas ante los desafíos.

Conceptos generales.

Boca Curvada hacia Abajo

1. *Personalidad:*
   - Indica una tendencia hacia el pesimismo, la tristeza o la melancolía.
2. *Positivo:*
   - Profundidad emocional: Las personas con la boca curvada hacia abajo pueden ser muy empáticas y comprender profundamente las emociones de los demás.
   - Realismo: Tienen la capacidad de ser realistas y ver las situaciones desde una perspectiva más objetiva.
3. *Negativo:*
   - Pesimismo excesivo: Pueden tener dificultades para mantener una actitud positiva frente a los desafíos.
   - Tendencia al aislamiento: La tristeza puede llevarlos a aislarse de los demás y dificultar la conexión social.
4. *Corrección:*
   - Práctica de la gratitud: Fomentar la apreciación de las pequeñas cosas positivas en la vida puede ayudar a contrarrestar el pesimismo.
   - Desarrollo de la resiliencia: Aprender a manejar el estrés y los desafíos de manera más efectiva puede ayudar a mantener una actitud más positiva.
5. *Ejemplos de corrección:*
   - Practicar la visualización positiva: Imaginar situaciones positivas y visualizar un futuro brillante puede ayudar a cambiar la mentalidad pesimista.
   - Cultivar la conexión social: Participar en actividades sociales y establecer relaciones significativas puede contrarrestar la tendencia al aislamiento y la tristeza.

Conceptos generales.

BOCA TORCIDA O CHUECA

La boca que se tuerce como un río serpenteante, un espejo de los misterios ocultos en el alma. Aquí desvelamos los secretos de lo que este rasgo podría significar, desentrañando sus luces y sombras, y ofreciendo consejos para enderezar su curso:

1. **Esencia:**
   - Revela desequilibrios emocionales, una sinfonía interna desafinada que dificulta la expresión de sentimientos.
2. **Luz:**
   - Originalidad: Los portadores de la boca chueca poseen una mirada única del mundo y una voz original para expresarse.
   - Adaptabilidad: Saben danzar con la cambiante melodía de la vida, hallando creativas soluciones a los enigmas del destino.
3. **Sombra:**
   - Inseguridad afectiva: La asimetría de la boca refleja inseguridades y obstáculos en la comunicación emocional.
   - Dificultades en las relaciones interpersonales: La falta de armonía emocional puede ser el velo que oscurece la conexión con otros, sembrando malentendidos en la danza relacional.
4. **Remedio:**
   - Cultivar la aceptación propia: Aceptar y abrazar cada faceta del ser, incluidas las imperfecciones físicas, puede fortalecer la autoestima y la confianza.
   - Refinar la oratoria del corazón: Practicar la expresión emocional clara y sincera puede nutrir las relaciones y disipar las brumas de la inseguridad.
5. **Senderos de corrección:**
   - Terapia de autoaceptación: Sumergirse en terapias o prácticas que fomenten el amor propio y la autoestima puede ser la senda para armonizar las emociones.
   - Danzas de habilidades sociales: Participar en clases o grupos que potencien las artes de la comunicación y las relaciones interpersonales puede enriquecer el camino de conexión con el mundo.

Conceptos generales.

Labios Gruesos

Aspectos positivos:

1. *Sensualidad:* Los labios gruesos suelen asociarse con una mayor sensualidad y pasión. Las personas con labios gruesos pueden tener una naturaleza apasionada y disfrutar de experiencias sensoriales intensas.
2. *Expresividad:* Los labios gruesos pueden indicar una capacidad mejorada para expresar emociones y comunicarse de manera efectiva. Estas personas pueden ser elocuentes y tener una habilidad natural para transmitir sus pensamientos y sentimientos.
3. *Carisma:* Los labios prominentes pueden agregar un encanto adicional al rostro, lo que puede hacer que la persona sea más atractiva y carismática. Esta característica física puede ayudar a destacarse en situaciones sociales y profesionales.
4. *Energía vital:* En algunos casos, los labios gruesos pueden indicar una mayor vitalidad y energía en la persona. Estas personas pueden tener una presencia vibrante y enérgica que atrae a los demás.

Aspectos negativos:

1. *Tendencia a la impulsividad:* Las personas con labios gruesos pueden ser más propensas a actuar impulsivamente, sin pensar detenidamente en las consecuencias de sus acciones. Esto puede llevar a decisiones precipitadas o comportamientos irresponsables.
2. *Propensión a la indulgencia:* La sensualidad asociada con los labios gruesos puede llevar a una mayor indulgencia en placeres sensoriales, como la comida, el alcohol o el sexo. Esto puede conducir a problemas de salud o dificultades en el manejo de los impulsos.
3. *Expresión emocional intensa:* Si bien la capacidad de expresar emociones puede ser positiva, los labios gruesos también pueden indicar una tendencia a expresar emociones de manera intensa o dramática. Esto puede provocar conflictos interpersonales o dificultades para mantener relaciones armoniosas.
4. *Dificultad para guardar secretos:* Las personas con labios gruesos pueden tener dificultades para mantener secretos debido a su naturaleza expresiva y comunicativa. Pueden ser propensas a revelar información confidencial sin darse cuenta, lo que puede causar problemas en relaciones personales o profesionales.

Como con cualquier rasgo físico, es importante tener en cuenta que estas interpretaciones son generales y que el contexto individual y la personalidad de cada persona pueden influir en cómo se manifiestan estos rasgos.

Conceptos generales.

Labios Delgados

Aspectos positivos:

1. *Disciplina:* Los labios delgados pueden indicar una naturaleza disciplinada y reservada. Las personas con labios delgados tienden a ser meticulosas y cuidadosas en sus acciones y decisiones.
2. Capacidad de concentración: Este tipo de labios puede asociarse con una buena capacidad de concentración y atención al detalle. Las personas con labios delgados suelen ser capaces de enfocarse en tareas específicas durante períodos prolongados.
3. *Autodisciplina:* Los labios delgados pueden reflejar una capacidad innata para controlar los impulsos y mantener la disciplina en diferentes áreas de la vida, como la alimentación, el ejercicio y el trabajo.
4. *Resistencia:* Las personas con labios delgados pueden tener una mayor resistencia física y mental. Pueden enfrentar desafíos con determinación y persistencia, sin dejarse desanimar fácilmente.

Aspectos negativos:

1. *Reticencia emocional:* Los labios delgados pueden indicar una tendencia a retener emociones y dificultades para expresarlas. Las personas con labios delgados pueden tener dificultades para comunicar sus sentimientos y necesidades a los demás.
2. *Falta de espontaneidad:* Este tipo de labios puede estar asociado con una personalidad más reservada y cautelosa, lo que puede llevar a una falta de espontaneidad y aventura en la vida.
3. *Rigidez:* Las personas con labios delgados pueden ser percibidas como rígidas o inflexibles en sus actitudes y comportamientos. Pueden tener dificultades para adaptarse a nuevas situaciones o aceptar cambios.
4. *Dificultad para disfrutar el momento:* Debido a su naturaleza más reservada, las personas con labios delgados pueden tener dificultades para relajarse y disfrutar el momento presente. Pueden estar demasiado enfocadas en el trabajo o las responsabilidades, descuidando el disfrute de la vida.

Como con cualquier rasgo físico, es importante recordar que estas interpretaciones son generales y que el contexto individual y la personalidad de cada persona pueden influir en cómo se manifiestan estos rasgos.

Conceptos generales.

Los Dientes:

1. *Vigor y tenacidad:* Los dientes robustos y sanos son emblemas de la capacidad para afrontar desafíos y vencer obstáculos en el camino de la existencia. Encarnan la fortaleza y la tenacidad para morder y saborear las vivencias, incluso aquellas más arduas.
2. *Acometividad y salvaguardia:* En un plano psicológico, los dientes también aluden a la aptitud para defenderse y resguardarse. Unos dientes íntegros y bien formados insinúan una personalidad segura, capaz de encarar los avatares de forma proactiva.
3. *Expresión y comunicación:* Los dientes guardan estrecha relación con la comunicación y la expresividad. Una sonrisa sincera y abierta puede reflejar confianza y receptividad en las interacciones sociales, mientras que problemas dentales o la falta de dientes pueden constreñir la capacidad de comunicarse efectivamente.
4. *Arraigo y equilibrio:* En ciertos aspectos de la Cábala, los dientes pueden asociarse con la estabilidad y la conexión con la tierra. Los dientes firmemente asentados en las encías pueden simbolizar una base sólida y un sentido de pertenencia arraigado en la realidad terrenal.
5. *Transformación y cambio:* Asimismo, los dientes pueden representar la habilidad para adaptarse y mutar. Al igual que los dientes de leche ceden su lugar a los dientes permanentes, los vaivenes de la vida pueden exigir soltar lo antiguo para dar paso a lo nuevo.

En resumen, en la Cábala, los dientes pueden tener una variedad de significados simbólicos y psicológicos, que van desde la fortaleza y la resistencia hasta la expresión y la transformación. Como siempre, es importante recordar que estas interpretaciones son simbólicas y pueden variar según el contexto y la tradición interpretativa de cada individuo.

Y verás el secreto de los labios

LABIOS GRUESOS

Este individuo se caracterizaba por su propensión a mentir y difamar a otros, además de su inclinación por el chisme. Mostraba una notable falta de modestia y se comportaba de manera insolente y poco respetuosa hacia los demás.

LABIOS DELGADOS

Un individuo con estas características solía ser descrito como cruel e insensible. Se creía que dedicaba su inteligencia principalmente al servicio de intereses económicos o placeres materiales, mostrando una escasa capacidad para compartir y preocuparse por los demás de manera desinteresada. Esta persona era vista como centrada en sí misma y poco inclinada a mostrar compasión o empatía hacia los demás.

LABIOS MUSTIOS Y ARRUGADOS:

- Tienen una tendencia a emplear un lenguaje negativo.
- Exhiben un carácter irritable y malhumorado.
- Actúan de forma bufonesca.
- Suelen comportarse con un aire de suficiencia.

Y verás el secreto de los labios

LABIOS SEDUCTORES

1. Dulce, amable, cariñoso.
2. Simpático, apreciativo, considerado, ateneo, se ocupaba de los demás.
3. (Si era un hombre) Permaneció soltero o se caso tarde para poder traer riqueza o un hogar al matrimonio.
4. (Si era una mujer) Leal, de voz suave, cálida, maternal; se caso pronto; quería ser madre; culta y creativa.

LABIO INFERIOR PROMINENTE

1. Busca reconocimiento para satisfacción del ego.
2. Se muestra inflexible, polémico y competitivo.
3. Puede ser percibido como brutal, cruel y despiadado.

LABIO SUPERIOR SALIENTE

Esta característica facial, que se destacaba por sobresalir ligeramente sobre el labio inferior, se asociaba con individuos que tenían una naturaleza extrovertida y comunicativa. Se creía que aquellos con este rasgo tendían a ser personas animadas y sociables, con una fuerte capacidad para expresar sus emociones y opiniones.

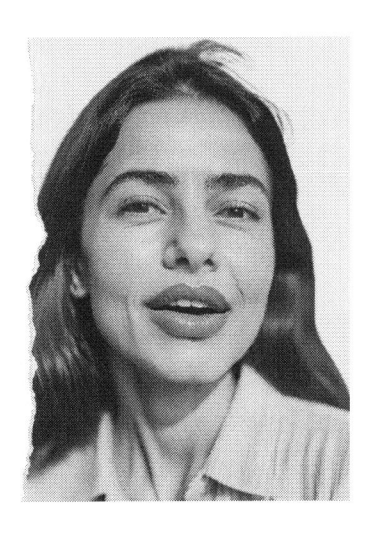

Y verás el secreto de los labios

LABIOS EN FORMA DE CORAZÓN

los labios en forma de corazón se interpretaban como un rasgo que sugería una personalidad romántica y afectuosa. Se creía que aquellos con este rasgo tendían a ser cariñosos y afectuosos en sus relaciones interpersonales, mostrando una inclinación hacia expresiones de amor y ternura. Además, se pensaba que los labios en forma de corazón sugerían una sensibilidad emocional y una disposición hacia el romanticismo y la fantasía en la vida cotidiana.

LABIOS TORCIDOS (BOCA SINUOSA)

Solían interpretarse como un rasgo que indicaba una personalidad desafiante o poco confiable. Esta característica facial, donde los labios se inclinan o se curvan de manera asimétrica, podía ser percibida como una señal de deshonestidad o falta de integridad. Se creía que aquellos con este rasgo podían tener tendencias manipuladoras o ser poco sinceros en sus interacciones con los demás. Además, los labios torcidos también podían sugerir una actitud desafiante o confrontativa hacia la autoridad o las normas sociales establecidas.

LABIOS CON DAGAS (LÍNEA FUERA DEL LABIO)

Esta característica facial corresponde a alguien que se muestra frío y mordaz al expresar sus emociones y pensamientos. Su sentido del humor se define por un tono sarcástico y la tendencia a burlarse con facilidad de otros, además de hacer alarde de sus atributos y posesiones.

Y verás el secreto de los labios

LABIOS CON ABULTAMIENTO

El labio inferior que carece de una forma definida y se presenta como dos protuberancias, son indicativos de una persona que experimentó dificultades significativas durante la infancia debido a su entorno familiar. Este trasfondo propició el desarrollo de una tendencia a la irritabilidad hacia los demás, manifestándose en frecuentes arrebatos cuando las circunstancias no se ajustaban a sus expectativas.

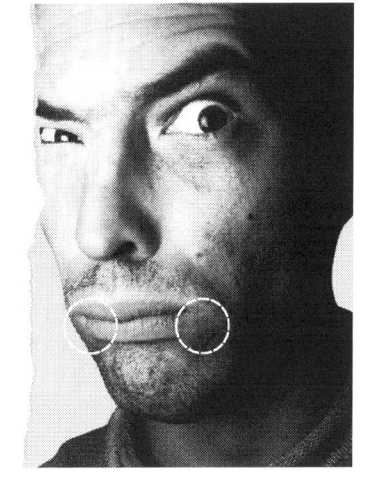

BOCA ENTREABIERTA

Si la boca queda entreabierta hasta cierto grado y por lo tanto los dientes son visibles, es señal de que esa persona es alborotadora y que su naturaleza locuaz suele terminar en maledicencia. también sugiere que esa persona mantenía una relación desabrida con casi todo el mundo, incluso con los seres queridos. también sugiere que pueden ser objeto de ataques verbales , especialmente si adquirió notoriedad. pierde energía su palabra por lo cual se ausenta de su dialogo.

LABIOS INFERIOR GRUESO

Se asociaba con individuos que tenían una naturaleza extrovertida y comunicativa. Se creía que aquellos con este rasgo tendían a ser personas afectuosas y amigables, con una inclinación hacia la expresión emocional y la interacción social. Además, el labio inferior más grueso podía sugerir una disposición hacia la sensualidad y Sexualidad incrementada y al disfrute de placeres sensoriales en la vida cotidiana.

Y verás el secreto de la boca

BOCA ESTRECHA
(más estrecho que la anchura de los ojos):

1. Se caracterizaba por ser crítico, reservado y cauteloso.
2. Mostraba una clara aversión a la comunicación, presentando un comportamiento introvertido y prefiriendo la soledad.
3. Exhibía desconfianza hacia los demás, evitando la interacción social.

BOCA AMPLIA

1. Se mostraba abierto y cordial.
2. Disfrutaba la compañía de las personas y las valoraba.
3. Demostraba generosidad al esforzarse por compartir y brindar ayuda.
4. Tenía un carácter muy conversador.

BOCA PEQUEÑA

una boca pequeña solía interpretarse como un rasgo que indicaba modestia y discreción. Esta característica facial, que se destacaba por su tamaño reducido en comparación con otros rasgos faciales, se asociaba con personas reservadas y cautelosas en su comportamiento. Además, este rasgo podía sugerir una personalidad delicada y refinada, con una inclinación hacia la atención a los detalles y la sutileza en la comunicación.

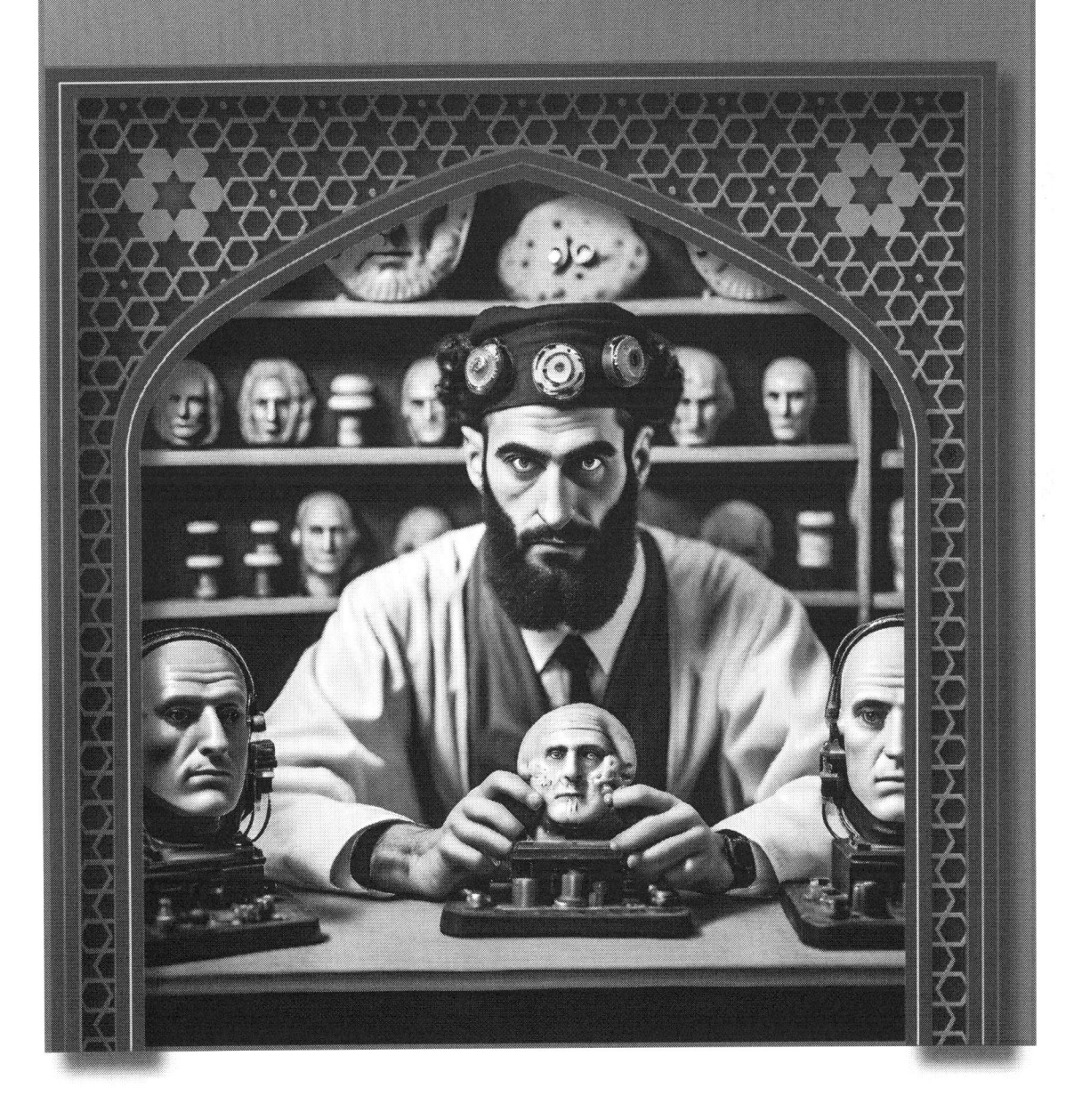

Y VERÁS EL SECRETO DE LA CARA

Y verás el secreto de la cara

EL ROSTRO: EL VERDADERO ESPEJO DEL ALMA

Las virtudes espirituales que yacen en el semblante son prodigiosas. Mientras hay multitud de maneras de reconocer a un individuo - por su porte, sus gestos, su voz, y más - el rostro resplandece como el atributo más distintivo: es el fiel reflejo del ser esencial de la persona.

La forma más trascendental de reconocimiento y evaluación radica en el "rostro". Un ser humano se revela instantáneamente a través de su faz. Sus pensamientos y palabras se entretejen en cada gesto facial. Del mismo modo, todo en este mundo ostenta un "rostro", una firma única que revela su esencia, es decir, su verdadero ser. El rostro, entonces, funge como el espejo de la verdad. Esta verdad, en su esencia, es la Divinidad que permea cada rincón de la Creación, y así como el Santo, bendito sea, es Uno, de igual forma, la verdad es única (Likutey Halajot, Guilúaj 4:1).

El semblante, el rasgo más prominente y expresivo de la apariencia humana, encarna la verdad. El Ari enseña que la verdad es la "luz del rostro", compuesta por 370 destellos (Etz Jaim 13:14). Aquel que anhela la verdad y la profiere, puede adquirir estas luces y, con ellas, un rostro resplandeciente (Likutey Moharán I, 21:17). No obstante, la verdad no es el único matiz del rostro. Según el Rebe Najmán, existe un "rostro de pureza", vinculado a la luz, la vida, la dicha, la verdad y la fe. Asimismo, existe un "rostro de impureza", asociado con la oscuridad, la muerte, la melancolía, la falsedad y la idolatría (Likutey Moharán I, 23:1).

Las inquietudes de un individuo respecto a su sustento proyectan un semblante de sombrío pesar y tristeza, una fisonomía impregnada de desasosiego. Este semblante refleja la melancolía y las preocupaciones inherentes a la labor de procurarse el sustento diario, marcada por jornadas cargadas de sombrías presagios sobre el futuro bienestar económico. Las persistentes preocupaciones, enfocadas en la carga de responsabilidades, inducen a la creencia de que solo a través del propio esfuerzo y destreza se adquiere la riqueza, como se menciona en Deuteronomio 8:17, "Es mi fuerza y el poder de mi mano lo que ha traído esta riqueza". No obstante, esta mentalidad resulta falaz. Es esencial depositar la confianza en Dios como el único proveedor. Por ende, al margen de las ocupaciones diarias, la espiritualidad se verá fortalecida siempre y cuando las labores se lleven a cabo con rectitud y honestidad.

Y verás el secreto de la cara

Quien reconozca que su sustento emana directamente de la divinidad puede adquirir lo que se conoce como el "rostro de pureza", en contraposición a aquellos que desvinculan su subsistencia de la Providencia Divina, manifestando un "rostro de impureza". Únicamente aquellos que poseen una fe auténtica pueden experimentar la plenitud de la vida al confiar en que Dios suplirá todas sus necesidades. La fe, al controlar la codicia, tiene el poder de iluminar el semblante. Como sabiamente enseñó el Rey Salomón (Proverbios 15:13), "Un corazón alegre ilumina el rostro".

De este modo, un rostro radiante refleja la autenticidad y la fe arraigadas en cada individuo. Estos valores, al significar la satisfacción intrínseca y la ausencia de deseos ajenos, pueden moderar la avidez por la comida y la inmoralidad (véase Likutey Moharán I, 47:1 y 67:2; ibíd. 23:2). Quienes viven en la verdad no precisan de experiencias o posesiones adicionales para sentirse plenos.

El Talmud también nos enseña que la verdad se refleja en el rostro de las personas. "Cuando alguien depende de otros, su rostro mostrará vergüenza en diversas tonalidades" (véase Berajot 6b). El Rebe Najmán sostiene que esta premisa no solo se aplica a aquellos que dependen económicamente de terceros, sino también a quienes anhelan reconocimiento, respeto o atención de los demás, creando así una sensación de dependencia interna en sí mismos.

La persona debe purificar su aspecto de modo que su rostro brille como un espejo. Con semejante rostro brillante, los demás serán capaces de "verse" literalmente a sí mismos en su rostro. Entonces llegarán a darse cuenta de cuán inmersos están sus rostros en la oscuridad y de esta manera serán llevados al arrepentimiento (Likutey Moharán I, 19:2).

- *Rostro sereno y sonriente:* Se asocia con la amabilidad, la bondad y la compasión. Las personas con este tipo de rostro suelen ser consideradas como comprensivas, solidarias y generosas en sus acciones.
- *Mirada franca y sincera:* Indica honestidad, sinceridad y transparencia en la comunicación. Las personas con este tipo de mirada suelen ser percibidas como dignas de confianza y fiables en sus relaciones interpersonales.
- *Expresión facial tranquila y relajada:* Sugiere equilibrio emocional, paciencia y tolerancia. Las personas con este tipo de expresión facial tienden a ser pacientes, calmadas y capaces de mantener la calma en situaciones estresantes.

Y verás el secreto de la cara

- *Rostro iluminado por la alegría:* Se relaciona con la alegría, la felicidad y el optimismo. Las personas con este tipo de rostro suelen irradiar energía positiva y contagiar su optimismo a los demás.
- *Rostro serio pero amable:* Puede reflejar determinación, fuerza de carácter y compromiso con los valores personales. Las personas con este tipo de rostro suelen ser resolutivas, perseverantes y comprometidas con sus objetivos.
- *Rostro fruncido o ceño fruncido:* Puede reflejar irritabilidad, hostilidad o mal humor. Las personas con este tipo de expresión facial pueden ser percibidas como negativas, amargadas o propensas a la confrontación.
- *Mirada esquiva o evasiva:* Indica falta de confianza, timidez excesiva o deshonestidad. Las personas con este tipo de mirada pueden ser vistas como poco fiables o incluso como personas que ocultan algo.
- *Rostro tenso o contraído:* Sugiere ansiedad, estrés o preocupación excesiva. Las personas con este tipo de rostro pueden transmitir una sensación de inseguridad o nerviosismo constante.
- *Expresión facial arrogante o despectiva:* Refleja falta de humildad, egocentrismo o superioridad. Las personas con este tipo de expresión facial pueden ser percibidas como arrogantes, prepotentes o poco empáticas.
- *Rostro sombrío o sin expresión:* Puede indicar falta de empatía, apatía emocional o desconexión con los demás. Las personas con este tipo de rostro pueden parecer distantes, insensibles o indiferentes ante las emociones de los demás.
- *Rostros Conflictivos:* Ciertos rasgos faciales, como mandíbulas prominentes, pómulos anchos, cejas prominentes y narices aguileñas, podían indicar una propensión al comportamiento Conflictivo. Estos rasgos se asociaban con características como la agresividad, la falta de empatía y la impulsividad.
- *Rostros morales:* Por el contrario, estos rasgos faciales que consideraba indicativos de una moralidad superior o virtuosa. Estos rasgos incluían una frente amplia y alta, ojos grandes y expresivos, labios delgados y una mandíbula suave. Estos rasgos se asociaban con cualidades como la inteligencia, la sensibilidad y la moralidad.

Es importante recordar que la interpretación de las características faciales en términos de cualidades morales y virtudes es subjetiva y no necesariamente precisa. Además, estas características no determinan por completo la personalidad de una persona, ya que la conducta y el carácter están influenciados por una variedad de factores internos y externos.

Y verás el secreto de la cara

Es significativo que cuatro de nuestros órganos sensoriales ojos, oídos, nariz y boca se encuentran localizados en la cabeza y el rostro.

En la sabiduría espiritual, se reconoce que los órganos sensoriales no están colocados al azar en nuestras cabezas. Más bien, la cabeza simboliza la capacidad humana de concebir y ejecutar acciones voluntarias, reflejando el principio de que "la acción final es concebida primero en el pensamiento". Es apropiado que los sentidos, fundamentales para discernir qué acciones tomar en cada situación, estén ubicados en la cabeza, donde se gestan los pensamientos y se planean los objetivos. Si nuestros ojos, oídos, nariz y boca, como fieles servidores de la mente, desempeñan eficazmente sus funciones, nos guiarán hacia el objetivo último: el Mundo que Viene.

LOS ÓRGANOS DE LOS SENTIDOS:

El ojo, más allá de su función física, representa la ventana del alma y la luz interior que guía nuestro camino. Protegido por tejidos como la esclerótica y la córnea, está rodeado por los músculos exteriores, que actúan en armonía para permitirnos enfocar nuestra visión. Aunque en su mayoría permanecen ocultos, estos músculos, representados por su tono rojizo, son esenciales para la coordinación de nuestros ojos. La pupila, como un portal oscuro en el centro del ojo, permite el paso de la luz hacia nuestro ser interior. El iris, con su colorido manto, regula esta luz, adaptándose como una lente ajustable a las condiciones externas y a nuestro enfoque interno.

El oído, por su parte, es mucho más que un simple receptor de sonidos. Con sus tres secciones —externa, media e interna—, nos conecta con el mundo exterior y con nuestra propia percepción del universo. Las ondas de sonido entran a través del oído externo y son transformadas en el oído medio antes de llegar al oído interno, donde son convertidas en impulsos nerviosos. El equilibrio entre presiones en el oído medio es fundamental, mantenido por espacios con aire y la trompa de Eustaquio, que comunica con la garganta. Los fluidos internos, finalmente, no solo nos mantienen en equilibrio físico, sino que también reflejan nuestra armonía interna y nuestra conexión con el universo.

La nariz es el órgano del olfato y parte integral del proceso de la respiración. Tiene células sensoriales que transmiten los olores al cerebro a través del nervio olfativo.

Y verás el secreto de la cara

La lengua, más allá de ser el órgano del sentido del gusto, representa nuestra capacidad de discernir entre las experiencias de la vida. Aunque el gusto se percibe principalmente a través de las papilas gustativas, otras áreas de la boca también participan en esta experiencia sensorial.

Los cuatro sabores principales —dulce, agrio, salado y amargo— son detectados por las numerosas papilas gustativas que pueblan nuestra boca, cada una conectada a nuestros sentidos más profundos. Estas sensaciones son transmitidas al cerebro a través de una red de nervios, comenzando el proceso cuando masticamos y las papilas gustativas reciben la ayuda de las glándulas salivales. Así, la experiencia de saborear un alimento no es solo un acto de la lengua, sino un proceso que involucra la colaboración de varias partes del cuerpo, reflejando la complejidad y la interconexión de nuestras experiencias en la vida.

El tacto, más que una simple sensación física, es una puerta hacia la conexión y la percepción en el mundo. Aunque comúnmente lo asociamos con nuestras manos y pies, la verdad es que los receptores sensoriales que nos permiten experimentar el tacto, la presión, el dolor, la temperatura y la vibración están dispersos por todo nuestro ser, desde la punta de los dedos hasta la coronilla de la cabeza y los cabellos hablan de ello.

Cada roce, cada contacto, nos conecta no solo con el mundo exterior, sino también con nuestra propia experiencia interna. Así, el tacto se convierte en una forma sagrada de experimentar la interconexión entre nosotros mismos, los demás y el universo que nos rodea.

LAS SIETE LÁMPARAS DE LA MENORÁ

Cuando tú [Aarón] enciendas la Menorá, sus siete lámparas deberán iluminar hacia el centro [literalmente, "rostro"] de la Menorá. Números 8:2.

El Zohar compara la cabeza humana con la Menorá (Candelabro) Edel Santuario. La Menorá tenía siete lámparas donde se colocaba el aceite. El aceite utilizado en la Menorá correspondía a los mojín (poderes intelectuales), mientras que las siete lámparas representan las siete aberturas de la cabeza: dos ojos, dos oídos, dos orificios de la nariz y la boca (Tikuney Zohar, Introducción, p.13b).

Y VERÁS EL SECRETO DE LA CARA

Las siete "lámparas" (aperturas) de la cabeza sólo pueden irradiar la luz Divina si son santificadas. La santificación de estas lámparas puede lograrse siguiendo las siguientes pautas:

Los sentidos, portales a nuestro ser interior y al mundo que nos rodea, son herramientas sagradas que nos conectan con lo divino. Cuando utilizamos nuestros ojos para buscar el bien y evitar la tentación, estamos cultivando una visión pura que nos permite percibir la belleza y la bondad en todas las cosas.

De igual manera, al escuchar las enseñanzas de los sabios y rechazar los rumores y habladurías maliciosas, estamos afinando nuestros oídos hacia la sabiduría divina y fortaleciendo nuestra fe en lo sagrado. La nariz, símbolo de nuestra capacidad de discernimiento y temor reverencial hacia lo celestial, nos guía hacia una vida de integridad y devoción espiritual, alejándonos de los deseos materiales y mundanos.

Y finalmente, la boca, vehículo de nuestras palabras y expresiones más profundas, se convierte en un instrumento sagrado cuando utilizamos nuestras palabras para construir, inspirar y elevar a los demás.

Al hablar la verdad, compartir palabras de Torá, oraciones y palabras de aliento, estamos infundiendo luz en el mundo y contribuyendo a la rectificación de nuestra mente y nuestro ser.

En resumen, al utilizar nuestros sentidos para buscar el bien y servir a lo divino, estamos enriqueciendo nuestra conexión con lo sagrado y contribuyendo a la elevación espiritual de todo el universo.

Y verás el secreto de la cara

ROSTRO REDONDEADO CON BARBILLA SUAVE, DESTACA POR SUS GRANDES OJOS, BOCA PEQUEÑA Y LABIOS PROMINENTES:

1. Su carácter era amigable, simpático y propenso a la risa.
2. Tenía tendencia a postergar tareas, buscaba atajos para obtener dinero fácil y ansiaba una vida sin complicaciones, evitando el trabajo arduo.
3. Se caracterizaba por su dependencia, inseguridad y falta de personalidad, mostrándose exigente.

CUADRADA CON BARBILLA SALIENTE, CEJAS GRUESAS, NARIZ RECTA, PÓMULOS ELEVADOS:

1. Decidido, perseverante, paciente, estable, práctico, obstinado, con mente cerrada, fijo y limitado en su pensamiento.
2. Posiblemente agresivo, impulsivo y cruel.
3. Duro con el mismo y más aún con los demás.
4. Infancia difícil y con figuras autoritarias como progenitores.

ROSTRO TRIANGULAR CON BARBILLA PUNTIAGUDA Y FRENTE ANCHA:

1. Intelectual, cerebral.
2. Convincente y persuasivo, buen orador, buen vendedor.
3. Amistoso pero evasivo.
4. Se mostraba algo desconfiado y necesitaba momentos de introspección para elaborar sus planes.
5. Dedicaba gran parte de su energía en planear.

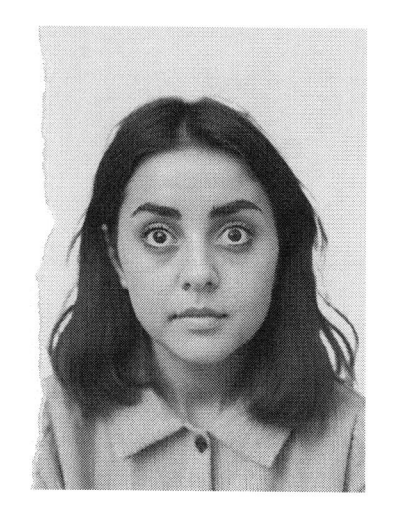

Y verás el secreto de la cara

RECTANGULAR CON FRENTE ANCHA Y ALTA, CEJAS ARQUEADAS, OJOS GRANDES Y NÍTIDOS, NARIZ GRANDE, OREJAS PEGADAS A LA CABEZA, PIEL SUAVE, TERSA Y DELICADA:

1. Honesto, moral, concienzudo.
2. Energético.
3. Idealista, optimista.
4. Practicaba lo que predicaba.
5. Tomaba decisiones desde el equilibrio.

ROSTRO OVAL:

1. Amable, sensible, con mucho tacto, paciente.
2. Romántico.
3. Con un enfoque positivo de la vida.
4. Diplomático, gran negociador.
5. Tenía capacidad de comprender la vida con equilibrio.
6. Amaba las cosas relacionadas con lo artístico y espiritual.

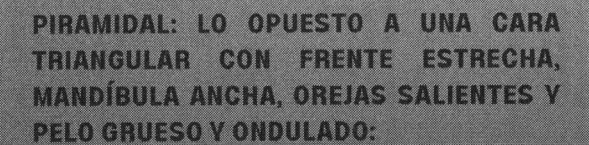

PIRAMIDAL: LO OPUESTO A UNA CARA TRIANGULAR CON FRENTE ESTRECHA, MANDÍBULA ANCHA, OREJAS SALIENTES Y PELO GRUESO Y ONDULADO:

1. Agresivo, enojado, desleal, violento.
2. Perdía fácilmente el control, impaciente.
3. Arrogante.
4. Inmoral.
5. Sometía sus energías a la acumulación del plano material.
6. Gustaba de ejercer poder sin sentimientos.

Y verás el secreto de la cara

CUELLO CORTO, NARIZ CORTA:

1. Negativo y enojado.
2. Obstinado.
3. Falto de compasión.
4. Apegado a lo material
5. Mucha exigencia en los placeres mundanos
6. Solía irritarse con facilidad
7. signo dominante de elemento tierra.

AMARILLO O BLANCO ENFERMIZO (NO POR ENFERMEDAD) CON MEJILLAS HUNDIDAS:

1. • Poco amigable, solitario, amargado.
2. • Conservador con el dinero.
3. • De humor cambiante o depresivo.

COLOR ROJO:

1. Energético, entusiasta, activo.
2. Capaz de inspirar y entusiasmar a los demás.
3. Temperamento sanguíneo.
4. Se irrita con facilidad.
5. Apasionado y audaz en sus asuntos.
6. Poco control de los impulsos.

Secreto N° 99
1. • La rojez y las llagas en la cara son señal de pecado sexual.

Y VERÁS EL SECRETO DE LA BARBA

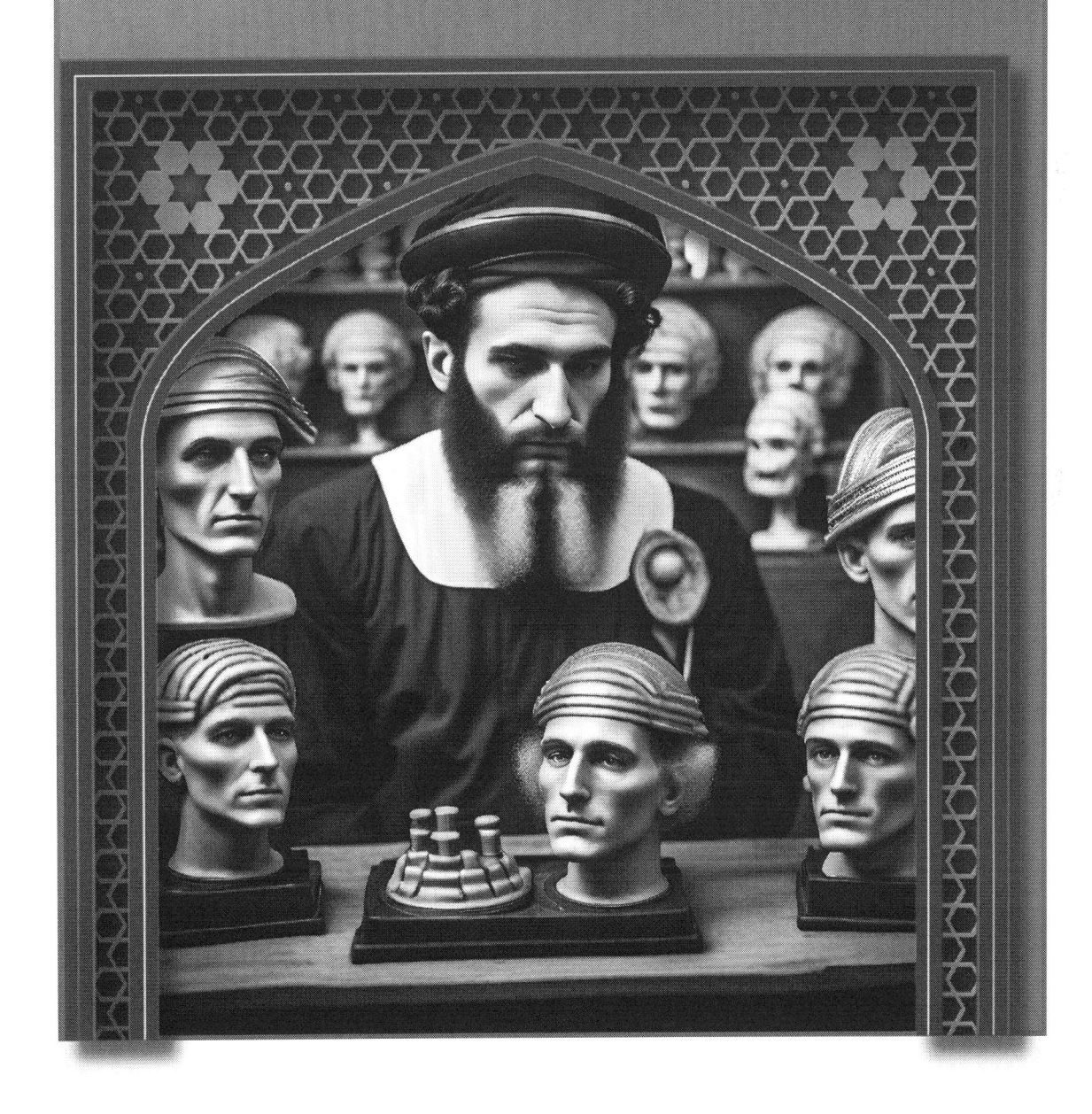

Y VERÁS EL SECRETO DE LA BARBA

Así, aunque el cabello, especialmente el del rostro, representa los juicios, los pelos de la barba aún pueden peinarse - es decir, aunque estamos rodeados de juicios, estos siempre pueden ser aliviados y mitigados, dando por resultado un decreto compasivo. Éste es el misterio de los Trece Atributos de Misericordia. Incluso si la persona ha pecado haciendo prevalecer el juicio, puede despertar la bondad de Dios al punto en que incluso un duro decreto puede ser anulado y transformado en misericordia y perdón. De aquí que la barba humana, siendo un paralelo de los tremendos poderes de la Barba Superior, simbolice un increíble poder espiritual.

La barba representa el honor y la belleza del rostro. El versículo afirma (Levítico 19:32), "Muestra honor al rostro del zakén [anciano]". La palabra hebrea ZaKéN es idéntica a la palabra ZaKáN, que significa "barba". Así, el honor del semblante de una persona se manifiesta a través de su barba. Esto se debe a que las Trece Rectificaciones de la Barba (Zohar III, 13 la; ibid. 228a) corresponden a los Trece Principios Exegéticos de la Torá: cuanto más grande sea el logro en el conocimiento de la Torá, más grande será la percepción de lo que constituye el Rostro Divino (Likutey Moharán I, 20:4).

La paz sólo puede alcanzarse mediante la iluminación del rostro, mediante el majestuoso honor del rostro, la barba... Y un rostro majestuoso corresponde a las exposiciones de Torá; pues la Torá se expone mediante los Trece Principios Exegéticos que fluyen de las Trece Rectificaciones de la ZaKáN [Barba de Arij Anpin], el nivel del rostro majestuoso. Así está escrito, "Muestra honor al rostro del ZaKéN [anciano]". Es imposible obtener tal rostro majestuoso si no es a través de la rectificación del propio brit [es decir, pureza sexual]...

El Rebe Najmán muestra aquí una conexión entre la barba y los órganos sexuales. Esta conexión aparece aludida en varios lugares. El Sefer Yetzirá (1:3) habla tanto de milat halashón (circuncisión de la lengua) como de milat hamaor (circuncisión del miembro). El Talmud (Sanhedrín 68b) se refiere al pelo púbico como la "barba inferior". De manera similar, nos dice el Talmud que la "señal superior" de la adolescencia (pelo facial) no suele aparecer hasta que no haya comenzado a crecer la "señal inferior" (pelo púbico) (Nidá 48a).

Y verás el secreto de la barba

así como el crecimiento del pelo púbico debe preceder al crecimiento de la barba, de la misma manera controlar los deseos sexuales debe preceder a la revelación de los Trece Principios Exegéticos, que fluyen de las Trece Rectificaciones de la Barba. (Esto no quiere decir que hasta que uno no obtenga pureza sexual no podrá alcanzar ningún conocimiento de Torá, pero sí significa que la revelación de la Divinidad que se encuentra en la Torá debe ir a la par con el nivel de pureza).

Resumiendo: controlar el deseo sexual lleva a la revelación de enseñanzas de Torá, que se manifiestan en un rostro majestuoso. Esta persona merece el título de "zakén. ", que implica un "kané " una voz pura y clara. Esta voz conduce a la paz, pues con una voz pura y clara, todos llamarán a Dios y Lo servirán en unidad.

Los Nueve Atributos de Misericordia

Arij Anpin significa literalmente "Rostro Largo" o "Rostro Extendido" y es el Partzuf correspondiente a Keter. Zeir Anpin significa "Rostro Pequeño" y es un Partzuf de estatura menor. Arij Anpin como la "persona" mayor, posee las Trece Rectificaciones de la Barba. Zeir Anpin, como "persona" menor, posee Nueve Rectificaciones (ver Zohar II, 177b; Etz Jaim 13:9). Estas Nueve Rectificaciones corresponden a los Nueve Atributos de Misericordia que Moisés invocó cuando los espías calumniaron la Tierra de Israel y Dios quiso castigar al Pueblo Judío (Números 14:18). "(1) Lento (2) para la ira, (3) abundante (4) en amor, (5) perdonando el pecado (6) y la rebelión, (7) y limpiando a aquéllos que se arrepienten (8) y no limpiando a aquéllos que no se arrepienten, (9) pero recordando el pecado de los padres en sus hijos, sus nietos y sus bisnietos".

En una de sus más largas lecciones sobre el poder del discurso de Torá del Tzadik, el Rebe Najmán describe la aplicación práctica de estas Nueve Rectificaciones. Ellas son explicadas de acuerdo con la presentación del Zohar (Zohar II. 177b; Likutey Moharán I, 20).

Y verás el secreto de la barba

Primera Rectificación: que implica cubrir los cabellos desde delante de los oídos hasta la parte superior de la boca. Se relaciona con el concepto de SeARot, que significa "cabellos" en hebreo. Esto simboliza el poder de la enseñanza del Tzadik para controlar la mala inclinación en los corazones de aquellos que lo escuchan. La expresión "desde delante de los oídos hasta la parte superior de la boca" sugiere que, antes de comprender lo que se espera de ellos al aceptar la Torá, las personas abrieron sus bocas y declararon su compromiso ("Haremos", como se menciona en Éxodo 24:7). Esta idea se refleja en un proverbio judío que afirma que "Vuestros labios precedieron a vuestros oídos", lo que implica un compromiso verbal antes de una comprensión total.

• Segunda rectificación: [el bigote sobre el labio] de un lado al otro - luego de anular el mal en sus oyentes, el Tzadik los libera de la autoridad del Otro Lado y los lleva al dominio de la Santidad. Este es el significado de "de un lado al otro".

• Tercera rectificación: debajo de la nariz hay un sendero pleno pero no visible - "Debajo de la nariz hay un sendero" se refiere a la nariz [es decir, la respiración y la plegaria] … "Un sendero pleno", pues (Salmos 34:10) "A aquéllos que Le temen no les falta nada…. Pero no visible", pues la persona debe ser humilde [llegar a ser invisible] y no confiar en sus propios méritos…

• Cuarta rectificación: Los lados [de la cara están cubiertos [de pelo] en ambos lados - Esta es la unión de sus almas [con el alma del Tzadik]. Se dice entonces de aquéllos [que siguen al Tzadik] que lo "cubren [rodean] por todos lados".

• Quinta rectificación: Dos TaPuJiN [pómulos] son visibles, rojos como una rosa - [Cuando el Tzadik dice cálidas palabras de inspiración], las válvulas del corazón se niFTaJiN [abren]. Entonces se despierta la misericordia del Corazón Superior y palabras apasionadas surgen como carbones rojos como la rosa.

Y VERÁS EL SECRETO DE LA BARBA

• **Sexta rectificación**: En una línea (jut), ásperos cabellos negros caen en cascada (TaLlán) hacia el pecho - Este es el concepto de acercarse a la Torá... Pues sus lecciones son (Eruvin 21 b), "TiLey TiLim shel halajot [parvas y parvas de leyes]"... "En una jut [línea]" corresponde a (Iebamot 121b), "Dios es estricto con los Tzadikim hasta en el jut hase 'ara (el grosor de un cabello)".

• **Séptima rectificación**: Labios, rojos como una rosa y libres de todo pelo - Esto alude a la creación de los ángeles [mediante palabras de Torá dichas en santidad], como en (Salmos 33:6) "Con la palabra de Dios son hechos los cielos y por el aliento de Su boca las huestes de Sus ángeles". "Rojos como una rosa", como en (Salmos 104:4), "Él hace de los vientos sus mensajeros; los flamígeros rayos Sus sirvientes".

. **Octava rectificación**: Pequeños pelos descendiendo por la garganta y cubriendo el cuello por detrás 'Pequeños" aquí es sinónimo de Edom/Esaú, como en (Ovadia 1:2), "Pequeño te he hecho entre las naciones". "Descendiendo por la garganta" es sinónimo de la espada [que debe ser tomada de Esaú para castigar a los malvados]. Corresponde a (Salmos 149:6), "Alabanzas a Dios en su boca y espada de doble filo en sus manos". "El cuello por detrás" se refiere a vencer el poder del Otro Lado, es decir Esaú, quien vuelve su espalda [y se niega a aceptar las enseñanzas Divinas].

• **Novena rectificación**: Cabellos largos y cortos que terminan juntos - Esto corresponde a la Tierra de Israel, que se dividió entre las tribus del Israel. Debido a que cada una de las doce tribus se asemejaba a un animal diferente y recibió los poderes característicos de ese animal ["Iehudá es un león... Naftalí, un ciervo... Benjamín, un lobo... Dan, una serpiente" (Rashi, Éxodo 1:19)] y algunas tribus eran más grandes y otras más pequeñas, son asemejadas entonces a (Salmos 104:25),"pequeños y grandes animales" (Likutey Moharán I, 20: 10).

La barba, por otro lado, corresponde a los Trece Principios Exegéticos de la Torá. Es por esto que ella comienza a crecer más tarde, cuando el intelecto ha madurado y es capaz de absorber un conocimiento mayor. La barba simboliza así la internalización del intelecto trascendente, pues los principales canales de la revelación de la Divinidad se desarrollan a través de la barba (Likutey Halajot, Guilúaj 5:2-3).

Y VERÁS EL SECRETO DE LA BARBA

Así, cuando una persona escucha palabras de Torá provenientes de los Tzadikim y comienza a cumplir con las mitzvot, no sólo vence su mala inclinación y entra por las puertas de la santidad (1), sino que abre el camino para que el Tzadik pueda ayudar también a otros a pasar "de un lado (el del mal) al otro lado (el del bien) (2)". Esto se logra a través de la sentida plegaria del Tzadik (3), que une a la congregación (4). Esta plegaria, cuando es expresada desde el corazón, abre el Corazón Superior, revelando misericordia (5) y permitiendo la revelación de nuevas enseñanzas de Torá para que todos puedan servirse de ellas (6). Estas enseñanzas de Torá crean ángeles (7), que a su vez luchan y vencen a las fuerzas del Otro Lado (8). Al derrotar al Otro Lado, la santidad se revela en el mundo, especialmente la santidad de la Tierra Santa (9).

Esta revelación de santidad es el secreto de la batalla final contra el mal. Todo aquél que busca revelar la santidad (por ejemplo, a través de las mitzvot y de la plegaria) crea ángeles, y puede por tanto conquistar toda oposición a la espiritualidad. Esta persona es llamada un guerrero poderoso, que es capaz de luchar y liberar a la "Tierra Santa" de sus opresores. Este poderoso guerrero obtiene la fuerza para revelar la santidad de la Tierra Santa, es decir, revelar la Divinidad y ascender continuamente por la escala espiritual.

Los bucles del cabello conocidos como peiot (peá en singular) se extienden desde las sienes inmediatamente arriba de las patillas a la altura de los oídos. Como se explicó, las peiot no deben ser afeitadas ni acortadas, pues aunque ellas representan el juicio, también hemos visto que el juicio es crucial para la existencia del mundo. Las peiot son importantes canales a través de los cuales puede recibirse la sabiduría Divina. Peá significa 'esquina" o "final", y las peiot representan la mínima revelación del tremendo intelecto sublime.

Hemos visto que las siete aberturas del rostro corresponden a los siete brazos de la Menorá. La Menorá misma es un paralelo de la cabeza, y el aceite que contiene es un paralelo de la mente. Así, el cerebro corresponde a la luz y los cabellos sirven como canales para difundir esa luz y manifestar su tremendo poder.

Y VERÁS EL SECRETO DE LA BARBA

Existen diversos tipos de fuentes de luz creados por el hombre. La luz de una lámpara, por ejemplo, se difunde de una manera general y amplia, mientras que la luz de un rayo láser es mucho más concentrada y puede ser dirigida de manera mucho más efectiva hacia un punto específico, cercano o alejado de su fuente. La luz del cabello de la cabeza puede ser comparada a una lámpara; la de los peiot podría ser un paralelo del rayo láser. Así, las peiot, aunque pequeñas en tamaño, pueden tener un gran impacto. El Rebe Najmán dijo cierta vez (Likutey Moharán I, 17:1), "Hasta el más pequeño movimiento de las peiot causa una gran alegría Arriba", pues las peiot son una demostración visible de la dedicación de la persona a Dios.

Escribe el Rabí Natán que la Torá se ha mantenido a lo largo de las épocas gracias a la barba y a las peiot. Siempre que el judío quiso asimilarse a las naciones, lo primero que hizo fue afeitar la barba y las peiot para eliminar así las señales de su judaísmo y asumir la identidad de la cultura que lo rodeaba. La barba y las peiot son tan significativas debido a que corresponden a la Barba y a las Peiot Divinas, que canalizan hacia el hombre las fuerzas de la espiritualidad en cantidades "manejables".

Así, la barba y las peiot no son meramente "cabello facial". Ellas sirven como barreras en contra de la invasión de la filosofía ajena y de las características inmorales que nos rodean. De esta manera, la barba y las peiot sirven no sólo como una fuerte afirmación de la fe, sino también como protectoras de esa fe (Likutey 1-lalajot, Guilúaj 3:2; ibid. 4:5).

La Torá prohíbe afeitar la barba y las peiot con una navaja u otro tipo similar de hoja. Aunque esta ley es un jok - para la cual no hay una razón explícita dada por la Torá - el Rabí Natán sugiere el siguiente pensamiento: La barba (ZaKáN) alude a ZaKéN, un anciano, o a una vida larga. La hoja de acero es un instrumento capaz de acortar la vida. Con respecto a la prohibición de tallar las piedras del altar con instrumentos metálicos, comentaron nuestros Sabios (Mejilta, Itró), "No es correcto colocar algo que puede acortar la vida sobre algo que alarga la vida". Esta idea puede aplicarse también al afeitar la barba con una hoja de acero (Likutey Halajot, Guilúaj I: I).

Y VERÁS EL SECRETO DE LA METOPOSCOPIA

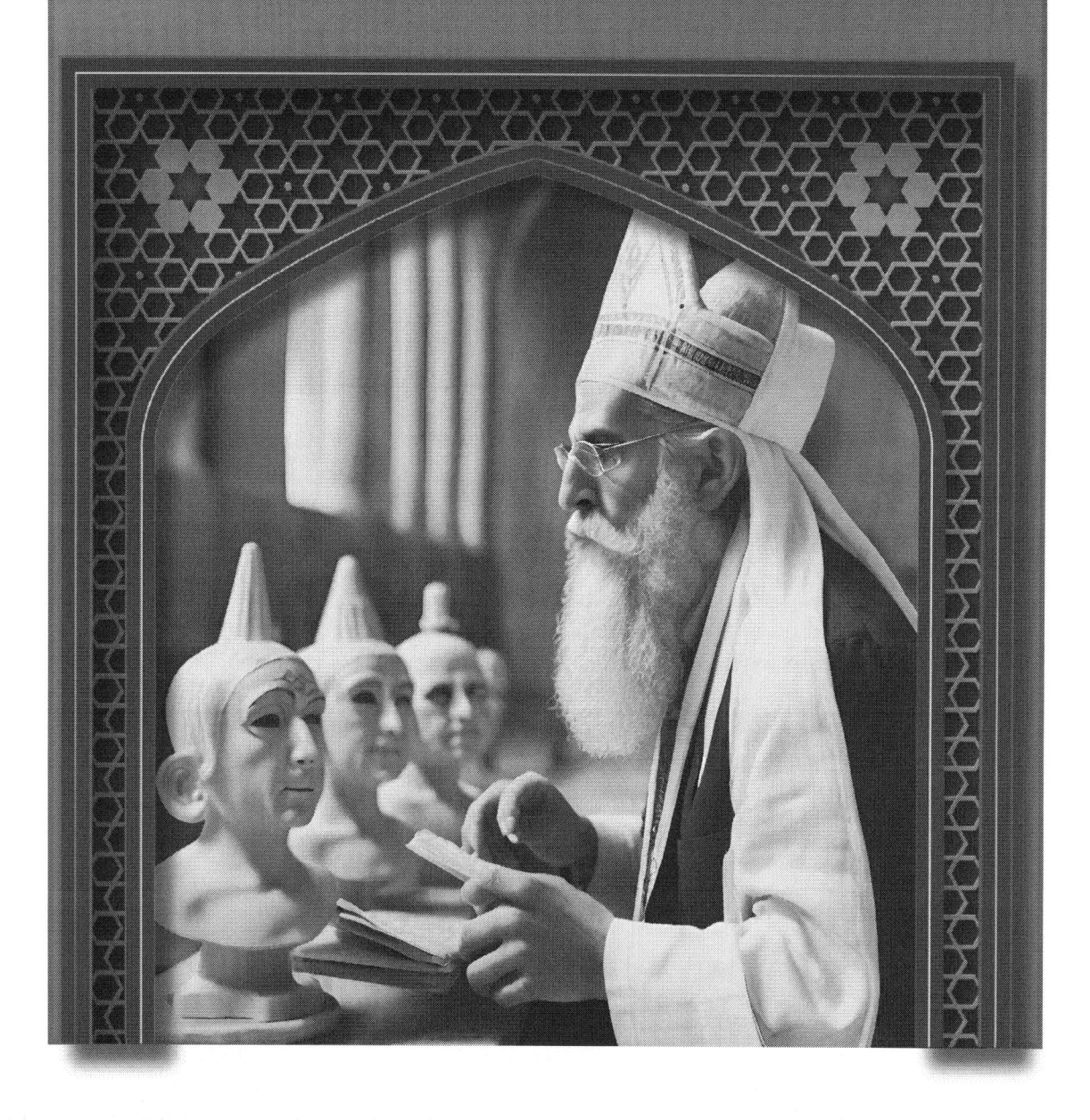

Y verás el secreto de la FRENTE "METOPOSCOPIA"

En los siglos XVI y XVII, la metoposcopia disfrutó de una considerable popularidad entre sus seguidores. Gerolamo Cardano publicó un tratado que se considera el primer libro notable sobre esta disciplina, donde sistematizó los rasgos metoposcópicos y reveló numerosos secretos fascinantes sobre cómo comprender el carácter y el destino de las personas. Se afirma que la frente es la parte más distintiva y significativa del rostro; un observador hábil puede interpretar en ella las más mínimas variaciones y peculiaridades de cada individuo desde un punto de vista moral.

El estudio de las líneas y arrugas de la frente ha generado un método intrigante para descubrir aspectos morales de las personas. Esto deja claro que esta práctica se integra directamente en la fisonomía, aunque los autores la abordan de forma independiente bajo el nombre específico de metoposcopia. Es notable descubrir que este antiguo arte ya era mencionado en textos cabalísticos, aunque sin hacer referencia a su origen. Para aquellos interesados en adentrarse en este arte ancestral, su mayor teórico fue la luminaria renacentista Gerolamo Cardano, filósofo, médico y hombre de letras que en el siglo XVI escribió la Metoposcopia libris tredecim, et octingientis faciei humanae iconibus complexa, o una obra en trece libros acompañada de 800 ilustraciones, el libro lo tengo en venta por Amazon y traducido al castellano por primera vez, con el título de Metoposcopia, seguramente te maravillarás con el tema.

Isaac Luria, un rabino y cabalista del siglo XVI, se dedicaba a una variante de la metoposcopia. Según su práctica, era capaz de identificar letras hebreas en las líneas de la frente, utilizando esta interpretación para descubrir los problemas individuales y hacer diagnósticos. Sin embargo, no empleaba estas habilidades para realizar predicciones. Se han encontrado descripciones similares a la metoposcopia o fisiognomía en el Zohar, uno de los principales textos de la corriente cabalística. En él se explica el significado de diversos rasgos faciales y las líneas de las manos.

El tratado de metoposcopia de Gerolamo Cardano es una obra clave en el estudio de la interpretación de las líneas y marcas en la frente de las personas para revelar aspectos de su personalidad y destino. Cardano, un prominente médico, matemático y astrólogo del Renacimiento, dedicó parte de su trabajo al análisis metoposcópico, donde explora la relación entre las características físicas de la frente y los rasgos psicológicos y espirituales de los individuos.

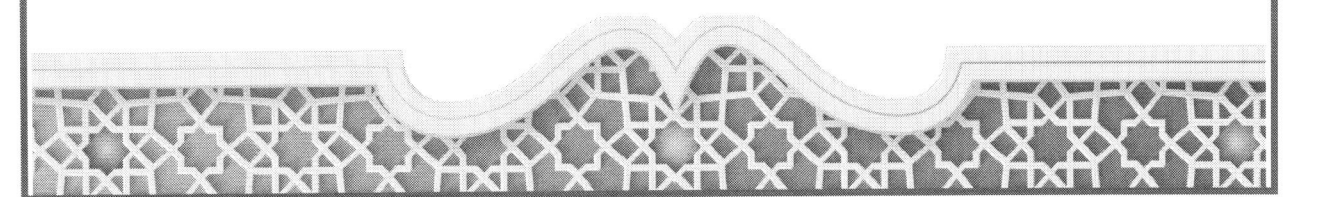

Y VERÁS EL SECRETO DE LA FRENTE "METOPOSCOPIA"

En el análisis metoposcópico, es crucial considerar diversos aspectos:

1. El número de rayas presentes en la frente.
2. Clasificación de las líneas:
   - Las líneas principales.
   - Su color.
   - Su forma.
   - Su posición en la frente.
3. La presencia de puntos y hoyuelos en las líneas.
4. Medición y variaciones de las líneas:
   - Cantidad de líneas naturales a lo largo.
   - Líneas asociadas a los planetas.
   - Líneas no naturales.

Es importante destacar que no todos los individuos poseen el mismo número de líneas naturales en la frente; sin embargo, es poco común tener menos de tres.

Tener un exceso de líneas no es favorable, pero carecer por completo de ellas es aún peor, ya que sugiere una vida corta, un destino adverso, accidentes imprevistos e incluso caídas desde gran altura que pueden resultar en cojeras. Asimismo, podría indicar hidropesía. Un gran número de líneas puede señalar una mente aguda, mientras que un significado negativo sería la complejidad de los asuntos por resolver y una vida laboriosa. Por otro lado, pocas líneas reflejan simplicidad en el entendimiento y tranquilidad en la vida.

Las líneas de la frente se atribuyen a los siete planetas, siguiendo el orden observado por los astrólogos en el cielo. La línea más alta se relaciona con Saturno, la segunda con Júpiter, la tercera con Marte, la cuarta con el Sol, la quinta con Venus y la sexta con Mercurio. Aquellas ubicadas directamente sobre las cejas se asocian con el Sol y la Luna, la derecha y la izquierda respectivamente. Si hay líneas entre las cejas y en el inicio de la nariz, se consideran bajo la influencia de Venus.

Y VERÁS EL SECRETO DE LA FRENTE
"METOPOSCOPIA"

Y VERÁS EL SECRETO DE LA FRENTE "METOPOSCOPIA"

Cuando el número de líneas en la frente no es suficiente para distribuirlas entre los siete planetas, es fundamental identificar cuáles faltan, lo cual se determina fácilmente según el espacio asignado a cada una. Si existen tres líneas largas, separadas por espacios iguales, estas corresponderán, sin lugar a dudas, a los tres planetas principales: Saturno, Júpiter y Marte. El Sol ocupará el espacio sobre el ojo derecho, mientras que Venus se ubicará entre las cejas o en el inicio de la nariz.

En caso de que solo haya dos líneas, y estas estén muy bajas con un amplio espacio entre la primera y el inicio del cabello, se referirá a la falta de la línea de Saturno. Si ambas líneas están muy separadas, indicará que falta la de Júpiter; y si el espacio vacío se encuentra entre la segunda línea y las cejas, faltará la de Marte.

Es importante notar que cuando hay más líneas de las mencionadas, las más cortas se consideran como derivadas de las más próximas, otorgando mayor influencia a los planetas que representan estas líneas secundarias.

La línea solar no tiene "hijuela" (hijos), ya que al Sol también le corresponde la parte superior de la ceja derecha; y la línea de Venus tampoco tiene descendencia, ya que también se le atribuye la parte entre las cejas o el comienzo de la nariz. Las líneas restantes que no pueden asociarse con los planetas se denominan "rayas no naturales" y suelen augurar eventos desfavorables.

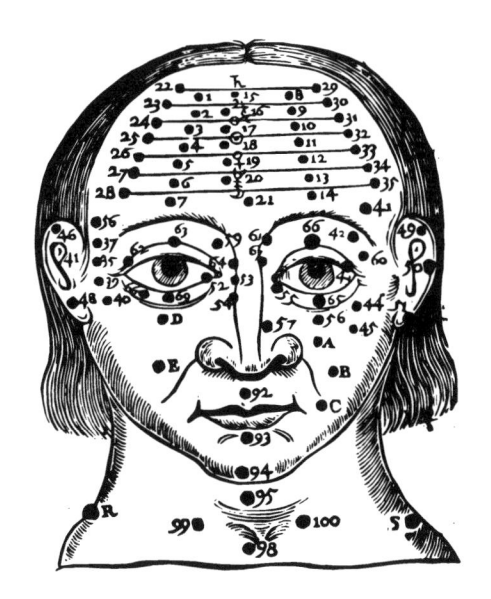

Breves Reseñas

Las líneas totalmente rectas en la frente, como se observa en esta figura, indican una alta virtud de justicia y una naturaleza de simplicidad, revelando a una persona de noble carácter. Y sobre todo cuando aparecen al menos dos o tres líneas.

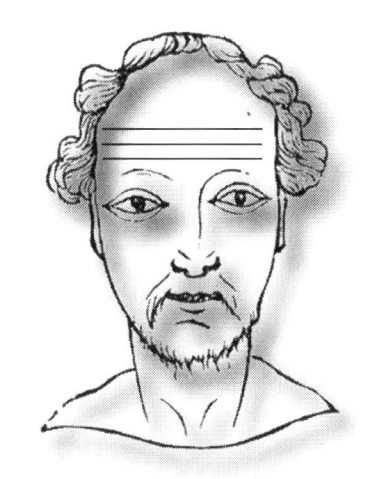

Las líneas largas representan eventos significativos y notables, mientras que las líneas continuas son consideradas auspiciosas, pudiendo indicar prosperidad en los asuntos según la influencia planetaria y la posición de la línea.

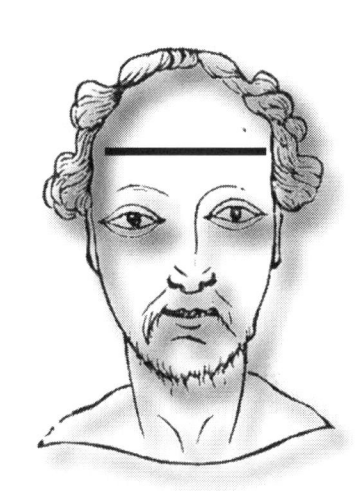

Las líneas rectas pero interrumpidas en la frente son indicativas de una vida marcada por variaciones, obstáculos, dolores y transformaciones. Es esencial recordar que la energía que desciende del cielo se ve afectada si se ven obstaculizados por pensamientos negativos, lo cual puede manifestarse en signos visibles en la frente.

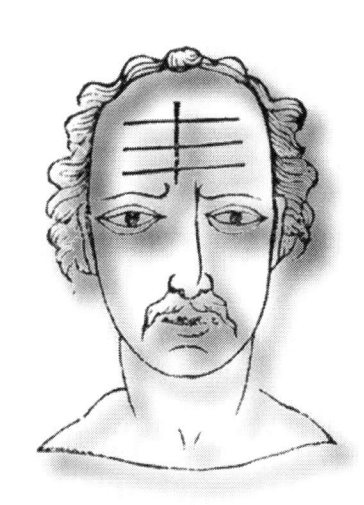

Breves Reseñas

Las arrugas en la frente que adoptan una forma de cruz, como se muestra en la ilustración, suelen interpretarse de manera negativa, indicando un individuo propenso a la maldad y la injuria, enfrentando un destino incierto. La interpretación de estas arrugas está influenciada por su tamaño, grosor y posición en la frente. Aquellas ubicadas en el lado izquierdo sugieren malicia y tendencia a ocultar intenciones, mientras que las situadas en el lado derecho indican una inclinación hacia la maldad dirigida hacia los demás.

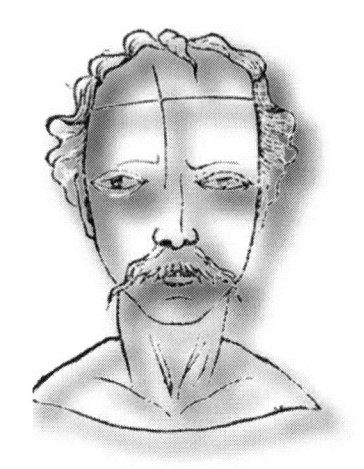

Las líneas que no son atribuibles a los planetas y que se presentan de forma desordenada, como las transversales, las ascendentes o descendentes, las errantes sin un patrón definido y las no naturales, representan una amenaza de adversidad o un efecto negativo. Esta imagen alude a la posibilidad de una pérdida inesperada de bienes materiales.

Las líneas cuando son muchas y juntas pueden testimoniar hombres desgraciados en sus asuntos y oprimidos por una gran variedad de preocupaciones.

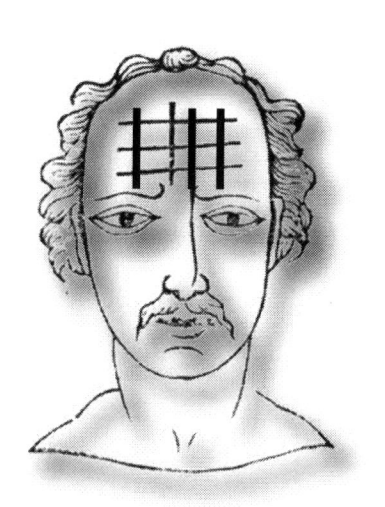

Breves Reseñas

Las arrugas en la frente que presentan un tono más pálido que el habitual, acorde al tono natural de la piel de la persona y su ubicación específica, sugieren la influencia pasada de un planeta.

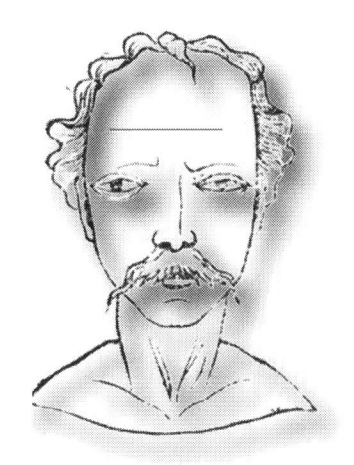

Las arrugas en la frente que presentan un tono blanco producirán un efecto en poco tiempo, pero si el color es rojo, su efecto estará mucho más próximo y será más repentino.

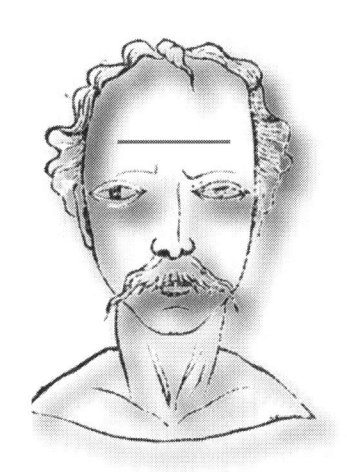

Además, es importante tener en cuenta la longitud, anchura y profundidad de estas líneas. La longitud está asociada con la duración de los efectos, mientras que la anchura indica la amplitud de los acontecimientos.

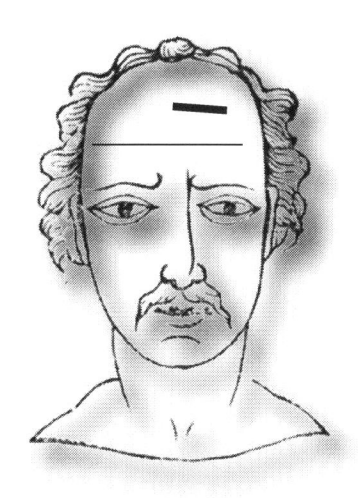

Breves Reseñas

Los signos que por su naturaleza son malignos, resultaban más perjudiciales si se encontraban en el lado izquierdo que en el lado derecho. Este mismo análisis debía aplicarse en el caso de pequeñas protuberancias, hundimientos, manchas, poros, letras y otros signos naturales que aparecían en la frente.

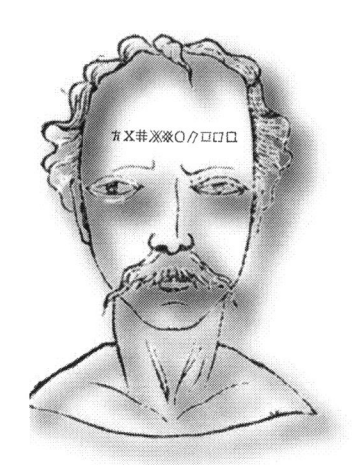

Este signo, por ejemplo, resultaba poco auspicioso al ubicarse en el centro de la nariz, obstruyendo la energía, lo cual sugería posibles problemas actuales y de salud. Asimismo, cuando aparecía en la zona media del rostro de forma vertical, proporcionaba indicios de un acontecimiento latente y delicado.

Las líneas en la frente, como se observaban en la imagen, sugieren que el individuo estaba propenso a comportamientos poco loables con personas allegadas, en mayor medida que con extraños.

Breves Reseñas

187

Si esta línea desciende hasta la región de Venus en el rostro, existe la posibilidad de enfrentar riesgos mortales asociados con las mujeres.

Este ejemplo ilustra la trascendencia y comprensión de la ciencia que estudia las líneas naturales del rostro, ya que a través de estas líneas es posible anticipar eventos o prevenirlos con acierto.

Al analizar su posición, color, tamaño y profundidad, se puede inferir, dada su ubicación central, que el peligro acechará antes de los 60 años y después de los 30 años. Específicamente, entre los 45 años, podría ocurrir un incidente trágico, similar al que resultó en la muerte de Dodi Al-Fayed, compañero sentimental de la Princesa Diana, y del conductor del vehículo, Henri Paul, quienes fallecieron en el accidente. Por otro lado, el cuarto ocupante, el guardaespaldas Trevor Rees-Jones, sobrevivió a pesar de las graves heridas sufridas.

Aunque no me centro en casos específicos en este libro, este ejemplo se menciona como una referencia que podría ser ampliada en el libro de mi autoría de Metoposcopia con mas de 800 imágenes ya traducido y disponible para su adquisición en Amazon.

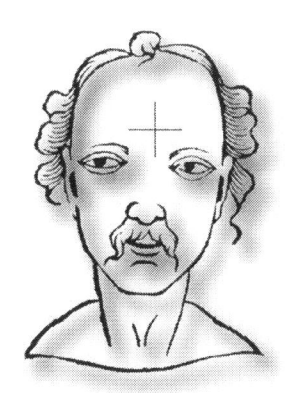

Breves Reseñas

LA ESTRELLA DE LA SUERTE BRILLABA EN LO MÁS ALTO:

Otorgaba generosas dosis de fortuna a su poseedor. Esta insignia conllevaba renombre, así como el respeto y aprecio de aquellos que le rodeaban. Los obstáculos se despejaban con facilidad, triunfando a través de la honestidad y el optimismo. Siempre dispuesto a brindar ayuda a los demás, generando así confianza y admiración en su entorno cercano.

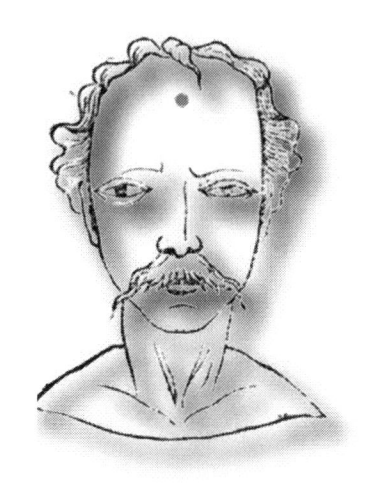

DESDE UNA EDAD TEMPRANA, PERSEGUÍA CON DETERMINACIÓN SUS AMBICIONES:

Aquéllos que poseían estas pecas se caracterizaban por ser ambiciosos y tenaces, alcanzando el éxito desde una edad temprana. Su fuerza de voluntad era firme como el hierro, lo que les permitía prosperar incluso si provenían de humildes orígenes. Se vislumbraba un futuro prometedor para ellos, y si nacían en la opulencia, veían multiplicarse su fortuna.

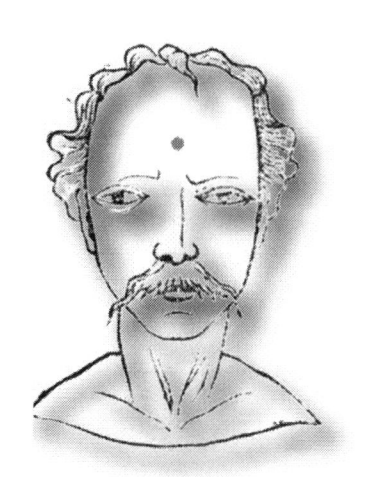

CARÁCTER CONFLICTIVO Y DISPUTAS CON SU PROGENITOR.

Quien ostentaba estas dos características era una persona deshonrada, con un temperamento insufrible y colérico, propenso a entablar constantes discusiones con sus padres. Mostraba aversión hacia el trabajo y malgastaba tiempo y recursos en juegos de azar. Su comportamiento podía llegar a ser extremadamente perjudicial e incluso culminar en actos violentos, como el homicidio, durante sus arrebatos de ira. Su conducta acarreaba numerosos problemas para su familia.

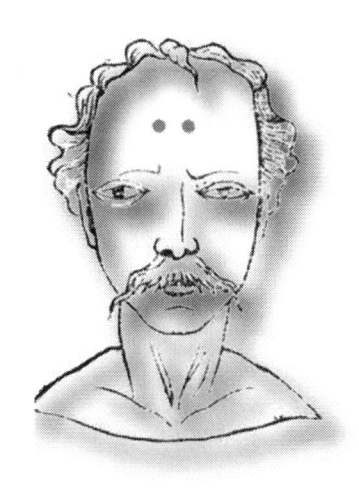

Fin de los secretos del Rostro

La enseñanza cabalística de la emanación se comprende mejor mediante un examen de la doctrina de los Sephiroth. El Ser Supremo, dicen los cabalistas, es una unidad absoluta e inescrutable, que no tiene nada sin él y todo dentro de él. Se llama, En Soph, es decir, el Infinito. En esta infinitud no puede ser comprendido por el intelecto, ni descrito con palabras inteligibles por el ser humano. mentes, para hacer perceptible su existencia. Era necesario, por lo tanto, que, para hacerse comprensible, el En Soph debe hacerse activo y creativo. Pero no podía convertirse en el creador directo; porque, siendo infinito, no tiene voluntad, la intención, el pensamiento, el deseo o la acción, todas las cuales son cualidades de un ser finito solamente. El En Soph, por lo tanto, se vio obligado a crear el mundo de una manera indirecta, por diez emanaciones de la luz infinita que él era y en la que moraba. Estas diez emanaciones son los diez Sephiroth, o Esplendores del Infinito, y la forma en que fueron producidas fue la siguiente:

Al principio, el En Soph envió al espacio una emanación espiritual. Esta primera Sephirah se llama Kether, que significa la Corona, porque ocupa la posición más alta. Esta primera Sephirah contenía en su interior las otras nueve, que brotó en el siguiente orden: Al principio un macho, o potencia activa, procedió de ella, y esta, la segunda Sephirah, se llama Chocmah o Sabiduría. Esto envió una potencia opuesta, femenina o pasiva, llamada Binah o Inteligencia.

Estos tres Sephiroth constituyen la primera tríada, y de ellos salieron los otros siete. De la unión de la Sabiduría y la Inteligencia vino la cuarta Sephirah, llamada Chesed o Misericordia. Esta era una potencia masculina, y de emanó la quinta Sephirah, llamada Giburah o Justicia.

La unión de la Misericordia y la Justicia produjo la sexta Sephirah, Tiphereth o Belleza; y estos tres constituyen la segunda tríada. De la sexta Sephirah surgió la séptima Sephirah, Nitzaj o Firmeza. Esta era una potencia masculina y producía la potencia femenina llamado Hod o Esplendor. De estos dos procedía Isod o Fundación; y estos tres constituían la tercera tríada de los Sephiroth. Por último, de la Fundación salió la décima Sephirah, llamada Malcuth o Reino, que estaba al pie de todos, como lo estaba la Corona en la parte superior.

Fin de los secretos del Rostro

Esta división de los diez Sephiroth en tres tríadas fue dispuesta en una forma llamada por los cabalistas el Árbol Cabalístico o el Árbol Cabalístico. Árbol de la Vida, como se muestra en el diagrama.

En este diagrama, la disposición vertical de los Sephiroth se llama Pilares. Por lo tanto, los cuatro Sephiroth en el centro se llaman el Pilar Medio; los tres de la derecha, la Columna de la Misericordia; y los tres de la izquierda, el Pilar de la Justicia.

Aluden a estas dos cualidades de Dios, de las cuales la benignidad de la una modifica el rigor de la otra, de modo que la Divinidad La Justicia siempre es templada por la Divina Misericordia. C.W. King, en sus Gnosties, refiere el pilar de la derecha al pilar Jaquín, y la columna de la izquierda de la columna Booz, que estaba en el pórtico del Templo; Y "estos dos pilares", dice, "figuran en gran parte entre todas las sociedades secretas de los tiempos modernos, y naturalmente para éstas los Illuminati han tomado prestado, sin entender la fraseología de los cabalistas y de los valentinianos". Pero una inspección de la disposición de los Sephiroth mostrará, si él tiene razón en su referencia general, que ha transpuesto los pilares. La firmeza simbolizaría más naturalmente a Booz o fuerza, como el Esplendor Jachin o el Establecimiento.

Estos diez Sephiroth se denominan colectivamente el hombre arquetípico, el Microcosmos, como lo llamaban los filósofos griegos, y cada uno de ellos de ellos se refiere a una parte particular del cuerpo.

Así, la Corona es la cabeza; La sabiduría, el cerebro; y la Inteligencia, el corazón, que se consideraba la sede del entendimiento. Estos tres representan al intelectual; y la primera tríada se llama, pues, Mundo Intelectual. La Misericordia es el brazo derecho, y la Justicia el brazo izquierdo, y la Belleza es el pecho. Estos tres representan cualidades morales; y de ahí que la segunda tríada se llame Mundo Moral. La firmeza es la pierna derecha, el esplendor la pierna izquierda y la fundación las partes íntimas. Estos tres representan el poder y la estabilidad; y por lo tanto la tercera tríada se llama el Mundo Material. Por último, el Reino son los pies, la base sobre la que todo se sostiene, y representa la armonía de todo el hombre arquetípico. De nuevo, cada uno de estos Sephiroth estaba representado por un nombre divino y por un nombre angélico, que puede ser Así se tabula:

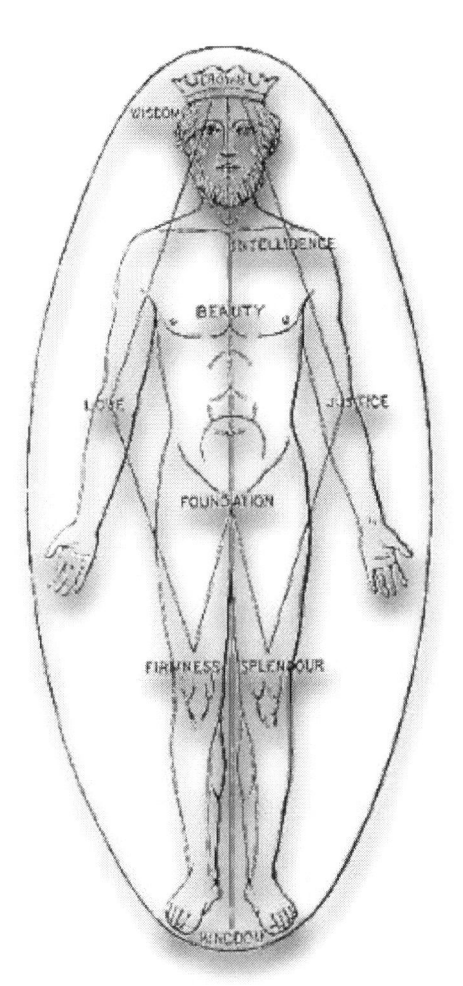

Fin de los secretos del Rostro

Sephiroth	Nombres Divinos	Nombres angélicos
Corona	Eheyeh	Chajoth
Sabiduría	Jah	Ophanim
Inteligencia	Jehová	Arelin
Misericordia	El	Cashmalim
Justicia	Eloha	Serafines
Belleza	Elohim	Shinanim
Firmeza	Jehová Sabaoth	Tarshishim
Esplendor	Elohim Sabaoth	Beni Elohim
Fundación	El Chai	Ishim
Reino	Adonai	Querubines

Fin de los secretos del Rostro

Estos diez Sephirotes constituyen en su totalidad el Mundo Atzilático o Mundo de las Emanaciones, y de él proceden tres otros mundos, cada uno de los cuales tiene también sus diez Sephiroth, a saber, el Mundo Briático o el Mundo de la Creación; el Mundo Jetziratic o el Mundo de Formación; y el Mundo Ciático o Mundo de la Acción: cada uno habitado por un orden diferente de seres.

Pero entrar plenamente en la naturaleza de estos diversos mundos nos llevaría demasiado lejos en el oscuro misticismo de la Cábala. El diez Sephiroth, representados en su orden de ascenso de lo más bajo a lo más alto, de la Fundación a la Corona, nos recuerdan con fuerza del sistema de Escalas Místicas que impregnaba todas las iniciaciones antiguas y modernas; la Escalera Brahmánica de la misterios indios; la Escalera de Mitra, usada en los misterios persas; la Escalera Escandinava de los misterios góticos, y en la Misterios masónicos la Escalera de Kadosh; y, por último, la Escala Teológica de los Grados Simbólicos.

bast rekha

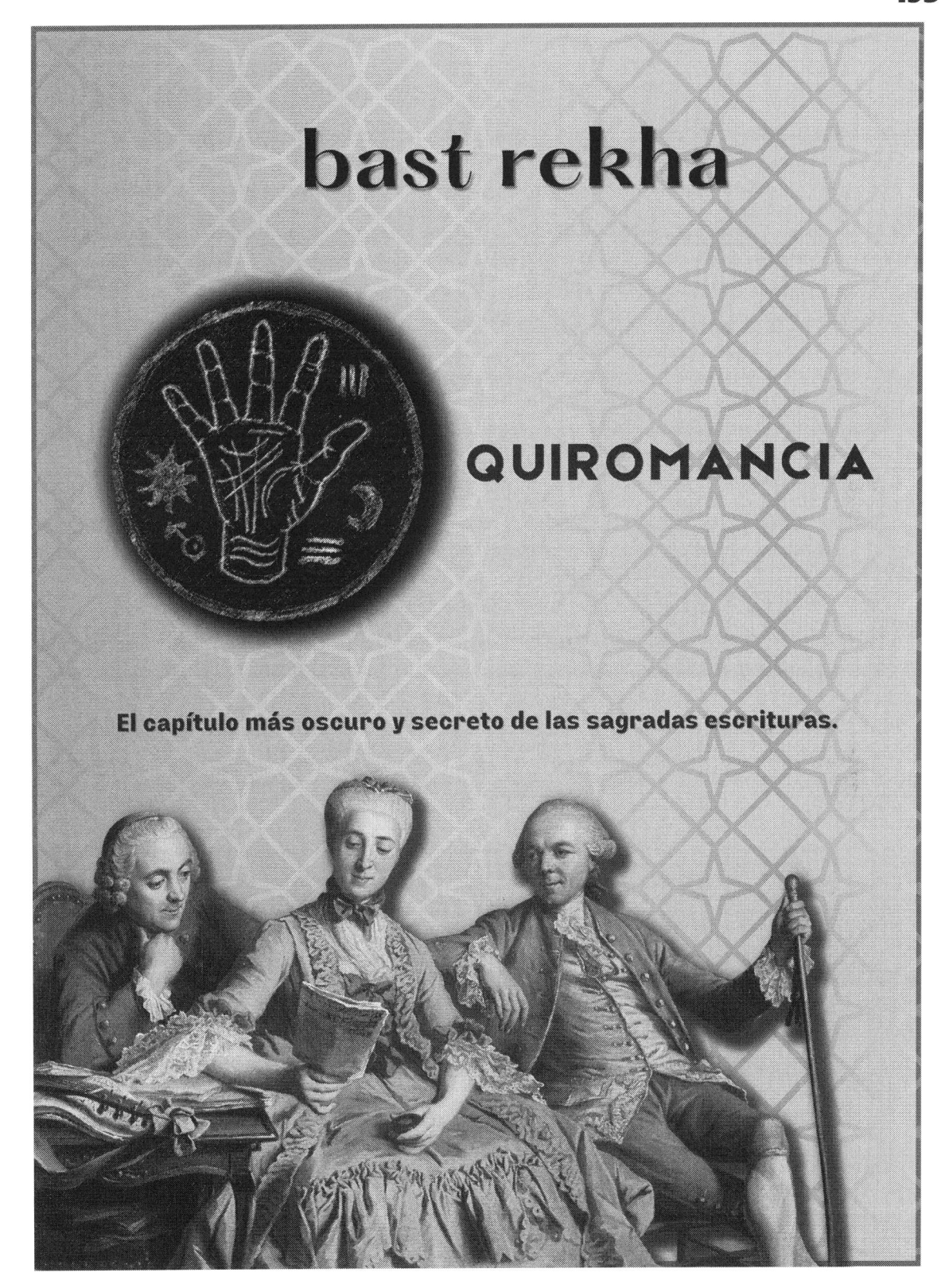

QUIROMANCIA

El capítulo más oscuro y secreto de las sagradas escrituras.

QUIROMANCIA/ BAST REKHA

La mano, en su representación simbólica, se erige como un puente entre dos mundos, entrelazando hilos que conectan lo celestial con lo terrenal. Considerada portadora de la gracia divina y la magia transformadora, revela el potencial de manifestar cambios significativos en nuestra existencia. A través de la mano, nos sumergimos en la corriente de energías cósmicas, nos nutrimos de la sabiduría de las generaciones pasadas y desentrañamos los secretos velados en la bruma del misterio. Su significado trasciende lo meramente físico, convirtiéndose en un símbolo poderoso que evoca la conexión entre lo humano y lo divino, y la capacidad innata del ser humano para influir en su propio destino.

La quiromancia es una antigua práctica de adivinación que implica la lectura de las manos para revelar información sobre la personalidad, el destino y la vida de una persona. En resumen, se basa en la creencia de que las líneas, formas y marcas en las manos pueden proporcionar pistas sobre la naturaleza de un individuo y su futuro.

Desde el punto de vista de la quiromancia sobre las vidas pasadas, se cree que las manos llevan signos que reflejan no solo la vida presente de una persona, sino también sus experiencias pasadas. Los quiromantes pueden interpretar ciertas marcas en las manos como indicadores de eventos o características de vidas anteriores que pueden influir en la vida actual de la persona.

Por ejemplo, una línea de la mano que sugiere una experiencia traumática en una vida pasada podría manifestarse como una fobia o un desafío emocional en la vida presente. Además, ciertos patrones en las manos pueden interpretarse como señales de lecciones no aprendidas o lecciones que se repiten de una vida a otra hasta que se resuelvan.

En resumen, la quiromancia considera que las manos son portadoras de información no solo sobre la vida presente de una persona, sino también sobre sus vidas pasadas, ofreciendo una perspectiva única sobre el camino espiritual y el desarrollo personal de un individuo a lo largo del tiempo.

Y verás el secreto de las líneas de las palmas

EL DEDO MENIQUE:
En hebreo se dice ZERET, representa la Sefirá de HOD. El Nombre de Dios en esa Sefirá es ELOKIM TZEVAOT. El Ángel que la gobierna es RAFAEL y los ángeles que están abajo su dominio son los BENEI HAELOKIM. El Astro que la influya es KOKAF o MERCURIO. la letra que lo representa es la RESH ר.

EL DEDO ANULAR:
En hebreo se dice KEMITZÁ representa la Sefirá de TIFÉRET. El Nombre de Dios para esa Sefirá es ELOHA VE DAAT. El Ángel que lo gobierna es MIKAEL y los ángeles bajo su dominio son los MALAKIM. El Astro que lo influya es SHEMESH o el SOL. La letra que lo representa es la CAF כ.

EL DEDO MAYOR (MEDIO):
En hebreo se dice AMÁ representa la Sefirá de BINÁ. El Nombre de Dios para esta Sefirá es ADONAY. EL Ángel que gobierna se llama TZAFKIEL y los ángeles bajo su dominio son los ARALYM. El Planeta que lo influya es SHAVTAY o SATURNO. La Letra que le corresponde es BET ב.

EL DEDO ÍNDICE:
En hebreo se dice ETZVÁ la Sefirá que le corresponde es JESÉD. El Nombre de Dios en esta Sefirá es EL ELYON. El Ángel que gobierna esta Sefirá es TZADKIEL. Los ángeles que están bajo su gobierno son los JASHMALIM. El Astro que lo influya es TZEDEK o JÚPITER. La letra que le corresponde es GUÍMEL ג.

EL DEDO PULGAR:
En hebreo se dice GUDAL. En este dedo hay 3 Sefirot. En la punta KETER. En medio JOJMÁ. En la parte gorda abajo es NÉTZAJ. Los Nombres de Dios son EJIE, YHA Y ADONAY TZEVAOT respectivamente.
Los ángeles gobernadores son METATRÒN, RAZIEL, HANIEL. Planetas NEPTUNO, PLUTÓN, VENUS. Es el Dedo de la Fuerza de la Mano. Brinda potencia y unidad.

Y verás el secreto de las líneas de las palmas

EL CENTRO DE LA PALMA REPRESENTA LA SEFIRÁ DE GUEVURÁ

- El Nombre de Dios que le corresponde es ELOKIM GUIBOR.
- El Ángel gobernador es KAMAEL y los ángeles gobernados son SERAFÍN.
- El Planeta que le influye es MADIM o MARTE.

EL ANTEPALMA DE LA MANO REPRESENTA LA SEFIRÁ DE YESOD.

- El nombre de Dios de esta Sefirá es EL SHADAY.
- El Ángel que gobierna es GABRIEL y los ángeles gobernados son los KERUBIM.
- El Astro que lo influye es la LUNA.

La próxima vez que extienda su mano hacia alguien o la posicione sobre otra persona, considérelo con seriedad. Usted funciona como un vínculo entre el plano divino y el terrenal. El acto de estrechar manos representa una señal de respeto y amistad.

Su mano actúa como el instrumento divino para canalizar la energía en este mundo material. Es esencial que no la utilice en acciones que puedan contaminar su cuerpo y su espíritu. La mano simboliza la fuerza proveniente de los planos superiores, a través de usted. En su mano reside la presencia de lo divino y todas las huestes angelicales junto con el universo en su totalidad.

EL PODER QUE HASHEM D-OS EN LAS MANOS

El secreto esta en ver la mano como un recipiente y luego utilizarla como una herramienta eficaz. Cuando decimos en el rezo de Ashre o Salmo 145 «Poteaj et Yadeja» abrimos nuestras manos con las palmas hacia arriba en señal de estar recibiendo algo.

Y VERÁS EL SECRETO DE LAS LÍNEAS DE LAS PALMAS

Tomando las letras iniciales de esta frase se forma un Yijud (Nombre Divino) formado por las letras Pe-Alef-Yud cuyo valor en la gematría es 91.

En el Sidur (libro de oraciones) en la introducción a este salmo esta escrito que la frase «Poteaj et Yadeja» (Abres tu mano) es la fuente de toda bendición material. En ese momento nuestras manos son recipientes de la bondad divina.

Cada vez que en el Sidur rezamos «Baruj Ata Adonay» "Bendito Sea Su Nombre" estamos haciendo de nuestras manos «recipientes» en donde es depositada «la corriente divina». Decimos 91 veces «Baruj Ata Adonay» en las 3 Tefilot del dia contando las 15 bendiciones de Bircat Hashajar. En todo este proceso es la mano la herramienta que recibe del cielo » El Rocio y la Lluvia».

Está escrito, "Bajo sus alas había unas manos humanas". Son manos para recibir a aquellos que se arrepienten, que retornan al Creador. Pero estas manos humanas son formas y secretos sublimes que el Creador ha colocado en el hombre y las ha dispuesto con dedos de dentro y desde fuera en la palma de la mano.

Cuando el Creador creó al hombre, Él dispuso todas las formas de los secretos supremos en el mundo superior – Bina – dentro de él, así como todas las formas de los secretos inferiores del mundo inferior, Maljut. Todas están grabadas en el hombre, quien está a la sombra de Dios, pues él es llamado "una creación de la mano", una creación de la mano del Creador.

El significado de la palma es de esta letra que se llama Caf (palma, pero también la letra Caf). Está escrito, "Y Dios creó al hombre a Su imagen". Este es el significado de la letra Caf. Esta letra contiene secretos sublimes y formas sublimes. En esta Caf, esto es, en esta palma de la mano, existen diez enunciados suspendidos en la derecha y en la izquierda, cinco en la palma derecha y cinco en la palma izquierda. Sin embargo, son una, consideradas como una, pues la derecha y la izquierda se unen en una.

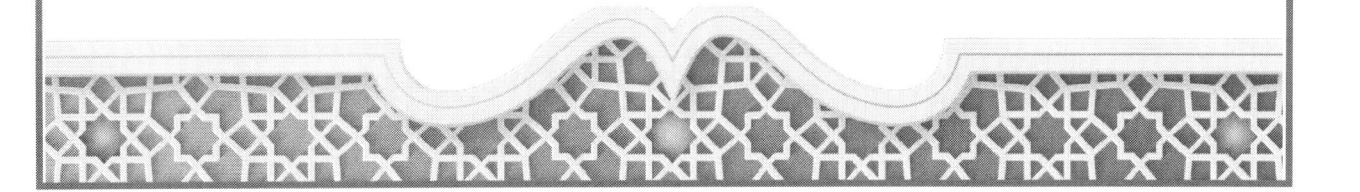

Y VERÁS EL SECRETO DE LAS LÍNEAS DE LAS PALMAS

Está escrito, "También, aplaudiré con Mis manos juntas", es decir que estarán en disputa una con la otra y las bendiciones saldrán del mundo porque el orgullo de Israel fue entregado a los idólatras. Eso es así porque GAR se extiende a Israel desde la izquierda, a través de la unificación de la derecha y la izquierda. Este es su orgullo. Y cuando ellos están en conflicto, los idólatras succionan de la línea izquierda y el orgullo de Israel se entrega a los idólatras.

Cuando ellos se unen, está escrito, "Un plato de oro de diez, lleno de incienso", lo cual alude a una unificación, cuando los diez de la derecha y de la izquierda, se vuelven una palma. Y cuando están unidas, está escrito, "Y Dios creó al hombre a Su imagen". "Y Dios creó" es la salida del pensamiento interior.

Primero, Maljut debe ser mitigada en Bina, Midat ha Rajamim, (la cualidad de la misericordia), a través de la elevación de Maljut a Bina, que se llama "pensamiento". Después, los GAR del pensamiento que son su interioridad, partirán y ella se quedará en VAK lo cual son un medio grado. Este acto se llama "creó", o "Y creó", lo cual alude a disminución. Sin esta disminución, el hombre no sería apto para la recepción de Mojin.

"El hombre" significa hombre y mujer unidos porque Et (el) es femenino y el hombre es masculino. "A imagen de Dios", es Caf, las dos palmas, la derecha y la izquierda, cuando ellas se convierten en una palma (Caf) en cuyo momento todos los Mojin superiores parten de ellos.

Cuando el hombre fue creado, está escrito acerca de él, "Vísteme con piel y carne". ¿Y qué es el hombre mismo? ¿No es sencillamente el hombre tan solo piel, carne, huesos y tendones? No lo es, pues ciertamente, el hombre es solamente el alma (Neshama), mientras que la piel, la carne, los huesos y los tendones son tan solo vestiduras. Son los Kelim del hombre, no el hombre mismo. Cuando el hombre muere, se despoja de esos Kelim que vistió.

Y VERÁS EL SECRETO DE LAS LÍNEAS DE LAS PALMAS

Cuando un hombre se viste con piel y con todos esos huesos y tendones, todos se encuentran en la elevada Jojma, como es arriba. La piel es como es arriba, como está escrito sobre las cortinas, "Extendiendo el cielo como una cortina". Las pieles enrojecidas de los venados y las pieles de Tahash (una especie de animal) son vestiduras de arriba, cubriendo la vestimenta, que es la expansión del cielo, la vestidura de fuera. Las cortinas son la vestidura de adentro, es una costra que cubre la carne. Es debido a esto que está escrito, "Extendiendo el cielo como una cortina", pues las cortinas son la vestidura interior con el cielo por encima de ellos desde fuera.

Los huesos y tendones son las Merkavot (plural de Merkava, carroza/asamblea) y todos esos ejércitos que existen dentro son las interioridad y GAR de la exterioridad del grado. Esto es así porque los tendones son la Neshama de la vestidura y los huesos son la Jaya de la vestidura, y todos ellos son vestiduras para el hombre interno, superior.

Así es abajo, El hombre es interior e interior, sus vestiduras son como es en lo alto. Huesos y tendones son como se dijo acerca de esas Merkavot y ejércitos que son llamados "huesos" y "tendones". La carne cubre estos campamentos y Merkavot, que son llamados "huesos" y "tendones" y se ubica fuera de ellos.

Este es el significado de la carne que se extiende desde él hasta el otro lado. La piel que cubre todo es como esos firmamentos que lo cubren todo, y ellos son las vestiduras para vestirse, y el que está adentro es el hombre. Todo es una cuestión de que abajo es como arriba. Es debido a esto que está escrito, "Y Dios creó al hombre a Su imagen", en la imagen de Dios, pues el hombre de abajo es enteramente como es en lo alto.

Se hicieron inscripciones en ese firmamento de arriba, que lo cubre todo, para mostrar y conocer secretos ocultos y asuntos en esas inscripciones que fueron dispuestas en él. Estas son las inscripciones de las estrellas y los signos que fueron escritos y establecidos en ese firmamento, que cubre desde fuera. Aquí, también la piel que cubre a uno desde fuera es como el firmamento que lo cubre todo y contiene inscripciones y líneas.

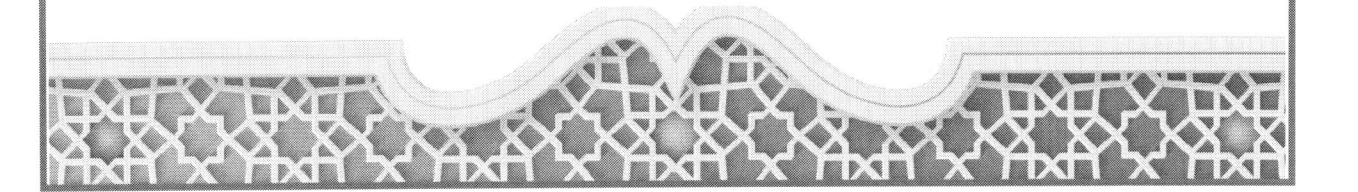

Y VERÁS EL SECRETO DE LAS LÍNEAS DE LAS PALMAS

Estas son consideradas como estrellas y señales, que son las inscripciones y líneas en la piel, para que el sabio de corazón las escudriñe y las observe para que conozca sobre mirar en la cara, en los secretos que hemos señalado.

Esto es cuando la cara se ilumina y está sin ira. Entonces es posible mirar y discernir. Cuando la ira gobierna a una persona, otro juicio se aplica para conocerlo. ¿Y por qué no se permitió que ese juicio controlara a una persona? Es posible saberlo cuando el juicio gobierna en el firmamento.

Pero se observa el rostro en forma verdadera cuando el rostro ilumina y una persona persiste. Entonces esas inscripciones se observan en forma verdadera porque entonces él puede juzgar mejor su escrutinio, aunque estos sabios pueden observar de todas formas.

Todas las líneas de las palmas y las líneas de los dedos se encuentran adentro. Todas existen en otros secretos para conocer asuntos ocultos. Estas son las estrellas que iluminan para mirar dentro de los signos, en los encargados superiores.

Los dedos son secretos supremos; las uñas que se ubican y los cubren están en el exterior y ellos aprenden de esos secretos que se encuentran adentro, desde fuera. Y hay secretos en ellas para esos hechiceros que miran en las uñas, a la luz de otros principios que las gobiernan y esos hechiceros impurifican ese lugar.

Algunas veces, pequeñas estrellas blancas iluminan las uñas, apareciendo como puntos blancos. Esto es, se ven pequeños puntos en las uñas, que tienen la forma de lentejas. Están hundidos en las uñas como ese clavo en el madero, y no son como otros puntos blancos que no están hundidos, sino que están en la superficie sobre las uñas. Las que no están hundidas no tienen significado, pero aquellas blancas que están hundidas, son como una lenteja, tienen significado y es una buena señal para una persona y él tendrá éxito en este tiempo, o se le rescatará de una sentencia a la que se había sentenciado.

Y VERÁS EL SECRETO DE LAS LÍNEAS DE LAS PALMAS

Las líneas de la mano son secretos supremos y las líneas de los dedos son interiores, no del lado de las uñas sino del lado de la carne. En las manos existen líneas grandes y líneas pequeñas y delgadas, supremas en la derecha, así como líneas pequeñas en esos dedos en ellas. Hay delgadas inscripciones en el dedo meñique de la derecha. Este dedo siempre insiste en obras en el otro lado.

Hay líneas en ese dedo, esas que el dedo pliega cuando se cierra la mano. Esas no son para observación, a menos que más líneas se agreguen, Si otras dos líneas se agregan a esa línea en la que el dedo se pliega, no saldrá un camino de él y si sale, no tendrá éxito.

Pero si las líneas que están en lo largo entre cada dos inscripciones, entre las inscripciones que el dedo pliega cuando él jala la piel del dedo hacia atrás, estas inscripciones específicas permanecerán y no serán anuladas debido a que se jale la piel. Él tendrá éxito en el camino, y la señal de esto es tres, tres líneas en lo ancho y cuatro en lo largo. Esto es Zayin de las letras de Katnut, pues hay tres tipos de alfabeto - el grande, el medio y el pequeño - y aquí la Zayin pertenece al alfabeto de las letras pequeñas.

Si una inscripción es hacia lo largo, y dos veces dos inscripciones son a lo ancho, en el camino él escuchará asuntos sobre un futuro cercano y no serán de utilidad. Si cuatro inscripciones están a lo largo y cuatro inscripciones a lo ancho, el camino vendrá a él y con gran esfuerzo a la larga será para su beneficio. Es una letra Zayin de las letras medias del alfabeto, entre el alfabeto grande y el alfabeto pequeño.

Hay cinco inscripciones pequeñas a lo ancho debajo y cuatro a lo ancho arriba y cuatro a lo largo. Tiene tranquilidad en su casa y es perezoso. El camino fue dispuesto delante de él pero él no quiso aprovecharlo. Si lo aprovecha tendrá éxito en su camino, pero no lo hará porque es perezoso. Esta es una Zayin pequeña.

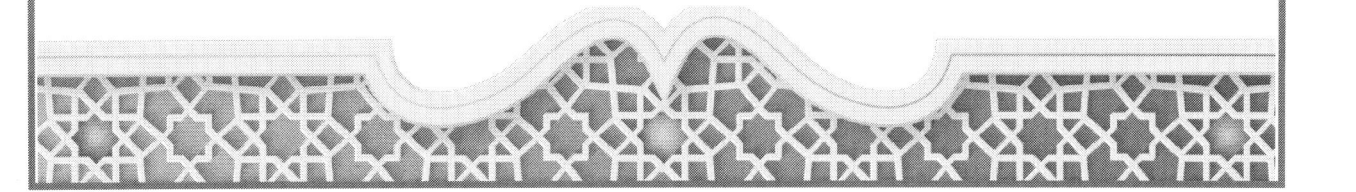

Y VERÁS EL SECRETO DE LAS LÍNEAS DE LAS PALMAS

El dedo medio. Este dedo está para mostrar si hay que realizar esa obra que se contempla. Si una línea está a lo largo entre las líneas en lo ancho, él tiene pensamientos, pero se apartan de él. Tiene temor y no los lleva a cabo, y ese pensamiento no se realiza.

Si dos líneas están a lo largo, si permanecen cuando se tira de la piel de los dedos hacia atrás y no se anulan debido a que se tiró de la piel, él no tiene verdaderos pensamientos. Esto se debe a que tiene pensamientos superficiales y los lleva a cabo. Pero no tiene pensamientos contemplativos sino más bien un pensamiento impulsivo y pequeño, pero los pensamientos contemplativos están ausentes en él.

Si hay tres líneas a lo largo y dos o tres a lo ancho, una vez que la piel del dedo se estira hacia atrás, se trata de una persona que es sabia y contemplativa. Y todos esos pensamientos que se encuentran del lado del Creador existen en él, mientras que los otros pensamientos no.

Si cuatro o cinco inscripciones están a lo largo, luego de estirar la piel del dedo, cuando permanecen en las inscripciones a lo largo – en las tres o cuatro, o en las dos y así sucesivamente – se trata de una persona cuyos pensamientos son para dañar, y se vanagloria por ellos. Su barba y sus cejas son rojas, él piensa mal y se alaba a sí mismo por esto; tiene una vida corta y es sabio, y siempre se rinde ante las cualidades malas. Tiene éxito y luego de unos días sale del mundo.

La cura para esto es el arrepentimiento. Entonces hay tres inscripciones o cuatro que están sobre las dos, tres inscripciones o cuatro a lo largo sobre las dos a lo ancho. Esto es así porque las inscripciones cambian de tiempo en tiempo según las costumbres de la persona. Es como está escrito, "El que hace salir por orden al ejército celeste, y a cada estrella por su nombre llama; gracias a la grandeza de Su fuerza y la energía de Su poder, no falta ni una".

Y VERÁS EL SECRETO DE LAS LÍNEAS DE LAS PALMAS

Así como el Creador cambia ejércitos y tiempos en las estrellas del cielo, un día de esta manera y otro día de esta otra, y así como todas las obras del hombre superior están en la interioridad y aparecen en este firmamento, así aparece en esta piel del hombre inferior, cuya piel cubre todo y es un firmamento.

Es todo como el ojo del hombre en el interior. Algunas veces, está en juicio y algunas veces en misericordia. Precisamente así, aparece en el firmamento desde el exterior, algunas veces de esta manera y algunas veces de aquella manera. De igual forma, abajo en este hombre, como se dice algunas veces, aparece en la piel en esta manera y algunas veces de aquella manera. Esta es la letra Zayin, en la cual la letra Yod está incluida.

Estos secretos se encuentran en los dedos de la mano derecha, en el dedo meñique y en el dedo grande, que es el medio. Y el signo es como está escrito, "Escucharás por igual al pequeño como al grande". En adelante, las otras líneas son llamadas "generaciones", y son las generaciones de Adam, como está escrito, "Las generaciones de los cielos", y todo es esto. Es como las generaciones del hombre. En todos esos rasgos del rostro, y en todo eso que hemos mencionado, y en todas esas generaciones de las líneas de las manos que se observan como internas, como corresponde.

Este es el libro de las generaciones de Adam, es decir, las líneas. El signo Zayin-Reish-Hei-Peh Samej-Tzadi que son las letras de "Este es el libro" (en hebreo), con la letra Tzadi agregada a ellas. Los secretos son para el sabio de corazón Reish-Zayin-Hei-Samej-Peh, son cinco letras en cinco puertas, para conocer Jojma (la sabiduría) en Tevuna (entendimiento).

La primera puerta es Reish. Hay líneas delgadas y hay líneas gruesas en la mano y todas ellas se mezclan unas con otras. Cuando las líneas gruesas en la mano son dos a lo largo y dos a lo ancho y ellas se aferran unas a otras, está en la letra Hei y en la letra Reish, ahuyentando a la letra Zayin y tomando esas dos letras: tomando a la Hei a lo ancho y tomando Reish a lo largo. Su signo es Hei-Reish.

Y VERÁS EL SECRETO DE LAS LÍNEAS DE LAS PALMAS

Este hombre tiene en la mano izquierda lo mismo que la mano derecha – en las líneas gruesas. Pero la izquierda no lleva las líneas pequeñas que tiene la derecha. Más bien, la derecha tiene una línea delgada por arriba a lo largo y una línea delgada abajo, aferrando entre esas dos líneas gruesas que están allí. A lo largo hay una línea delgada que aferra esas dos líneas que están en ella. Esto no sucede en la izquierda y su secreto está en la derecha y no en la izquierda.

Esta es una persona que algunas veces quiere estar en casa y algunas veces en el camino. Su corazón nunca estará en paz en ninguno de los dos. Cuando está en casa, extraña el camino; cuando está en el camino, extraña su casa. Siempre tiene éxito en el camino y algunas veces en casa también. Si se esfuerza, tendrá éxito en la Torá y en los secretos de la Torá. Ve en sus enemigos, el público se beneficia de él, es perezoso en asuntos mundanos y si despierta abajo hay un despertar arriba para beneficiarlo. Adquiere mérito con sus palabras; se da a querer y despilfarra el dinero. Es generoso, sus oraciones son escuchadas. En cuestión de dinero y posesiones tiene ascensos y descensos.

Algunas veces, su corazón se rompe ante su Señor, y entonces tres líneas pequeñas pasan sobre esa línea delgada que se agrega a esas dos a lo largo. Esta es la Hei que se conecta a la Reish.

Repite los asuntos concisamente, lo cual es bueno para recordar: es el camino; es la casa, es la alegría, es la tristeza, es benéfico. Él es generoso; es querido y despilfarra dinero; y su corazón está roto y retorna a su Señor.

La segunda puerta es Zayin. Hay inscripciones en la mano derecha, en la parte que absorbe y recibe, es decir la palma. Cuando hay tres grandes líneas a lo ancho, dos grandes a lo ancho, y una de esas a lo largo aferra esas dos en lo ancho y la otra línea no se aferra, hay una falla en esta semilla ya sea del lado de su madre o del lado de su padre.

Y VERÁS EL SECRETO DE LAS LÍNEAS DE LAS PALMAS

Entonces, abajo de esas tres líneas a lo ancho, hay dos líneas delgadas que las aferran abajo. Esta es una persona que corrige sus actos delante de las personas pero que su corazón es falso. Cuando es anciano regresa para ser corregido. Entonces esas dos líneas a lo largo aferran a aquellas a lo ancho una con la otra y otras dos – delgadas – están con ellas en el medio y esto es a lo largo, Y hay tres delgadas a lo ancho. Esto es la Zayin que se conecta a la letra Reish.

Cuando llega a ser un anciano y se arrepiente, se corrige con la letra Reish, que se conecta con la letra Zayin. Luego, cuando es corregido, siempre está escondido y todas sus obras son en ocultamiento. Sin embargo, él no existe apropiadamente porque esa falla en su simiente no se ha rendido en él y lo atrae hacia el mal.

Una vez que esa falla cede, hay líneas en la mano derecha, cuatro y cinco – cuatro a lo largo y cinco a lo ancho. Esta es la Zayin que se unió con la letra Hei. Algunas veces él triunfa y algunas veces no triunfa. Triunfa en la Torá y al final de sus días triunfa hasta en el dinero.

La tercera puerta es la letra Hei. Cuando hay cinco líneas a lo ancho en su derecha, y tres a lo largo, esa línea media de esas tres a lo largo es claramente aparente en él. Esta es la letra Hei, apoyada por la letra Samej.

Cuando hay esa línea media de esas tres a lo largo, cuando entra y aferra dentro esas cinco líneas a lo ancho, es una persona que está triste y enojada en su casa. Pero no es así entre la gente. En casa, es tacaño, colérico, y hambriento, y algunas veces no lo es.

No es de esta forma fuera de su casa. Tiene éxito en las cosas mundanas. Cuando se esfuerza en la Torá, observa un poco y se arrepiente. Es fiel, pero no siempre. Cuando no es fiel, pretende ser veraz, pero no es completamente veraz. Tiene éxito en el juicio y es leal con los secretos de la Torá. Esto es en la letra Hei, que se conecta con la letra Samej.

Y VERÁS EL SECRETO DE LAS LÍNEAS DE LAS PALMAS

Si hay cuatro líneas a lo ancho, cuatro a lo largo y dos de las que están a lo largo entran a las que están a lo ancho, él es una persona que es feliz en su hogar. Afuera, parece ser triste, pero no es así, ya que cuando habla a la gente muestra alegría y sus palabras expresan lo que siente.

Cuando tres líneas pequeñas entran aquellas a lo largo, él tiene una inscripción negra en su cuerpo. También, tres pelos caen de esa inscripción, y esa inscripción es un círculo, con una ruptura encima de la inscripción. Los que tienen un corazón sabio, que conocen estos secretos llamaron a esa inscripción "La cabeza del águila". A veces, esta inscripción es vista entre sus hombros, a veces en el brazo derecho, y a veces en el brazo izquierdo, en sus dedos.

Si esa inscripción, llamada "la cabeza del águila" es recta en sus correcciones, el se elevará a la riqueza y el honor. Si la cabeza de esa águila está vuelta hacia atrás, él a veces es recompensado con hijos. Pero cuando envejece, será recompensado con gran riqueza y gran honor, más que durante su juventud. Si se ocupa de la Torá, será recompensado con ella.

A veces, la cabeza de ese águila parece ser negra, y a veces en un color que es solo un poco rojo, que no ha sido pintado así. A veces, los pelos que caen son vistos como lisos, y todo eso es una señal y es juzgado en una sentencia.

Si ese color rojo es pintado más, y permanece en su color, y fue pintado en poco tiempo – ya que esos colores a veces iluminan y a veces son oscuros- y si es pintado rojo y brilla, su mano izquierda contiene tres líneas a lo largo, tres líneas a lo ancho, una línea fina encima de las líneas a lo ancho, y una línea fina sobre aquellas que están a lo largo. Y solo una línea es agregada a lo ancho en la mano derecha. Este es un hombre que yace durante la menstruación y no se arrepiente de sus transgresiones ante su Amo.

Y VERÁS EL SECRETO DE LAS LÍNEAS DE LAS PALMAS

Cuando se arrepiente, las líneas de la mano izquierda permanecen y esa línea que fue agregada en la derecha fue removida de él. También, ese color rojo fue removido, ya que no parece iluminar tanto. A veces, a pesar de que se arrepiente, ese rojo no es removido de él por algún tiempo. Esto es en la letra Hei. La letra Samej fue removida, la letra Tzadi entró en vez de ella, y la letra Hey se conectó con la letra Tzadi. Éste necesita una corrección rápida para su alma. Los sabios de corazón que lo ven deben decirle, "Anda y cúrate".

Si hay tres líneas a lo largo y una a lo ancho, es solamente en la letra Hei, la cual a veces se conecta con la letra Zayin. Esta persona es la más codiciosa del mundo. Si no, es un mujeriego y su antojo es el adulterio. Y a pesar de que es el más codicioso en el mundo, eso no es removido de él y él no se avergüenza. Sus ojos están hundidos y él habla con ellos, es decir cuando habla, él parpadea.

Si él se arrepiente ante su Amo, las líneas están invertidas – tres a lo ancho y una a lo largo – y aquellas delgadas permanecen. Entonces su deseo es más por su mujer y él se aferra a ella. Si una línea muy fina entra entre esas dos líneas finas, la letra Hei se conecta con la letra Zayin.

Y si hay una línea a lo largo, cuatro a lo ancho, tres finas están encima y una a lo largo, y una línea esta sobre esas cuatro a lo ancho, y hay tres marcas finas en el brazo izquierdo – nacidas en él hace pocos días – y un pelo cae en ese que los lleva, él está buscando adulterio con la mujer de su amigo. Él es malicioso, asusta con su ojo izquierdo sin ninguna palabra, complementa, es decir completa su trabajo y no necesita hablar. Y como es malicioso, no le importa la gloria de su Amo, para arrepentirse ante Él, y entonces una serpiente o una persona roja lo mata.

Si hay cuatro a lo largo, tres a lo ancho y aquellos que suben fueron removidos de él, él rompe su corazón ante su Amo y se arrepiente. Entonces está en la letra Peh, que se une con la letra Hei. Está escrito sobre él y sobre otros como él, "Paz, paz, para los lejanos y los cercanos"

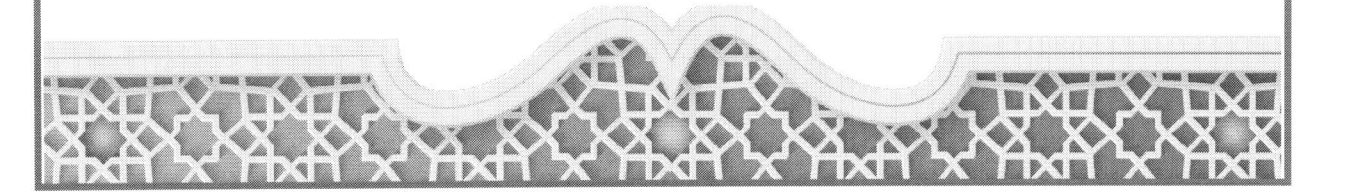

Y VERÁS EL SECRETO DE LAS LÍNEAS DE LAS PALMAS

Este extracto revela la transmisión de conocimiento a lo largo de las generaciones, desde Adam hasta el presente, como una narrativa que abarca épocas y formas de vida humanas.

Y VERÁS EL SECRETO DE LAS LÍNEAS DE LAS PALMAS

La Cábala es una antigua tradición espiritual judía que busca comprender la naturaleza de Dios, el universo y la humanidad. Si bien la Cábala no aborda directamente la quiromancia, algunas enseñanzas cabalísticas sugieren una conexión entre las manos y la espiritualidad que puede ser relevante para la quiromancia.

En la Cábala, se cree que las manos tienen un significado simbólico y espiritual profundo. Por ejemplo, en la Cábala, las manos se consideran canales de energía a través de los cuales fluyen las fuerzas espirituales y se manifiestan las bendiciones divinas. Se cree que las manos tienen el poder de influir en el mundo físico y espiritual, tanto a través de acciones prácticas como a través de gestos simbólicos, como la imposición de manos en la oración o en la bendición.

Además, la Cábala enseña que cada parte del cuerpo humano, incluidas las manos, está conectada con aspectos específicos del alma y la conciencia espiritual. Por lo tanto, en el contexto de la quiromancia, algunos practicantes de la Cábala pueden ver las manos como portadoras de información espiritual y psicológica que puede ser interpretada para comprender aspectos más profundos de la personalidad y el destino de un individuo.

Es importante tener en cuenta que la interpretación de la quiromancia desde una perspectiva cabalística puede variar según el enfoque y las creencias individuales del practicante. Algunos estudiosos cabalísticos pueden ver la quiromancia como una herramienta para acceder a la sabiduría espiritual y comprender la relación entre el individuo y el universo divino, mientras que otros pueden desestimarla por considerarla una práctica supersticiosa o no autorizada.

Y verás el secreto de las líneas de las palmas

En la quiromancia, se cree que ciertas líneas, símbolos o signos en las manos pueden ser indicadores de eventos, experiencias o características de vidas pasadas que pueden influir en la vida presente del individuo. A continuación, se detallan algunos de estos elementos que se consideran representativos de vidas pasadas en la quiromancia:

1. *Línea de la vida:* Una línea de vida bien definida y clara puede indicar una vida pasada estable y equilibrada. Por el contrario, una línea de vida fragmentada o débil puede sugerir dificultades o traumas en vidas pasadas que pueden estar afectando la vida presente del individuo.
2. *Línea del destino:* La línea del destino se considera un indicador de la trayectoria y los eventos importantes en la vida de una persona. En la quiromancia, ciertas características de esta línea, como interrupciones, cambios bruscos o ramificaciones, pueden interpretarse como eventos significativos en vidas pasadas que influyen en el destino actual del individuo.
3. *Signos o marcas:* Se cree que ciertos signos o marcas en las manos, como cruces, círculos, estrellas u otras figuras, pueden ser indicadores de eventos o experiencias pasadas. Por ejemplo, una marca en forma de cruz puede interpretarse como un signo de protección espiritual o como una conexión con una vida pasada en la que el individuo enfrentó desafíos religiosos o espirituales.
4. *Montes:* Los montes en las manos, que son las áreas carnosas debajo de cada dedo, también pueden proporcionar pistas sobre vidas pasadas. Por ejemplo, un monte de Venus desarrollado puede indicar una vida pasada marcada por la pasión y el amor, mientras que un monte de Júpiter prominente puede sugerir una vida pasada de liderazgo o autoridad.
5. *Forma de los dedos:* La forma y longitud de los dedos también se consideran indicadores de experiencias pasadas. Por ejemplo, se cree que los dedos largos y delgados están asociados con la sensibilidad emocional y la creatividad, mientras que los dedos cortos y robustos pueden indicar una naturaleza más práctica y terrenal, reflejando posibles experiencias pasadas.

Y verás el secreto de las líneas de las palmas

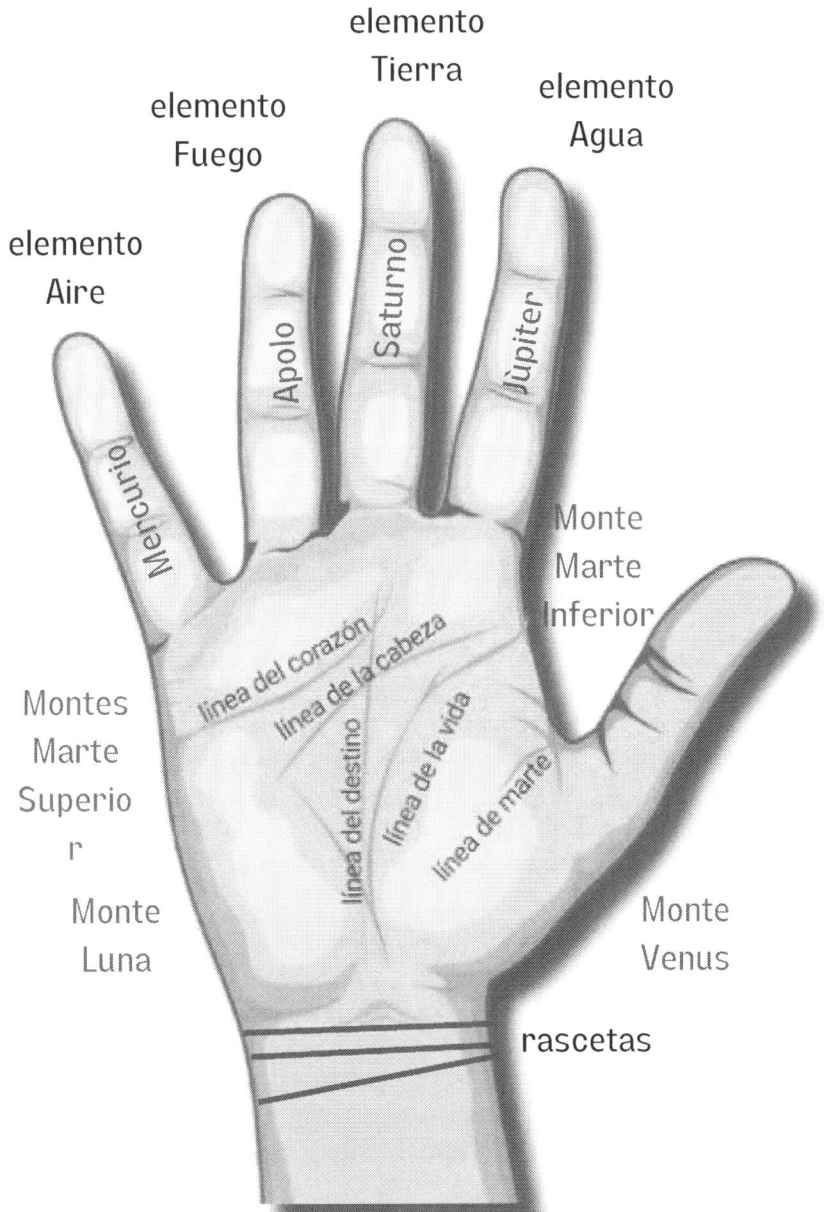

elemento Tierra
elemento Fuego
elemento Agua
elemento Aire

Mercurio
Apolo
Saturno
Júpiter

Monte Marte Inferior
Montes Marte Superior
Monte Luna

línea del corazón
línea de la cabeza
línea del destino
línea de la vida
línea de marte

Monte Venus

rascetas

Y VERÁS EL SECRETO DE LAS LÍNEAS DE LAS PALMAS

La línea de la vida: se interpreta de manera similar a como se hace en otras formas de quiromancia, pero con una perspectiva adicional que incorpora la cosmología y la espiritualidad judías. Aquí hay una interpretación general de la línea de la vida en la quiromancia cabalística:

1. *Vitalidad física y espiritual:* La línea de la vida en la quiromancia cabalística se considera un indicador de la vitalidad física y espiritual del individuo. Se cree que refleja la fuerza de la conexión entre el cuerpo y el alma, y la energía vital que fluye a través de ellos. La Línea cortada y después continuada indicara un cambio importante en la vida de la persona.
2. *Resistencia ante desafíos:* La línea de la vida se interpreta como una representación de la capacidad del individuo para enfrentar y superar desafíos en la vida. Una línea de vida clara y fuerte puede sugerir una mayor capacidad para resistir y adaptarse a las circunstancias cambiantes.
3. *Longevidad y destino:* En la quiromancia cabalística, la línea de la vida también se asocia con la longevidad y el destino del individuo. Se cree que una línea de vida larga y profunda indica una vida larga y significativa, mientras que una línea de vida corta puede sugerir una vida más breve o menos influyente.

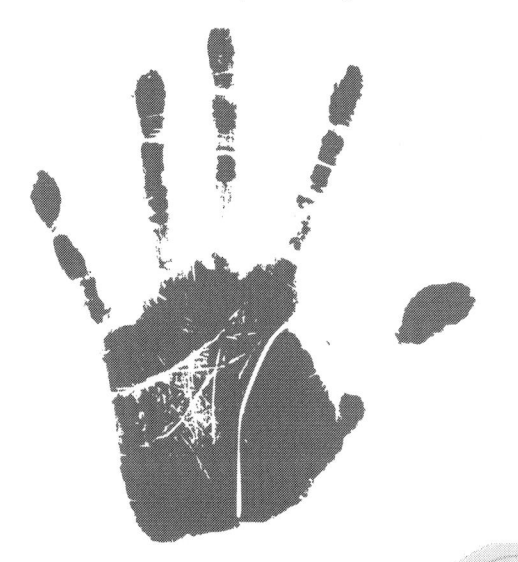

- *Conexión con la Divinidad:* Según la perspectiva cabalística, la línea de la vida también puede reflejar la conexión del individuo con lo divino. Se cree que una línea de vida clara y sin interrupciones indica una conexión fuerte y armoniosa con la voluntad divina.
- *Transformación espiritual:* Además, se considera que la línea de la vida puede indicar el proceso de transformación espiritual del individuo a lo largo de su vida. Los cambios en la línea de vida, como cortes, bifurcaciones o cambios de dirección, pueden interpretarse como puntos de inflexión en el camino espiritual del individuo.

Y VERÁS EL SECRETO DE LAS LÍNEAS DE LAS PALMAS

La línea del destino: también conocida como la línea de Saturno o la línea de la fortuna, se interpreta como un indicador del destino, el propósito y las experiencias importantes en la vida de una persona desde una perspectiva espiritual y metafísica. Aquí está un resumen del significado de la línea del destino en la quiromancia cabalística.

1. *Destino y Propósito:* La línea del destino se considera un reflejo del destino y el propósito de una persona en la vida. Se cree que revela las experiencias significativas que están destinadas a ocurrir y los desafíos que deben superarse para alcanzar la plenitud espiritual.
2. *Karma y Lecciones de Vida:* En la quiromancia cabalística, la línea del destino también se asocia con el karma y las lecciones de vida que una persona debe aprender y superar en su viaje espiritual. Cada interrupción, cambio o marcación en la línea puede representar eventos significativos o lecciones importantes que se presentarán en la vida del individuo.

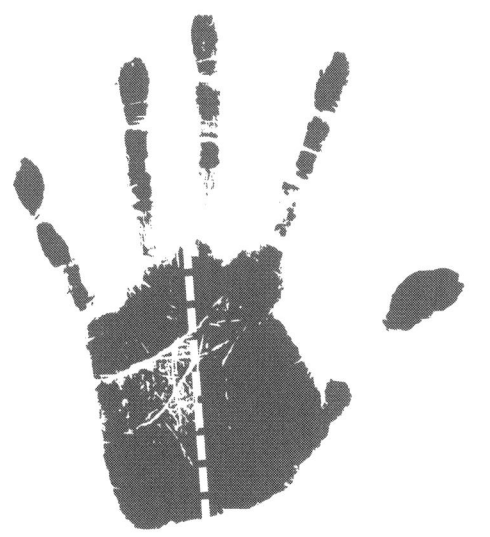

- Fuerza de Voluntad y Resistencia: La línea del destino también puede reflejar la fuerza de voluntad y la capacidad de resistencia de una persona ante los desafíos y obstáculos en su camino. Una línea del destino clara y sin interrupciones puede indicar una determinación fuerte y una capacidad para superar las adversidades.
- Ejemplos: Por ejemplo, una línea del destino que comienza claramente en la base de la palma y se dirige hacia arriba puede interpretarse como un signo de un destino claro y un propósito de vida bien definido. Por otro lado, una línea del destino que está fragmentada o interrumpida en ciertos puntos puede sugerir cambios importantes, desafíos o períodos de incertidumbre en la vida del individuo.

Y VERÁS EL SECRETO DE LAS LÍNEAS DE LAS PALMAS

La línea del corazón (Parnasá): también conocida como la línea del amor, se interpreta como un indicador de las emociones, los afectos y las relaciones interpersonales de una persona desde una perspectiva espiritual y metafísica. Representa la bendición de Di-s, la estabilidad y el aspecto familiar y social. Aquí está un resumen del significado de la línea del corazón en la quiromancia cabalística:

1. *Emociones y Sensibilidad:* La línea del corazón se considera un reflejo de las emociones y la sensibilidad emocional de una persona. Se cree que revela la naturaleza y la intensidad de las emociones, así como la capacidad del individuo para expresar y manejar sus sentimientos.
2. *Relaciones Interpersonales:* En la quiromancia cabalística, la línea del corazón también se asocia estrechamente con las relaciones interpersonales y el amor. Se interpreta como un indicador de la calidad y la naturaleza de las relaciones amorosas, la conexión emocional con los demás y la capacidad de amar y ser amado.
3. *Compasión y Empatía:* La línea del corazón también puede reflejar la compasión y la empatía del individuo hacia los demás. Una línea del corazón clara y profunda puede indicar una naturaleza compasiva y amorosa, mientras que una línea débil o fragmentada puede sugerir dificultades para conectar emocionalmente con los demás.
4. *Profundidad y Claridad:* La profundidad y la claridad de la línea del corazón pueden sugerir la intensidad y la estabilidad emocional en las relaciones pasadas. Una línea del corazón clara y profunda puede indicar relaciones amorosas significativas y duraderas en vidas pasadas, mientras que una línea débil o superficial puede sugerir experiencias emocionales menos significativas o relaciones conflictivas.
5. *Marcas y Signos:* Algunos quiromantes pueden buscar marcas, cortes o cambios en la línea del corazón que podrían interpretarse como indicadores de experiencias emocionales traumáticas o desafiantes en vidas pasadas. Por ejemplo, una interrupción repentina o una bifurcación en la línea del corazón podría sugerir eventos importantes o transiciones emocionales en vidas pasadas que han dejado una huella en el individuo.

Y verás el secreto de las líneas de las palmas

- 6. *Curvas y Ramificaciones:* Las curvas, bifurcaciones o ramificaciones en la línea del corazón también pueden interpretarse como indicadores de cambios emocionales significativos o relaciones complejas en vidas pasadas. Por ejemplo, una bifurcación en la línea del corazón podría sugerir una elección emocional importante que el individuo enfrentó en una vida pasada.
- 7. *Conexiones Kármicas:* Algunos practicantes de quiromancia creen en la idea de conexiones kármicas entre vidas pasadas y la vida actual de un individuo. En este sentido, la línea del corazón podría interpretarse como un reflejo de las lecciones aprendidas o las relaciones emocionales que se llevan de una vida a otra como parte del proceso de crecimiento espiritual y evolución del alma.

En resumen, en la quiromancia, la línea del corazón puede ofrecer pistas o indicios sobre las experiencias emocionales pasadas y las influencias kármicas en la vida de un individuo. Sin embargo, es importante recordar que estas interpretaciones son subjetivas y que la quiromancia es una práctica interpretativa que varía según el lector y la tradición específica.

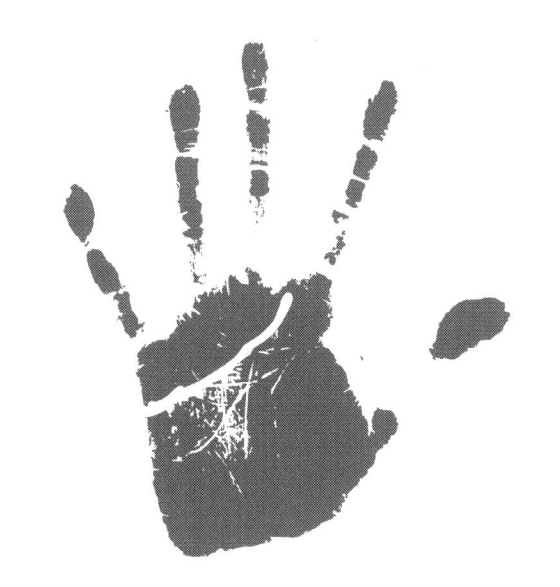

En resumen, en la quiromancia, la línea del corazón puede ofrecer pistas o indicios sobre las experiencias emocionales pasadas y las influencias kármicas en la vida de un individuo. Sin embargo, es importante recordar que estas interpretaciones son subjetivas y que la quiromancia es una práctica interpretativa que varía según el lector y la tradición específica.

Y VERÁS EL SECRETO DE LAS LÍNEAS DE LAS PALMAS

La línea de la mente: también conocida como la línea de la cabeza o la línea de Mercurio, se interpreta como un indicador de la inteligencia, el pensamiento racional, la percepción y la comunicación de una persona. Desde una perspectiva espiritual y en relación con vidas pasadas, la línea de la mente puede proporcionar pistas sobre el desarrollo mental y espiritual del individuo a lo largo del tiempo. Aquí está un resumen.

1. *Inteligencia y Percepción:* Desde una perspectiva espiritual, una línea de la mente clara y bien definida puede indicar un alto nivel de conciencia y percepción espiritual desarrollada a lo largo de vidas pasadas.
2. *Comunicación y Expresión:* Una línea de la mente fuerte y sin interrupciones puede sugerir habilidades comunicativas naturales y una mente aguda que se ha desarrollado a lo largo de experiencias pasadas.
3. *Evolución Espiritual:* Se cree que una línea de la mente bien definida y ascendente puede sugerir un desarrollo espiritual continuo y una mayor comprensión del mundo interior y exterior.
4. *Capacidad de Aprendizaje:* La línea de la mente también puede ofrecer pistas sobre la capacidad de aprendizaje y adaptación del individuo en su vida actual y cómo estas habilidades se han desarrollado a lo largo del tiempo, incluidas las vidas pasadas. Una línea de la mente clara y profunda puede indicar una mente abierta y receptiva a nuevas ideas y experiencias.
5. *Positivo:* Profunda y bien definida, sin interrupciones ni defectos evidentes. Indica una mente analítica, racional y creativa, puede tener una capacidad excepcional para resolver problemas, tomar decisiones informadas y comunicarse de manera efectiva. Es probable que tenga una buena capacidad de aprendizaje y adaptación a nuevas situaciones.
6. *Negativo:* Débil, superficial o interrumpida, con marcas negativas como cortes o cadenas. Esto puede indicar dificultades en el pensamiento lógico, la comunicación y la toma de decisiones. La persona puede tener tendencia a la confusión, la indecisión o la falta de concentración. Es posible que experimente dificultades para aprender nuevas habilidades o conceptos. En casos extremos, una línea de la mente defectuosa puede indicar problemas de salud mental, como ansiedad o depresión.

Y verás el secreto de las líneas de las palmas

Signos y símbolos en la mano que se interpretan como positivos y pueden indicar rasgos favorables en la personalidad, así como potencialidades y fortalezas. Aquí tienes una lista detallada de algunos de estos signos positivos y su significado que te pueden ayudar en tu corrección espiritual:

1. *Estrella:* Se interpreta como un signo de buena fortuna, éxito y protección espiritual. Sugiere una persona con talento, creatividad y potencial para brillar en su vida.
2. *Triángulo:* Representa sabiduría, talento y protección divina. Indica una persona con habilidades intelectuales superiores y una mente aguda.
3. *Tridente:* Simboliza poder, fuerza y autoridad. Sugiere una personalidad carismática y dominante, capaz de liderar y lograr metas ambiciosas.
4. *Monte de Júpiter bien desarrollado:* Indica liderazgo, confianza en sí mismo y éxito en la vida. Sugiere una personalidad ambiciosa y con determinación para alcanzar sus metas.
5. *Monte de Apolo prominente:* Representa creatividad, expresión artística y éxito en el mundo público. Sugiere una persona carismática y con talento artístico o creativo.
6. *Monte de Mercurio bien desarrollado:* Indica habilidades de comunicación, inteligencia y habilidades comerciales. Sugiere una personalidad adaptable y exitosa en campos como la comunicación, el comercio o los negocios.
7. *Línea del Sol bien definida:* Simboliza éxito, fama y reconocimiento público. Sugiere una persona con una carrera exitosa y una buena reputación en su campo de trabajo.
8. *Línea de la Intuición (Línea Lunar):* Representa sensibilidad emocional, intuición y habilidades psíquicas. Sugiere una persona con una profunda conexión con su intuición y capacidad para comprender las emociones de los demás.
9. *Línea del Destino clara y profunda:* Indica una vida exitosa, bien encaminada y llena de logros. Sugiere una persona con un propósito claro en la vida y la determinación para alcanzar sus metas.
10. *Ausencia de marcas negativas:* La falta de signos negativos, como islas, cadenas o cruces en las líneas principales, se interpreta como un buen augurio y sugiere una vida sin obstáculos significativos o desafíos importantes.

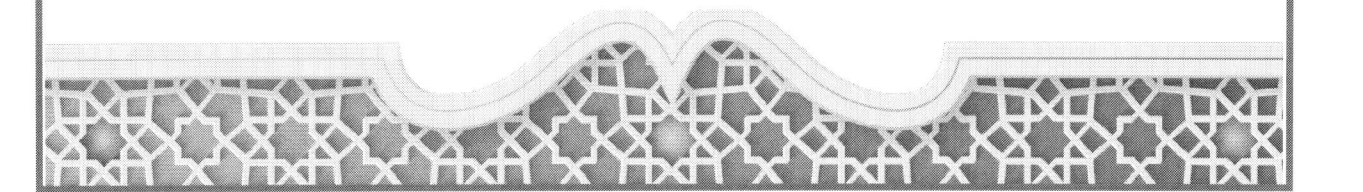

Y verás el secreto de las líneas de las palmas

Quiromancia

Signos Estrelares

LOS SIGNOS TAMBIÉN JUGAN UN PAPEL IMPORTANTE. PUEDES UTILIZARLOS SIGNOS ESTRELLAS A TU VENTAJA UTILIZANDO ANILLOS EN TUS DEDOS PARA CANALIZAR LA ENERGÍA DEL PLANETA CORRESPONDIENTE

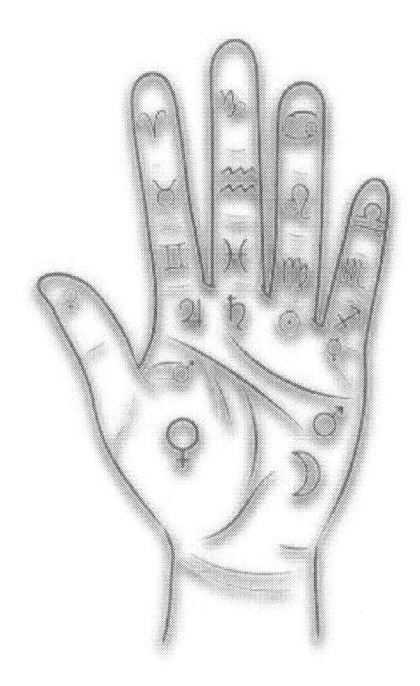

ASCENSO DE JÚPITER
FUERZA DE VOLUNTAD. AUTORIDAD. AMOR PROPIO, AMBICIÓN

MONTE DE SATURNO
INDEPENDENCIA, INTEGRIDAD. PERSPECTIVA, PACIENCIA

MONTE DE APOLO (SOL)
FORTUNA, RIQUEZA, BELLEZA, DONES ARTÍSTICOS, COMPASIÓN.
EMOCIÓN

MONTE DE MERCURIO
CONOCIMIENTO, COMUNICACIÓN. GESTIÓN, RAZONAMIENTO RÁPIDO. SABIDURÍA

MONTE DE LA LUNA
IMACINACIÓN, EMOCIÓN, INTUICIÓN MISTERIOSA, SUEÑOS

ASCENSO DE VENUS
AMOR, SALUD. CARIÑO, BELLEZA. BONDAD, SIMPATÍA

MONTE EXTERIOR DE MARTE
AUTOCONTROL DILIGENCIA PERSEVERANCIA, FIRMEZA, SIN MIEDO

MONTE INTERIOR DE MARTE
CORAJE, DESTINO. SALUD. rigor

Y verás el secreto de las líneas de las palmas

219

Ciertos signos, marcas o símbolos en la mano se interpretan como negativos y pueden indicar desafíos, obstáculos o tendencias desfavorables en la vida de la persona. Aquí tienes una lista detallada de algunos de estos signos negativos y su significado:

1. *Islas:* Representan períodos de dificultades, bloqueos o estancamiento en la vida de la persona. Sugieren obstáculos que deben superarse para alcanzar el éxito.
2. *Cadenas:* Indican sentimientos de restricción, limitación o dependencia. Sugieren una sensación de estar atrapado en una situación o relación poco saludable.
3. *Cruz:* Simboliza problemas, crisis o conflictos en la vida de la persona. Sugiere desafíos importantes que deben ser enfrentados y resueltos.
4. *Cuadrado:* Representa obstáculos, bloqueos o resistencia en el camino de la persona. Sugiere la necesidad de paciencia y perseverancia para superar las dificultades.
5. *Estrella rota:* Indica mala suerte, fracasos o contratiempos en la vida de la persona. Sugiere momentos difíciles que pueden poner en peligro la estabilidad y el bienestar.
6. *Islandia :* Simboliza aislamiento, soledad o desconexión emocional. Sugiere dificultades para conectarse con los demás o para establecer relaciones significativas.
7. *Grilla (cuadricula):* Representa confusión, caos o falta de claridad en la vida de la persona. Sugiere la necesidad de encontrar dirección y enfoque para superar la incertidumbre.
8. *Tache (Mancha):* Indica problemas de salud, debilidades físicas o dificultades en el bienestar general. Sugiere la necesidad de cuidar la salud y prestar atención a las señales del cuerpo.
9. *Estrella de Saturno:* Simboliza mala suerte, obstáculos y dificultades en la vida de la persona. Sugiere la presencia de energías negativas o kármicas que deben ser superadas.
10. *Monte de Saturno sobresaliente:* Representa melancolía, pesimismo o tendencia a la depresión. Sugiere la necesidad de trabajar en el manejo de las emociones y buscar ayuda si es necesario.

Y VERÁS EL SECRETO DE LAS LÍNEAS DE LAS PALMAS

Significado General de los Lunares: Los lunares en la mano se consideran marcadores de influencias energéticas o kármicas específicas que pueden afectar la vida y el destino de la persona. Se cree que cada lunar tiene un significado único y puede proporcionar información sobre aspectos de la personalidad, la salud, las relaciones y el destino.

Lista de Interpretaciones de Lunares en la Quiromancia:

1. *Lunar en el Monte de Júpiter:* Indica éxito, liderazgo y buenas oportunidades en la vida.
2. *Lunar en el Monte de Saturno:* Sugiere obstáculos, responsabilidades y lecciones kármicas importantes.
3. *Lunar en el Monte de Apolo:* Simboliza talento artístico, creatividad y reconocimiento público.
4. *Lunar en el Monte de Mercurio:* Representa habilidades de comunicación, inteligencia y éxito en los negocios.
5. *Lunar en el Monte de Venus:* Indica amor, romance y relaciones armoniosas.
6. *Lunar en la Línea del Destino:* Sugiere cambios importantes en la vida, viajes o eventos significativos.
7. *Lunar en la Línea del Corazón:* Representa experiencias emocionales intensas, relaciones amorosas o conflictos emocionales.
8. *Lunar en la Línea de la Cabeza:* Simboliza una mente aguda, habilidades intelectuales y claridad mental.
9. *Lunar en la Línea de la Vida:* Indica salud, vitalidad y longevidad.
10. *Lunar en el Pulgar:* Representa fuerza de voluntad, determinación y habilidades de liderazgo.
11. *Lunar en el Dedo Índice:* Sugiere ambición, éxito en la carrera y habilidades de liderazgo.
12. *Lunar en el Dedo Medio:* Simboliza equilibrio, estabilidad y capacidad para superar desafíos.
13. *Lunar en el Dedo Anular:* Indica amor, compromiso y relaciones duraderas.
14. *Lunar en el Dedo Menique:* Representa comunicación, creatividad y expresión artística.

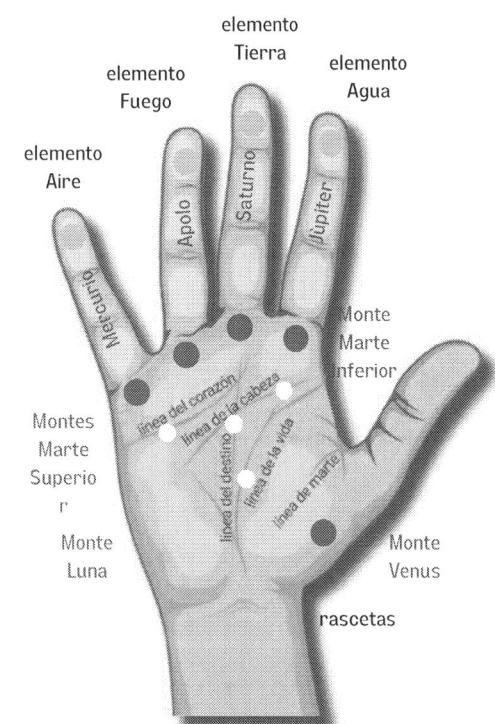

Y verás el secreto de las líneas de las palmas

La Forma de la mano puede revelar aspectos espirituales, kármicos y la necesidad de corrección espiritual de una persona. Aquí les presento un resumen destacando estos aspectos en cada forma de mano para su guía y corrección:

1. MANO CUADRADA:
- *Significado Espiritual:* Indica una conexión estable y práctica con la espiritualidad. La persona puede buscar la seguridad y la estabilidad espiritual en su vida.
- *Karma:* Puede estar relacionada con la necesidad de equilibrar la búsqueda de la seguridad material con el crecimiento espiritual.
- *Corrección Espiritual:* Puede necesitar desarrollar una mayor apertura y receptividad hacia las experiencias espirituales menos estructuradas.

2. MANO RECTANGULAR:
- *Significado Espiritual:* Sugiere una mente versátil y adaptable que puede experimentar diferentes aspectos de la espiritualidad. La persona puede buscar la exploración y la diversidad en su práctica espiritual.
- *Karma:* Puede estar relacionada con aprender a integrar diferentes enseñanzas espirituales para encontrar su propio camino.
- *Corrección Espiritual:* Puede necesitar enfocarse en la profundización y la dedicación en su práctica espiritual para evitar dispersarse.

3. MANO CÓNICA (PSÍQUICA):
- *Significado Espiritual:* Indica una conexión intuitiva y sensible con lo espiritual. La persona puede ser profundamente consciente de sus emociones y su conexión con el mundo espiritual.
- *Karma:* Puede estar relacionada con la necesidad de equilibrar la sensibilidad emocional con una comprensión racional de la espiritualidad.
- *Corrección Espiritual:* Puede necesitar desarrollar una mayor estabilidad emocional y un enfoque más práctico en su búsqueda espiritual.

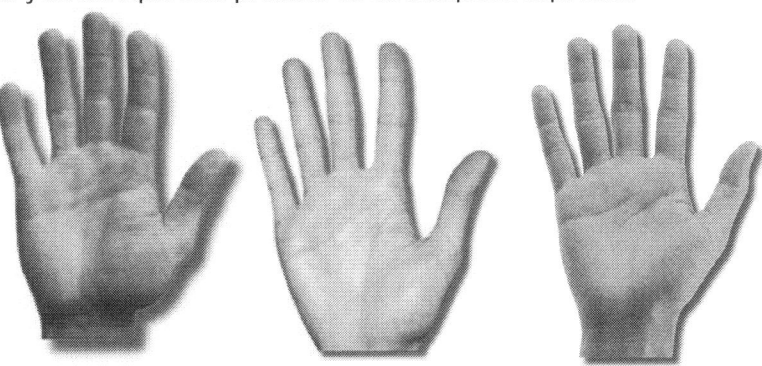

CUADRADA   **PSÍQUICA**   **RECTANGULAR**

Y verás el secreto de las líneas de las palmas

4. **Mano Espátula (dedos anchos arriba):**
   - *Significado Espiritual:* Sugiere una energía expansiva y comunicativa en la espiritualidad. La persona puede tener un deseo fuerte de compartir sus ideas y experiencias espirituales con los demás.
   - *Karma:* Puede estar relacionada con aprender a comunicarse de manera clara y efectiva sobre temas espirituales sin imponer sus creencias a los demás.
   - *Corrección Espiritual:* Puede necesitar desarrollar una mayor humildad y receptividad hacia las perspectivas espirituales de los demás.

5. **Mano Filiforme (Larga):**
   - *Significado Espiritual:* Indica una mente analítica y reflexiva en la espiritualidad. La persona puede tener una profunda comprensión intelectual de los principios espirituales.
   - *Karma:* Puede estar relacionada con la necesidad de equilibrar la comprensión intelectual con la experiencia práctica y emocional de la espiritualidad.
   - *Corrección Espiritual:* Puede necesitar desarrollar una mayor apertura emocional y una conexión más profunda con el aspecto experiencial de la espiritualidad.

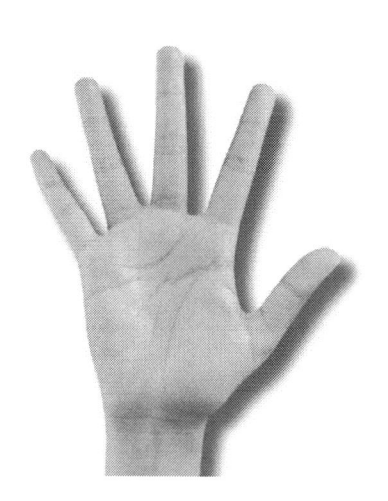

LARGA 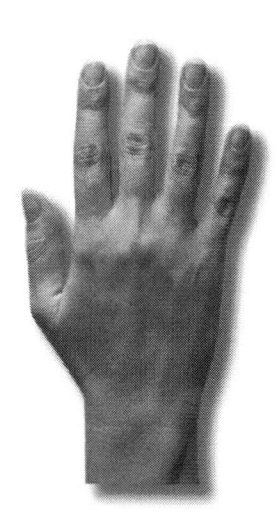   **ESPÀTULADA**

Y verás el secreto de las líneas de las palmas

En quiromancia, la flexibilidad de las manos puede ser un aspecto importante a tener en cuenta al interpretar las características de una personalidad influenciada por los errores de una vida anterior y el trabajo de corrección que se tiene que hacer en el presente. Al hacerte consciente de la información aquí presentada te sugiero lo ocupes solo como una herramienta de trabajo espiritual y nunca debe ser vista como algo determinante.

La flexibilidad de las manos puede revelar ciertas cualidades de la personalidad y la naturaleza del individuo. Aquí hay algunas interpretaciones comunes que se pueden asociar con la flexibilidad de las manos en quiromancia:

Manos rígidas: En una lectura espiritual, las manos rígidas pueden ser vistas como un reflejo de una conexión arraigada con estructuras y tradiciones establecidas es una vida anterior. Estas personas pueden ser interpretadas como poseedoras de una fuerza interior profunda y una devoción a sus valores fundamentales. Aunque pueden parecer menos adaptables al cambio externo, su rigidez puede emanar de una conexión interna con su camino espiritual, manteniendo una firmeza en su fe y convicciones. Su rigidez puede ser vista como una fortaleza que les ayuda a mantenerse fieles a sí mismos y a sus principios, incluso en medio de la adversidad.

Y VERÁS EL SECRETO DE LAS LÍNEAS DE LAS PALMAS

Manos flexibles: Desde una perspectiva espiritual, las manos flexibles son símbolos de apertura y receptividad hacia el flujo de la vida y la voluntad divina. Estas personas son vistas como canalizadoras de energía creativa y renovadora, capaces de adaptarse fluidamente a las circunstancias cambiantes y de encontrar oportunidades de crecimiento en cada experiencia. Su flexibilidad espiritual les permite explorar nuevos caminos, abrazar nuevas ideas y expandir su conciencia más allá de los límites establecidos. Son vistos como agentes de cambio positivo en el mundo, capaces de transformar los desafíos en oportunidades para el desarrollo espiritual y la expansión del alma.

Equilibrio entre rigidez y flexibilidad: En la lectura espiritual de las manos, un equilibrio armonioso entre la rigidez y la flexibilidad se interpreta como un signo de integración y madurez espiritual. Estas personas son capaces de mantener una postura firme cuando es necesario, defendiendo sus valores y principios con determinación, pero también son capaces de fluir con gracia y adaptarse a las cambiantes mareas de la vida. Su equilibrio les permite navegar con éxito entre la estabilidad y la transformación, manteniendo una conexión sólida con su esencia espiritual mientras se abren a nuevas posibilidades de crecimiento y evolución.

Y verás el secreto de las líneas de las palmas

La textura y dureza de las manos son aspectos importantes que pueden proporcionar pistas sobre la personalidad y el camino espiritual de una persona. Desde una perspectiva espiritual, la quiromancia considera que la textura y la dureza de las manos reflejan aspectos internos del individuo y su relación con el mundo espiritual.

- *Textura de las manos:* La quiromancia enseña que la textura de las manos puede revelar la sensibilidad y receptividad espiritual de una persona. Las manos suaves y delicadas pueden indicar una naturaleza intuitiva y compasiva, con una afinidad natural hacia las energías sutiles y espirituales que fluyen a través del universo. Por otro lado, manos ásperas y rugosas pueden sugerir una conexión más arraigada con el mundo físico, pero también una fuerza interior y resistencia espiritual que puede ser invaluable en la búsqueda del crecimiento y la transformación personal.

Dureza de las manos: Desde una perspectiva espiritual, la dureza de las manos puede interpretarse como un reflejo de la fortaleza interior y la resistencia espiritual de una persona. Manos firmes y robustas pueden indicar una voluntad poderosa y una capacidad para superar desafíos con determinación y valentía. Esta dureza espiritual puede ser un recurso invaluable en el camino espiritual, proporcionando la fuerza y la estabilidad necesarias para enfrentar las pruebas y tribulaciones de la vida con coraje y resolución.

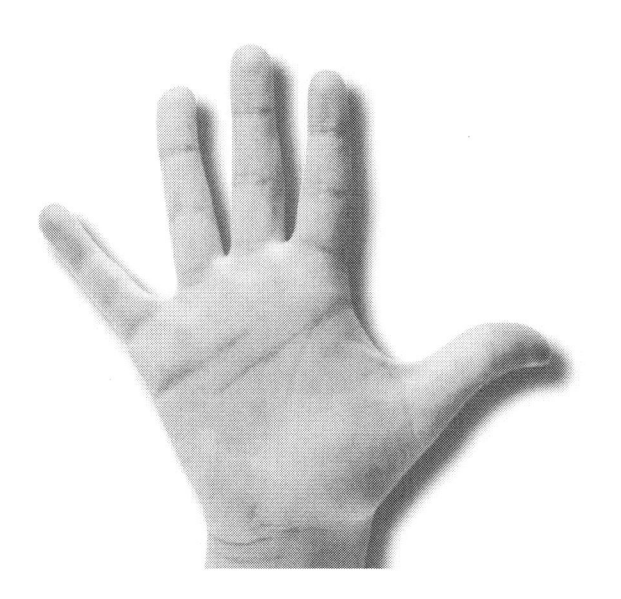

Y verás el secreto de las líneas de las palmas

Cada planeta está asociado con un color específico que representa su energía y significado simbólico. Estos colores se utilizan para comprender mejor la influencia de cada planeta en la vida de las personas y en el mundo en general. A continuación, se presenta una descripción de los colores asociados con cada planeta y su significado e influencia en los seres humanos:

El color de las manos también puede ofrecer algunas indicaciones sobre la personalidad, la salud de una persona y su influjo a nivel espiritual. Aunque las asociaciones exactas pueden variar entre diferentes escuelas de quiromancia, aquí hay algunas interpretaciones comunes sobre el color de las manos y su relación:

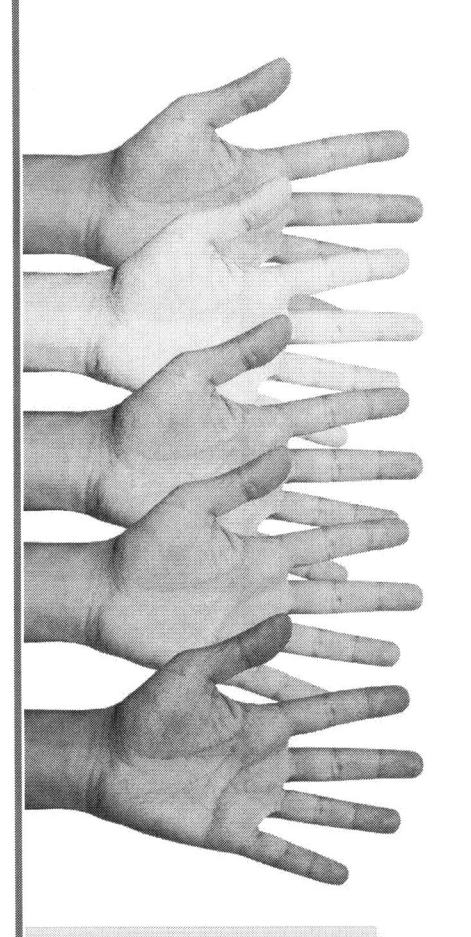

1. *Manos rosadas o de color carne:* Se considera que estas manos reflejan una personalidad equilibrada, cálida y amigable. Las personas con manos de este color suelen ser sociables, empáticas y afectuosas.
2. *Manos pálidas o blancas:* Este color puede indicar sensibilidad y una naturaleza más introvertida. Las personas con manos pálidas pueden ser más reservadas y reflexivas, prefiriendo la introspección y la contemplación.
3. *Manos amarillentas o cetrinas:* Este color puede sugerir una disposición más nerviosa o ansiosa. Las personas con manos de este color pueden ser propensas al estrés o la preocupación, y pueden necesitar encontrar formas de relajarse y calmar su mente.
4. *Manos azuladas o moradas:* Se cree que este color indica una sensibilidad emocional pronunciada. Las personas con manos azuladas pueden ser muy intuitivas y emocionales, sintiendo profundamente el mundo que las rodea.
5. *Manos rojas o enrojecidas:* Este color puede estar asociado con una naturaleza más apasionada y enérgica. Las personas con manos rojas pueden ser dinámicas, entusiastas y llenas de vitalidad.

Y VERÁS EL SECRETO DE LAS LÍNEAS DE LAS PALMAS

Respecto al color de las Manos y la Salud:

1. *Color rosado o rojizo:* Se asocia comúnmente con una buena circulación sanguínea y una salud general robusta. En la quiromancia, las manos de color rosado pueden interpretarse como un signo de vitalidad, energía y buena salud física y mental.
2. *Color pálido o blanco:* Puede indicar una falta de circulación sanguínea o una condición de salud subyacente. En la quiromancia, las manos pálidas pueden interpretarse como un signo de debilidad física, agotamiento o una disposición más delicada.
3. *Color azulado o morado:* Puede ser un signo de mala circulación o problemas respiratorios. En la quiromancia, las manos de color azulado o morado pueden interpretarse como un signo de dificultades en la capacidad de comunicación o expresión, así como de problemas emocionales o mentales que pueden necesitar ser atendidos.
4. *Cambios temporales de color:* Además de los colores persistentes, la quiromancia también puede observar cambios temporales en el color de las manos, como palidez repentina o enrojecimiento. Estos cambios pueden indicar emociones intensas, estrés, ansiedad u otras respuestas físicas y emocionales que pueden influir en la interpretación general de la lectura de manos.

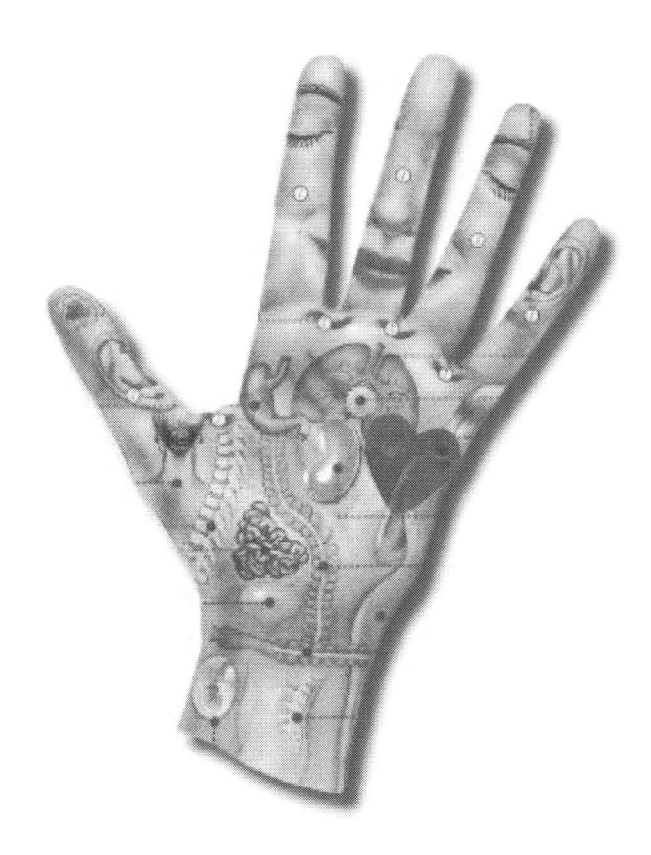

Y verás el secreto de las líneas de las palmas

Respecto al color de las manos en la esfera espiritual. Aquí hay un resumen y su relación:

1. *Manos rosadas o de color carne:* Este color sugiere una conexión armoniosa entre el cuerpo y el espíritu. Las manos rosadas pueden indicar una naturaleza equilibrada y receptiva hacia las energías espirituales. Aquellos con este color de manos pueden tener una disposición natural para la espiritualidad y pueden encontrar fácilmente paz y serenidad en su vida espiritual.
2. *Manos pálidas o blancas:* La palidez en las manos puede indicar una sensibilidad espiritual aguda. Las personas con manos pálidas pueden tener una capacidad intuitiva profunda y pueden estar más sintonizadas con el mundo espiritual y las dimensiones sutiles de la existencia. Pueden ser más propensas a la meditación, la contemplación y la búsqueda de la verdad interior.
3. *Manos amarillentas o cetrinas:* Este color puede sugerir un desequilibrio en la esfera espiritual. Las manos amarillentas pueden indicar ansiedad, preocupación o una desconexión con la espiritualidad. Las personas con este color de manos pueden beneficiarse de prácticas que promuevan la relajación y la conexión con su yo interior, como la meditación o el yoga.
4. *Manos azuladas o moradas:* Estos colores pueden indicar una sensibilidad espiritual intensa y una profunda conexión emocional con el mundo espiritual. Las personas con manos azuladas o moradas pueden ser altamente intuitivas y pueden tener experiencias espirituales vívidas y significativas. Pueden estar involucradas en prácticas espirituales más profundas, como la canalización o la exploración de vidas pasadas.
5. Manos rojas o enrojecidas: El rojo en las manos puede sugerir una energía espiritual dinámica y activa. Las personas con manos rojas pueden tener una pasión ardiente por su búsqueda espiritual y pueden estar dedicadas a actividades espirituales que implican acción y movimiento, como el servicio a los demás o el trabajo comunitario.

Y VERÁS EL SECRETO DE LAS LÍNEAS DE LAS PALMAS

Sabemos que la fe es un elemento importante de la plegaria sincera y que las mano expresan nuestra fe - o nuestra falta de fe. Las manos y la fe pueden mancharse debido a la avaricia como en (Deuteronomio 8:17), "Mi poder y la fuerza de mi mano me han dado toda esta riqueza".

Esto se debe a que ambas, las manos y la fe, proveen de sustento a la persona: sus manos trabajan y su fe en Dios hace que El la provea. Una búsqueda obsesiva de riquezas demuestra la falta de fe en la capacidad de Dios de proveer el sustento.

hoy en día la idolatría (lo opuesto a la fe) se encuentra básicamente en la adoración del dinero. El hecho de que la idolatría se encuentre tan íntimamente asociada con el dinero se debe a que la plata y el oro representan respectivamente Jesed y Guevurá, las que juntas reflejan la belleza (es decir, Tiferet) de los colores superiores (cada Sefirá corresponde a un color diferente, ver Zohar II, 148a; Apéndice C). Como hemos visto, las "manos" representadas por Jesed y Guevurá (plata y oro) - representan la fe. Cuando la fe está presente se revela la real belleza del dinero, pues entonces éste es utilizado para sostener la búsqueda de la Divinidad. Cuando uno carece de fe, cuando el dinero no es utilizado para propósitos espirituales, la belleza de estos "colores" (que reflejan Jesed y Guevurá) se oculta. Entonces los hombres se sienten insatisfechos de la riqueza que poseen y buscan más.

Y verás el secreto de las líneas de las palmas

En la astrología, cada planeta está asociado con un color específico que representa su energía y significado simbólico. Estos colores se utilizan para comprender mejor la influencia de cada planeta en la vida de las personas y en el mundo en general. A continuación, se presenta una descripción de los colores asociados con cada planeta y su significado e influencia en los seres humanos:

1. *Sol:* El color asociado con el Sol es el dorado o amarillo. Representa la vitalidad, la creatividad, el liderazgo y la autoexpresión. La influencia del Sol en las personas puede manifestarse en su confianza en sí mismas, su capacidad para destacarse y su búsqueda de propósito y éxito en la vida.
2. *Luna:* La Luna está asociada con el color plateado o blanco. Representa la intuición, las emociones, la imaginación y la sensibilidad. La influencia de la Luna puede manifestarse en la naturaleza emocional y receptiva de las personas, así como en su conexión con el mundo interior y el inconsciente colectivo.
3. *Mercurio:* El color asociado con Mercurio es el gris o el azul claro. Representa la comunicación, la inteligencia, la curiosidad y la versatilidad. La influencia de Mercurio en las personas puede manifestarse en su capacidad para comunicarse eficazmente, su agudeza mental y su adaptabilidad en diferentes situaciones.
4. *Venus:* Venus está asociado con el color verde o rosa. Representa el amor, la belleza, la armonía y la sensualidad. La influencia de Venus puede manifestarse en las relaciones amorosas, la apreciación de la belleza artística, la búsqueda de placer y la capacidad para crear armonía en la vida cotidiana.
5. *Marte:* El color asociado con Marte es el rojo. Representa la acción, la pasión, la energía y la determinación. La influencia de Marte puede manifestarse en la agresividad, la iniciativa, la fuerza de voluntad y la capacidad para enfrentar desafíos con valentía y determinación.

Y verás el secreto de las líneas de las palmas

6. *Júpiter:* Júpiter está asociado con el color púrpura o azul oscuro. Representa la expansión, la abundancia, la sabiduría y la generosidad. La influencia de Júpiter puede manifestarse en la búsqueda de la verdad, la búsqueda de conocimiento y la capacidad para inspirar y motivar a los demás.

7. *Saturno:* El color asociado con Saturno es el negro o el marrón oscuro. Representa la disciplina, la responsabilidad, el karma y la autoridad. La influencia de Saturno puede manifestarse en la estructura, la estabilidad, la perseverancia y la capacidad para superar obstáculos a través del trabajo duro y la dedicación.

En resumen, la astrología considera que cada planeta ejerce una influencia única en la vida de las personas, y los colores asociados con cada planeta ayudan a comprender mejor su significado simbólico y su impacto en la personalidad, las relaciones y el destino de los individuos.

Respecto a los dedos de las Manos:

1. *Dedo de Júpiter (Índice):* Se asocia con el planeta Júpiter, que representa la expansión, la sabiduría y la abundancia. Un dedo de Júpiter largo y bien desarrollado puede indicar un individuo con un fuerte sentido de justicia, liderazgo y ambición. Estas personas pueden tener un gran potencial para el éxito y la realización personal.

2. *Dedo de Saturno (Medio):* Se asocia con el planeta Saturno, que representa la disciplina, la responsabilidad y la estructura. Un dedo de Saturno largo y recto puede indicar un individuo con un enfoque serio y metódico en la vida. Estas personas pueden ser trabajadoras, responsables y comprometidas con alcanzar sus metas a largo plazo.

3. *Dedo de Apolo (Anular):* Se asocia con el Sol, que representa la creatividad, la vitalidad y el éxito. Un dedo de Apolo largo y bien formado puede indicar un individuo con talento artístico, una naturaleza creativa y un fuerte deseo de destacarse en su campo. Estas personas pueden tener una personalidad carismática y una capacidad para inspirar a los demás.

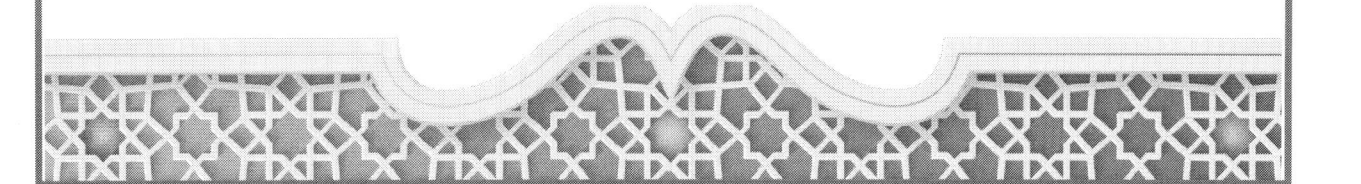

Y verás el secreto de las líneas de las palmas

4. *Dedo de Mercurio (Meñique):* Se asocia con el planeta Mercurio, que representa la comunicación, la inteligencia y la versatilidad. Un dedo de Mercurio largo y ágil puede indicar un individuo con una mente rápida y curiosa, así como habilidades para la comunicación y la expresión. Estas personas pueden ser hábiles en el intercambio de ideas y la resolución de problemas.

5. *Monte de Venus (Base del Pulgar):* Se asocia con el planeta Venus, que representa el amor, la belleza y la armonía. Un monte de Venus bien desarrollado puede indicar una persona con una naturaleza sensual y amorosa. Estas personas pueden tener una fuerte apreciación por la belleza, la comodidad y el placer en la vida.

RESPECTO A LOS DEDOS DE LAS MANOS Y LA CÁBALA:

1. DEDO PULGAR (GUDAL):
- Representa la fuerza y la voluntad.
- Asociado con la Sefirá de Keter (corona), que simboliza la conexión con lo divino y la unidad suprema.
- En la parte superior del dedo, se relaciona con Keter y la divinidad absoluta.
- En el centro, representa la Sefirá de Jojmá (sabiduría), que representa la intelectualidad y la comprensión profunda.
- En la base, está asociado con la Sefirá de Nétzaj (victoria), que representa la acción y la realización.
- Los ángeles gobernadores asociados son Metatrón, Raziel y Haniel.
- Los planetas influenciadores son Neptuno, Plutón y Venus.

2. DEDO ÍNDICE (ETZVÁ):
- Representa la autoridad y el liderazgo.
- Asociado con la Sefirá de Jesed (misericordia), que simboliza la bondad y la generosidad.
- El ángel gobernante es Tzadkiel.
- Los planetas influenciadores son Júpiter y la Tierra.

Y VERÁS EL SECRETO DE LAS LÍNEAS DE LAS PALMAS

3. **Dedo Medio (Amá):**
   - Representa la sabiduría y el discernimiento.
   - Asociado con la Sefirá de Biná (entendimiento), que simboliza la comprensión y la reflexión profunda.
   - El ángel gobernante es Tzafkiel.
   - Los planetas influenciadores son Saturno y la Tierra.

4. **Dedo Anular (Kemitzá):**
   - Representa el equilibrio y la armonía.
   - Asociado con la Sefirá de Tiféret (belleza), que simboliza la belleza y la armonía.
   - El ángel gobernante es Mija'el.
   - Los planetas influenciadores son el Sol y la Tierra.

5. **Dedo Meñique (Zeret):**
   - Representa la modestia y la humildad.
   - Asociado con la Sefirá de Hod (gloria), que simboliza la humildad y el reconocimiento.
   - El ángel gobernante es Rafael.
   - Los planetas influenciadores son Mercurio y la Tierra.

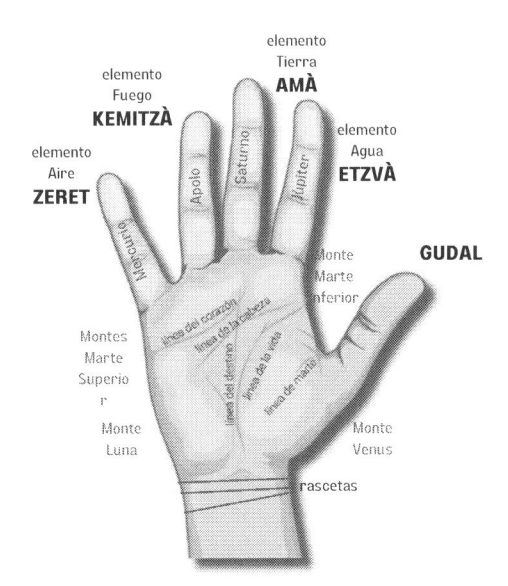

En resumen, según la Cábala, cada dedo de la mano tiene su propio significado simbólico y está asociado con diferentes aspectos de la vida espiritual y humana. Estos significados pueden proporcionar una comprensión más profunda de la naturaleza humana y su relación con el universo.

Y verás el secreto de las líneas de las palmas

En la Cábala, se asigna un significado profundo a cada una de las 22 letras del alfabeto hebreo, que se cree que contienen energías y cualidades espirituales específicas. Estas letras, llamadas "letras hebreas sagradas", están vinculadas con las sefirot del Árbol de la Vida, lo que las convierte en elementos fundamentales para la comprensión de la naturaleza del universo y la esencia divina. A continuación, se presenta un resumen de las 22 letras de la Cábala y su interpretación en relación con las manos:

- *Aleph (א):* Representa la unidad y la conexión con la fuente divina. En las manos, Aleph simboliza la unidad de la mente, el cuerpo y el espíritu.
- *Bet (ב):* Significa casa o contenedor. En las manos, Bet representa la capacidad de construir y manifestar en el mundo físico.
- *Guimel (ג):* Representa la bondad y la generosidad. En las manos, Guimel puede simbolizar la disposición para dar y recibir.
- *Dálet (ד):* Significa puerta. En las manos, Dálet representa la apertura a nuevas posibilidades y oportunidades.
- *Hei (ה):* Representa la creación y la manifestación. En las manos, Hei puede simbolizar la capacidad de dar vida y crear nuevas experiencias.
- *Zain (ז):* Representa la victoria y el logro. En las manos, Zain puede simbolizar la capacidad de superar obstáculos y alcanzar metas.
- *Jet (ח):* Significa vida. En las manos, Jet representa la vitalidad y la energía que fluye a través de cada ser vivo.
- *Tet (ט):* Representa el bienestar y la plenitud. En las manos, Tet puede simbolizar la armonía y el equilibrio en la vida.
- *Yud (י):* Significa punto o semilla. En las manos, Yud representa el potencial y la individualidad única de cada persona.
- *Yud (י):* Significa punto o semilla. En las manos, Yud representa el potencial y la individualidad única de cada persona.
- *Kaf (כ):* Representa la palma de la mano. Kaf en las manos simboliza la capacidad de recibir y sostener.

Y verás el secreto de las líneas de las palmas

- *Lamed (ל):* Significa enseñanza y aprendizaje. En las manos, Lamed puede simbolizar la capacidad de transmitir conocimiento y sabiduría.
- *Mem (מ):* Representa el agua y el flujo emocional. En las manos, Mem puede simbolizar la intuición y la sensibilidad emocional.
- *Nun (נ):* Significa pez o vida. En las manos, Nun representa la fluidez y la adaptabilidad en la vida.
- *Sámej (ס):* Representa el apoyo y la protección. En las manos, Sámej puede simbolizar la capacidad de cuidar y nutrir a otros.
- *Ain (ע):* Significa ojo y percepción. En las manos, Ain representa la capacidad de ver más allá de lo superficial y percibir la verdad interior.
- *Pei (פ):* Representa la boca y la comunicación. En las manos, Pei puede simbolizar la capacidad de expresarse y comunicarse con claridad.
- *Tsade (צ):* Significa justicia y rectitud. En las manos, Tsade puede simbolizar la integridad y el compromiso con la rectitud.
- *Qof (ק):* Representa la parte posterior de la cabeza y el apego. En las manos, Qof puede simbolizar la conexión con las raíces y la tradición.
- *Resh (ר):* Significa cabeza y liderazgo. En las manos, Resh puede simbolizar la capacidad de liderar y tomar decisiones sabias.
- *Shin (ש):* Representa los dientes y el fuego interior. En las manos, Shin puede simbolizar la pasión y la determinación.
- *Tav (ת):* Significa señal o marca. En las manos, Tav puede simbolizar el destino y el propósito de vida de una persona.

En resumen, cada letra hebrea tiene un profundo significado en la Cábala, y su interpretación en relación con las manos ofrece una comprensión más amplia de la conexión entre el individuo y el universo, así como de la naturaleza de la realidad y la divinidad.

Y VERÁS EL SECRETO DE LAS LÍNEAS DE LAS PALMAS

Tabla con la disposición precisa de las 28 letras en los dedos de la mano izquierda y derecha

	ו		ה			ה		י	
ו	א	ו	א			א	י	ו	ד
א	ל	א	ל	ה	ה	ל	ו	א	ל
ו	פ	ו	פ	א	א	פ	ד	ו	ת
Mercurio	Apolo	Saturno	Júpiter	Venus	Venus	Júpiter	Saturno	Apolo	Mercurio
colspan="5"	Mano Izquierda	colspan="5"	Mano Derecha

Y VERÁS EL SECRETO DE LAS LÍNEAS DE LAS PALMAS

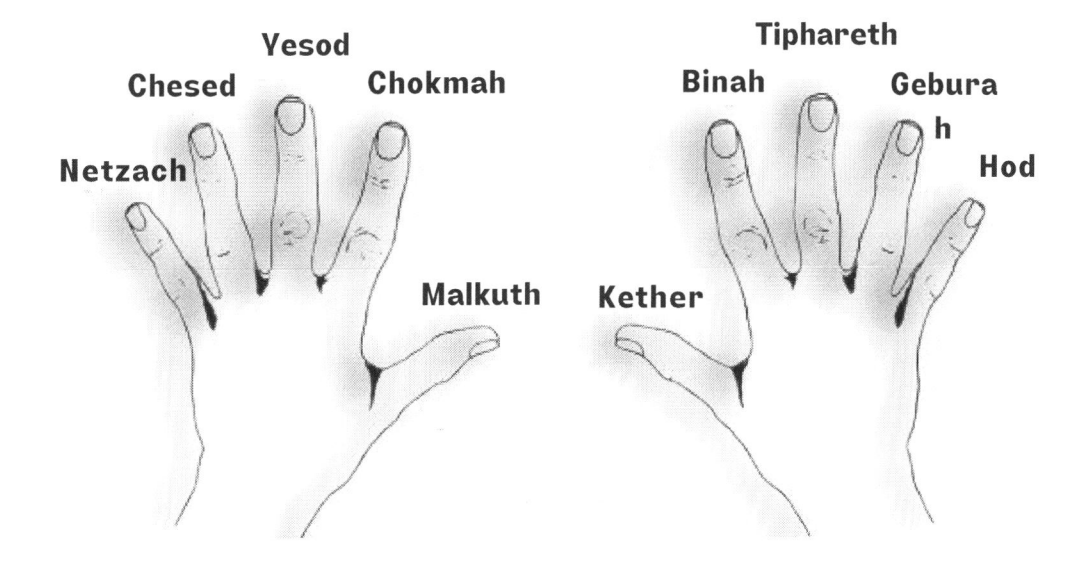

237

Netzach — Chesed — Yesod — Chokmah — Malkuth

Binah — Tiphareth — Geburah — Hod — Kether

Principio Femenino
Recibir
Columna Izquierda
Juicio

La Mano Izquierda Contiene lo que el Alma Pactó con D-os Antes de Bajar a Este Mundo.

Principio Masculino
Dar
Columna Derecha
Amor

La Mano Derecha Muestra Lo Que Nos Hemos Desviado y Lo Que Hemos Concretado Respecto de lo Pactado.

Y VERÁS EL SECRETO DE LAS LÍNEAS DE LAS PALMAS

Mano Izquierda

Pulgar -Binah (בִּינָה): se traduce como "entendimiento" y es la tercera de las diez Sefirot en el Árbol de la Vida. Representa la comprensión intuitiva, la sabiduría y la capacidad de discernimiento. Binah también se asocia con la energía femenina receptiva y la facultad de análisis profundo.

Índice- Guevurah (גְבוּרָה): Guevurah se traduce como "fuerza", "juicio" o "severidad". Es la quinta Sefirá en el Árbol de la Vida y representa la disciplina, la restricción y la determinación. Guevurah es la energía masculina activa que equilibra la compasión de Jesed (misericordia) y establece límites saludables.

Medio-Hod (הוֹד): Hod se traduce como "esplendor" o "gloria". Es la octava Sefirá en el Árbol de la Vida y representa la humildad, la gratitud y la apreciación. Hod es la capacidad de reconocer y celebrar la belleza y la gracia en el mundo que nos rodea, así como la habilidad para expresar gratitud hacia lo divino.

Anular-Yesod (יְסוֹד): Yesod se traduce como "fundamento" o "base". Es la novena Sefirá en el Árbol de la Vida y representa la conexión, la creatividad y la fertilidad. Yesod es el vínculo entre las energías superiores y el mundo material, sirviendo como un canal para la manifestación y la realización de los deseos y las aspiraciones.

Meñique-Maljut (מַלְכוּת): Maljut se traduce como "reino" o "soberanía". Es la décima y última Sefirá en el Árbol de la Vida y representa la manifestación física, la materialización y la realización terrenal. Maljut es la culminación de todas las Sefirot superiores y es el punto de entrada al mundo físico, donde la divinidad se manifiesta en la creación.

Y VERÁS EL SECRETO DE LAS LÍNEAS DE LAS PALMAS

Mano Derecha

Meñique -Netzaj (נֵצַח): Se traduce como "victoria" o "eternidad". Netzaj es una de las Sefirot del Árbol de la Vida y representa la perseverancia, la ambición y la energía en movimiento. Es la fuerza que impulsa hacia adelante y hacia el logro de metas. Netzaj también se relaciona con la creatividad, la pasión y el deseo.

Anular-Tiferet (תִּפְאֶרֶת): Se traduce como "belleza" o "armonía". Tiferet es una de las Sefirot principales en el Árbol de la Vida y representa la integración y el equilibrio. Es el punto donde se unen las energías de Jesed (misericordia) y Guevurah (fuerza). Tiferet se asocia con la compasión, la belleza interior y la generosidad.

Medio-Jesed (חֶסֶד): Se traduce como "misericordia" o "amor incondicional". Jesed es una de las Sefirot principales en el Árbol de la Vida y representa el amor, la bondad y la benevolencia. Es la energía divina que fluye como un regalo sin condiciones. Jesed se asocia con la comprensión, el perdón y la compasión hacia los demás.

Indice-Jojmah (חָכְמָה): Se traduce como "sabiduría". Jojmah es una de las Sefirot superiores en el Árbol de la Vida y representa la comprensión profunda y la intuición divina. Es la chispa de inspiración que desciende desde lo alto y proporciona ideas y conocimientos más allá de la mente racional. Jojmah se asocia con la visión espiritual, la creatividad y la conexión con lo divino.

Pulgar-Keter (כֶּתֶר): Se traduce como "corona" o "reino supremo". Keter es la Sefirá más alta en el Árbol de la Vida y representa la unidad absoluta y la conexión con la divinidad pura. Es la fuente de toda la creación y la esencia misma de Dios. Keter se asocia con la trascendencia, la iluminación espiritual y la unidad cósmica.

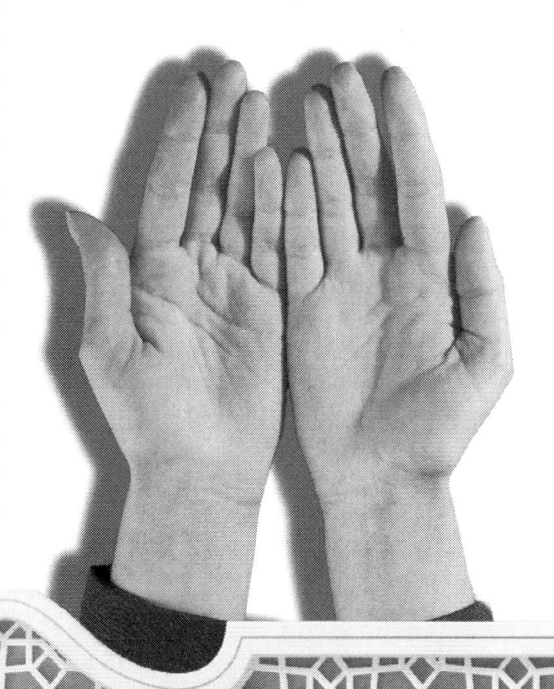

Y VERÁS EL SECRETO DE LAS LÍNEAS DE LAS PALMAS

"Así bendecirás a los hijos de Israel: les dirás: El Señor te bendiga y te guarde; que el Señor haga resplandecer su rostro sobre ti y tenga misericordia de ti; que el Señor alce su rostro sobre vosotros y os dé la paz". (Núm. 6:23b-26).

Las manos son esenciales en el proceso de traer bendiciones al mundo. Por ejemplo, uno de los mandamientos bíblicos es que los cohanim [sacerdotes] bendigan diariamente al pueblo de Israel. Se requiere que los sacerdotes extiendan las manos al recitar las bendiciones, lo que permite que la Presencia de Dios descienda sobre el pueblo (ver Números 6:22-27; sotá 38a).

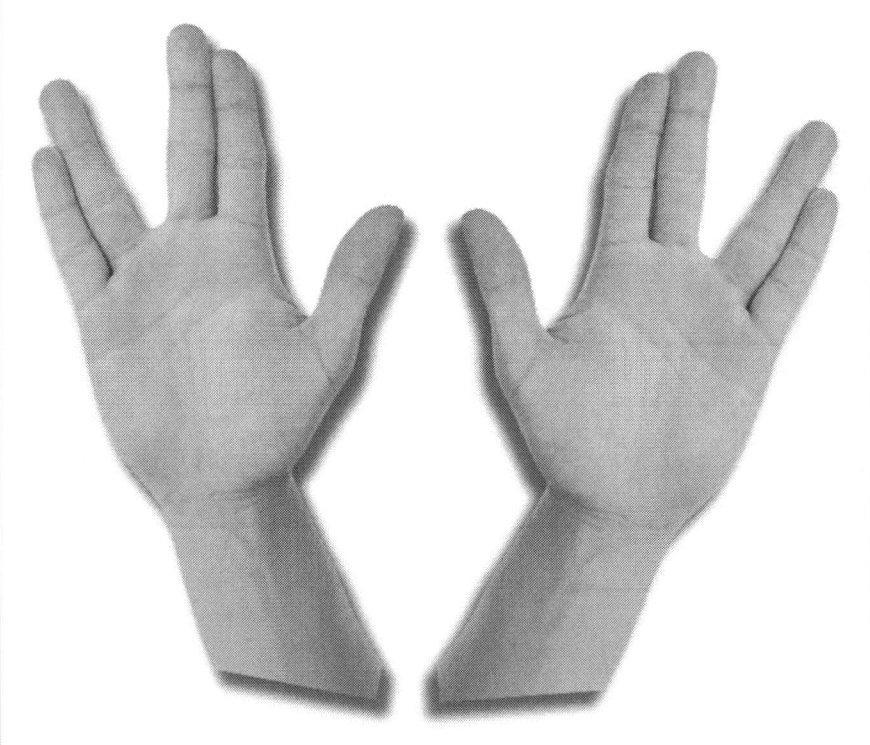

Las manos de la persona representan su capacidad de traer bendiciones al mundo mediante su acercamiento a una vida espiritual. Al "elevar las manos" a Dios, la persona demuestra que reconoce a Dios. Más aún, dado que las manos representan la capacidad de "extenderse hacia afuera", aquél que levanta las manos hacia Dios es capaz de transmitirles a los demás su propio reconocimiento de Dios.

Y VERÁS EL SECRETO DE LAS LÍNEAS DE LAS PALMAS

Recordemos que la mano es llamada iad debido a los catorce huesos que contiene. Encontramos que el primer versículo de la Torá contiene veintiocho letras hebreas. La palabra hebrea para designar la fuerza es cóaj, cuya suma numérica es igual a veintiocho. Dado que cada mano contiene catorce huesos, ambas manos juntas contienen "veintiocho huesos", representando el cóaj de Dios. Basándose en esto, enseña el Rebe Najmán que cada persona tiene en sí la capacidad para despertar con sus manos (es decir, sus plegarias) el poder de la Creación.

Hay un total de veintiocho huesos en los dedos de las dos manos. Estos veintiocho huesos corresponden a las veintiocho letras del primer versículo de la Torá que describe la Creación del mundo. Mover las manos durante la plegaria despierta las fuerzas de la Creación, atrayendo la santidad de la Tierra Santa. Atraer la santidad de la Tierra Santa ayuda a derrotar los malos pensamientos que invaden la mente en el momento de la oración (Likutey Moharán I, 44).

Estas manos están divididas en veintiocho secciones, cada una de las cuales contiene una letra hebrea. Veintiocho, en números hebreos, deletrea la palabra Koach = fuerza.
Shefa Tal, Hanau, 1612. (Sección hebraica, Biblioteca del Congreso).

Y VERÁS EL SECRETO DE LAS LÍNEAS DE LAS PALMAS

Las manos [mediante sus movimientos] hacen referencia a las 'alusiones" que uno debe "recibir" y comprender para saber cómo cumplir con su misión en la vida. La sabiduría superior, siendo una luz tan fuerte, no puede serle revelada al hombre de una manera clara y directa. La persona debe observar las alusiones que se le envían desde el Cielo e intentar comprender cómo se aplican en su vida diaria. Sus manos pueden entonces abrirse para recibir [la sabiduría Divina, la cual al descender se materializa como] sustento, como en (Salmos 145:16), "Abres Tus manos y con Tu Voluntad sacias a todos los seres vivos". Aquél que comprende las alusiones que le han sido reveladas puede aspirar al más elevado aspecto de la Voluntad de Dios - servir a Dios más allá de toda limitación humana o de toda frontera física (Likutey Moharán II, 7: 10).

Los cinco dedos corresponden a las cinco familias fonéticas: guturales, labiales, palatales, linguales y dentales. Hemos visto que las manos y el habla son similares en su función, específicamente en el hecho de que las manos expresan los movimientos de la mente y transmiten ideas. Cada dedo posee una forma diferente, para cumplir mejor con la tarea que le ha sido asignada.

Los veintiocho huesos de los dedos (catorce en cada mano) representan los veintiocho "tiempos" que una persona experimenta en la vida. El Rey Salomón describe estos tiempos como (Eclesiastés 3:1-8), "Un tiempo para nacer... Para morir; Para llorar... Para reír; Para abrazar... Para distanciar...; Un tiempo para guerra... Para paz..." (ver Tikuney Zohar #69, p.101b). Agrega el Rabí Natán que cada uno de estos tiempos y conceptos de la vida contiene el potencial para "alusiones", y a través de ellos uno puede llegar al reconocimiento de Dios (ver Likutey Halajot, Netilat ladaim LiSeudá 6:54). De esta manera los dedos son muy similares al poder del habla, pues a través ellos se revela lo oculto, pues los dedos representan los "tiempos" en que Dios puede revelarse. Los cinco dedos aluden a otra clase de revelación: el Talmud habla de las Cincuenta Puertas de Biná (Rosh HaShaná 21 b), siendo la Puerta número Cincuenta el nivel revelado por Dios en el momento del Éxodo de Egipto. Este es el mismo nivel que será revelado en la época de la llegada de Mashíaj. Y es a este nivel al que aluden los cinco dedos de la mano.

Y VERÁS EL SECRETO DE LAS LÍNEAS DE LAS PALMAS

Cada mano tiene cinco dedos. Cuando una mano golpea contra la otra, los cinco dedos de la mano derecha se juntan con los de la mano izquierda y viceversa. Cuando la mano derecha se une con la izquierda, "cinco junto a cinco" hace un total de veinticinco; y en el movimiento especular, cuando la mano izquierda se une a la derecha, el total es cincuenta. Este "cincuenta" corresponde al Nivel número Cincuenta, que es la fuente de la salvación. Por tanto, aplaudir durante la plegaria despierta el poder de la salvación y acelera la Redención (Likutey Moharán I, 45).

Este poder de los ángeles para recibir y transmitir la fuerza de vida es llamado el poder de las "manos". [La palabra hebrea que designa poder es cóaj, numéricamente igual a veintiocho, el número de huesos de los dedos de ambas manos]. El ángel recibe la fuerza de vida con su "mano derecha" y con su "mano izquierda" la entrega en la medida exacta necesaria a aquéllos que están a su cargo. Este es el significado de la afirmación de los Sabios, "la golpee y le diga que crezca". "Golpear" se produce con la mano izquierda del ángel [pues el lado izquierdo representa Guevurá, el juicio].

La Torá nos exhorta (Proverbios 4:20-22), "Hijo mío, fija tu atención en mis palabras; inclina tu oído a mis dichos... Porque vida son a aquéllos que los hallan y sanidad a toda su carne". De aquí aprendemos que la sanidad fluye del Santo, bendito sea, a través de Su Torá. La Torá es la fuente de poder [terapéutico] de los ángeles, quienes a su vez la transmiten a las diferentes hierbas que están a su cargo. Este poder se manifiesta cuando uno acepta la Torá y tiene fe en los Sabios que la han revelado; pues la Torá les fue dada a los Sabios, y aquél que se desvía de sus enseñanzas es llamado "el que hace una brecha en el muro [de la fe]". Éste es el significado de la afirmación (Deuteronomio 17:11), "No te desvíes, ni a derecha ni a izquierda, de lo que ellos [los Sabios] te enseñen". Si te desvías hacia la derecha [es decir, volcándote hacia una rigidez innecesaria], se verá obstruida la "mano derecha" de tu ángel [la capacidad de recibir de su correspondiente arcángel y Expresión]. Si te desvías hacia la izquierda [transgrediendo la Torá], será la "mano izquierda" de tu ángel la que verá obstruida [su capacidad de transmitir]. La obstrucción de las manos de tu ángel significa que no puedes recibir la curación, pues sin un ángel que le entregue la fuerza de vida a la hierba de la cual depende la curación, ésta pierde su poder terapéutico (Likutey Moharán I, 57:1).

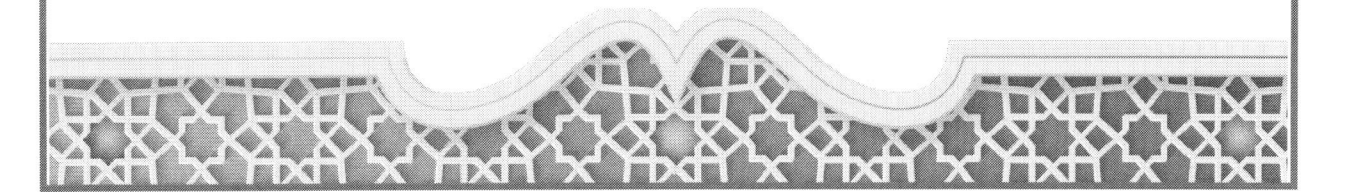

Y VERÁS EL SECRETO DE LAS LÍNEAS DE LAS PALMAS

Respecto a las personas zurdas desde algunas creencias: "El mentiroso vuelve a reencarnarse como una persona zurda" (El Libro del Alef-Bet, Verdad A:48). Esto se basa en el versículo (Salmos 144:8), "Sus bocas hablan vanidad; sus diestras son la mano derecha de la mentira". Cuando alguien dice mentiras, separa la mano izquierda de la mano derecha y es incapaz de diferenciar entre lo correcto y lo incorrecto. Como consecuencia, tiene una "mano derecha falsa" - su mano izquierda se transforma en la mano fuerte (Likutey Halajot, Matna Shejiv Mera 2:4).

"Aquél propenso a la disputa será reencarnado como una persona zurda". La idea detrás de esta enseñanza es similar a lo que aprendemos de Koraj, quien intentó separarse de Aarón. El pueblo judío se divide en tres grupos, representando las "tres columnas" de Jesed, Guevurá y Tiferet. El Cohen representa a Jesed, el Leví representa a Guevurá y los Israelitas representan a Tiferet. Koraj (un Leví) intentó hacer que la [mano] izquierda dominase a la [mano] derecha (quiso ocupar un nivel superior al de Aarón, el sacerdote supremo, un Cohen). De aquí podemos entender por qué el castigo para aquél propenso a la disputa es que su mano derecha se vea subordinada a su mano izquierda.

Escribe el Ari que cuando una persona es propensa a ciertos comportamientos, es una indicación de que debe trabajar sobre estos rasgos para rectificarlos durante la presente encarnación. Las pocas enseñanzas del Rebe Najmán que hemos presentado no necesariamente indican cuáles son los motivos por los cuales una persona debe vivir su presente vida aquí en la tierra; pero aun así, pueden ser útiles como guía para aquéllos que se sienten arrastrados hacia la mentira y la disputa.

Y VERÁS EL SECRETO DE LAS LÍNEAS DE LAS PALMAS

Características Positivas Desde una perspectiva cultural e histórica: ser zurdo ha sido a menudo asociado con ideas de creatividad, originalidad y habilidades artísticas. Sin embargo, también ha habido momentos en la historia en los que ser zurdo se consideraba inusual o incluso desfavorable. En algunas culturas, se han asociado con supersticiones o estigmas negativos.

En términos de biología, la preferencia de mano (zurda o diestra) puede estar influenciada por factores genéticos, ambientales y de desarrollo. Aunque no se comprende completamente por qué algunas personas son zurdas, se cree que la lateralidad está relacionada con la estructura y el funcionamiento del cerebro.

1. *Creatividad:* Algunos estudios sugieren que las personas zurdas pueden mostrar una mayor creatividad en comparación con las personas diestras. Esto podría estar relacionado con la tendencia de utilizar el hemisferio derecho del cerebro, que se asocia más con la creatividad y la intuición.
2. *Pensamiento divergente:* Se ha observado que las personas zurdas tienen una mayor capacidad para pensar de manera no convencional y encontrar soluciones creativas a los problemas. Esta habilidad para pensar de manera divergente puede ser una ventaja en campos como las artes, la innovación y la resolución de problemas complejos.
3. *Originalidad:* Las personas zurdas a menudo se destacan por ser originales y únicas en su enfoque de las cosas. Esta originalidad puede manifestarse en su forma de pensar, su estilo de vida o su creatividad artística.
4. *Adaptabilidad:* Dado que el mundo está predominantemente diseñado para personas diestras, las personas zurdas a menudo deben adaptarse a diferentes situaciones y entornos. Esta capacidad para adaptarse a circunstancias diversas puede contribuir a una mayor flexibilidad y resiliencia en la personalidad.
5. *Perspectiva diferente:* Las personas zurdas pueden tener una perspectiva única del mundo debido a su experiencia de vivir en un mundo diseñado principalmente para personas diestras. Esta perspectiva diferente puede llevar a una mayor sensibilidad hacia las experiencias de los demás y una apreciación por la diversidad.

Los puntos blancos indican que algo bueno va a suceder o que algo negativo va a evitarse. El punto blanco tarda unos dos meses en viajar hasta la punta de la uña.

Cuando el punto llega a ese lugar, la buena noticia se manifestará antes de cortar la uña.

Punto en una uña de la mano derecha: recibirás buenas noticias relacionadas con el significado del dedo correspondiente.

Por ejemplo, un punto blanco que aparece en el dedo meñique de la mano derecha podría significar que tendrás buenas noticias en el área de las relaciones (quizá se esté gestando una nueva relación).

Punto en una uña de la mano izquierda: recibirás buenas noticias relacionadas con ser protegido o salvado de algo malo. Por ejemplo, podrías recibir un resultado positivo de una prueba relacionada con alguna enfermedad.

Los surcos revelan algún problema de salud específicamente relacionado con la digestión o algún órgano interno.

Montículos: Los montículos en la base de los dedos pueden ser grandes o pequeños.

La apariencia del montículo determina la fuerza del rasgo gobernado por el dedo con el cual el montículo está asociado. Por ejemplo, cuanto mayor es el montículo, más fuerte es el carácter, la personalidad, la creatividad o la sensibilidad.

Breves Reseñas

LÍNEA DE LA PROFESIÓN

- La línea de la profesión comienza en la base de la palma, a veces en el centro y otras veces no, extendiéndose desde la muñeca hacia los dedos. Tanto el origen como el final de esta línea pueden presentar variaciones. Esta línea proporciona indicios sobre la trayectoria de tu carrera profesional en vidas anteriores, indicando si se desenvolvió con fluidez y facilidad o estuvo marcada por obstáculos y desafíos.

- Si la línea empieza en la base más cerca del montículo del pulgar, significa que en tu profesión recibiste apoyo de un maestro o mentor.

- Si la línea de la profesión se cruza con la línea de la vida, esto indica que alguien te mostró el camino.

- Si la línea empieza en la muñeca, más cerca del lado de la palma donde está el meñique, significa que tu profesión estuvo basada en tu propia creatividad e invención.

- Si la línea empieza en el medio de la palma en línea con el dedo índice, tu profesión estuvo basada en el trabajo duro.

- El dedo al cual apunta el final de la línea de la profesión muestra como se desarrolla ésta.

- No tener una línea de la profesión no significa que no tuvieras una. Simplemente significa que tu profesión no te vino de forma natural o por destino. Tuviste que trabajar más duro en ella que otras personas.

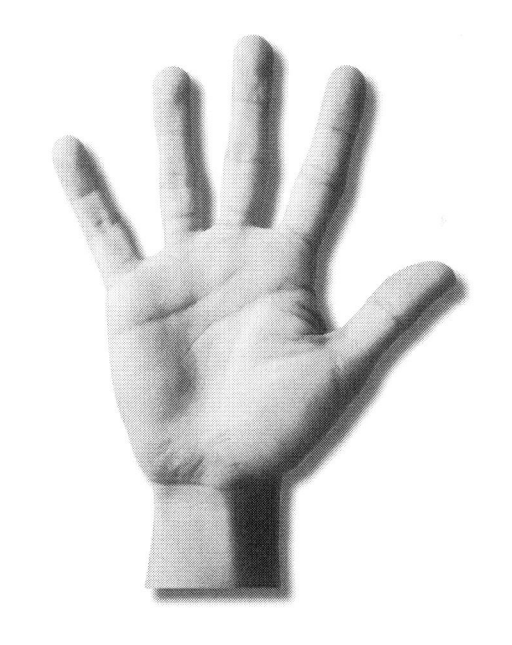

Breves Reseñas

Manos: Flexibilidad

- Manos rígidas o duras: difíciles de abrir y cerrar/inflexibles
- Solo vio las cosas a su manera.
- Cerrado emocionalmente e intelectualmente, reticente al cambio y a ideas nuevas.
- Disfrutaba trabajando.

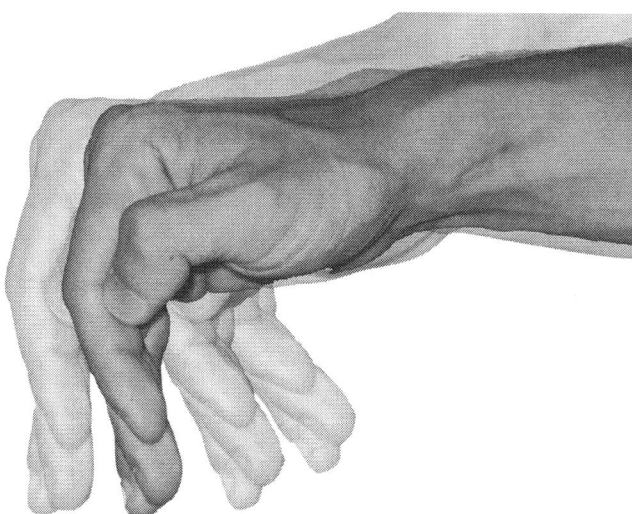

- Manos suaves, tiernas, flexibles
- Le gustaba la naturalidad (sin maquillaje, zapatos o ropas extravagantes, etc.)
- Vivía en su imaginación.
- Amaba la vida fácil y las cosas agradables, pero era incapaz de trabajar para conseguirlas.
- Hablaba mucho, hacía poco.
- Muy flexible, adaptable.

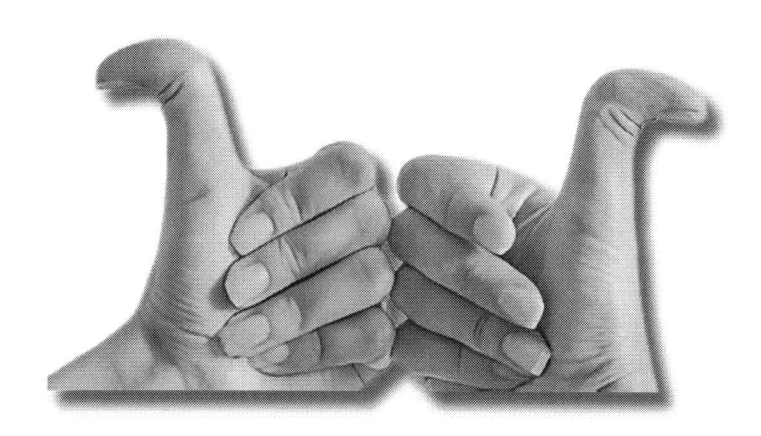

Breves Reseñas

Dedos: Junto con otros aspectos de la mano, los dedos son indicadores de la dirección de nuestro destino. **Las características a considerar son:** la longitud de los dedos, donde se tocan y se encuentran en relación a los otros dedos.

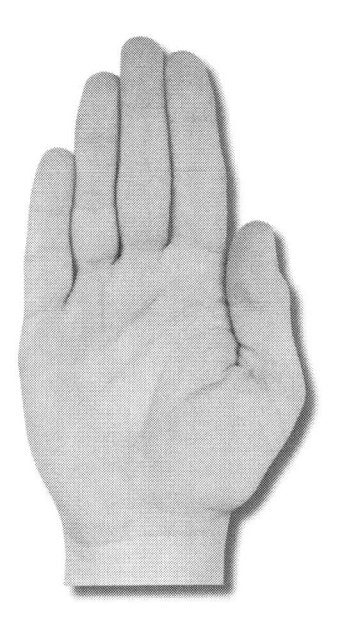

Largo promedio de los dedos

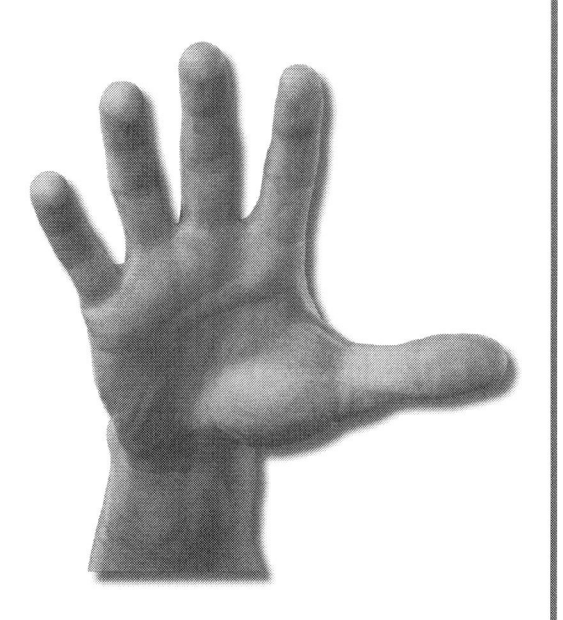

Dedos Cortos:

- Práctico, meticuloso y organizado.
- Prefería el trabajo manual.
- Tenía una ética laboral fuerte y resistencia física.
- Pensamiento ágil, impulsivo, propenso a sacar conclusiones rápidas.
- Ligeramente insensible.

Breves Reseñas

Dedos largos:

- Residía en un mundo ficticio que él mismo había concebido.
- Requería constante estímulo y respaldo.

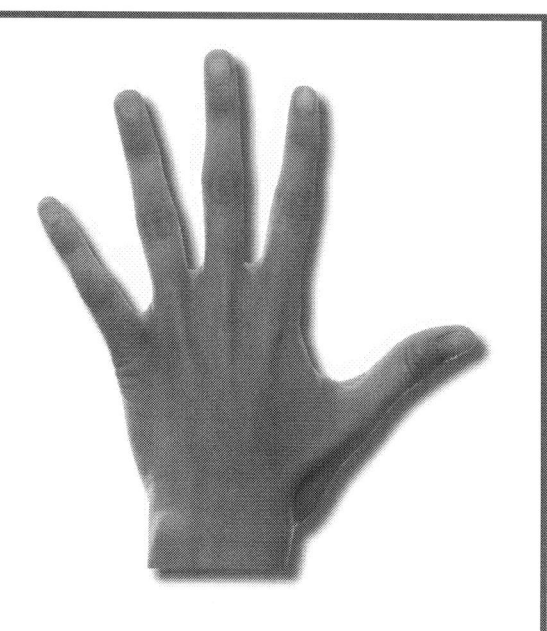

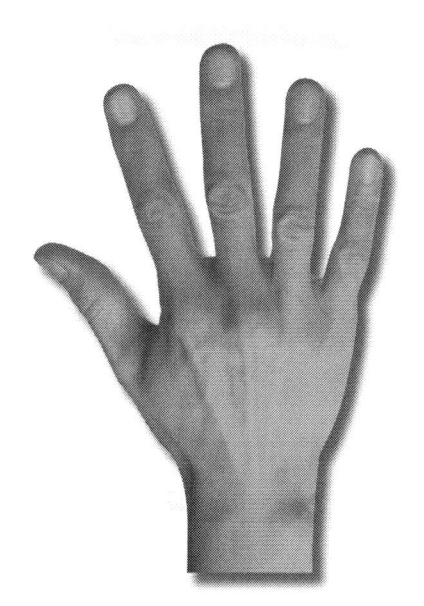

Nudillos: articulaciones prominentes.

- Admiraba los detalles con precisión, meticulosidad y lógica.
- Se mostraba estricto en sus procedimientos.
- Demostraba una inclinación por examinar e investigar minuciosamente.
- A veces se percibía como monótono y aburrido.

Dedo pulgar: grande y largo

- Poseía capacidad para el liderazgo.
- Excelente visión general.
- Inclinado a dar órdenes y a menudo no tomaba en cuenta consejos de terceros.
- Su ego se desarrolló considerablemente.

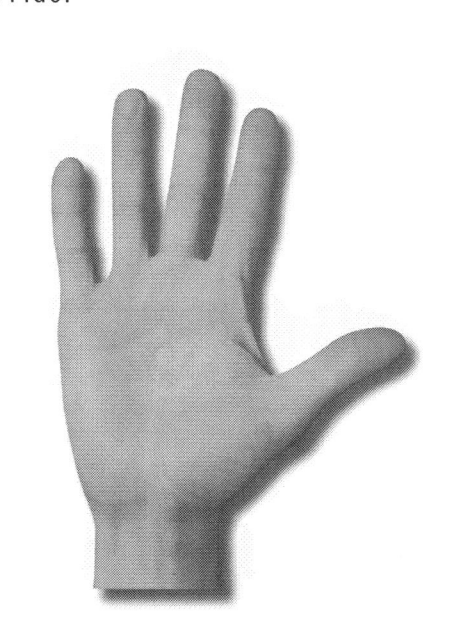

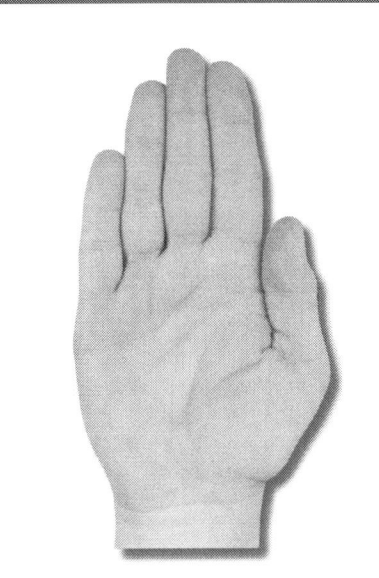

Breves Reseñas

El dedo pulgar se caracteriza por ser pequeño y corto, lo que simboliza una personalidad con tendencia a la sumisión y debilidad. Se le atribuye una carencia de pasión y una aversión al riesgo.

Grado de rigidez en la personalidad

- Cuando el pulgar es rígido y no se flexiona hacia atrás: indica obstinación, determinación, desconfianza, dogmatismo y tendencia a juzgar.
- Si el pulgar es excesivamente flexible y se dobla totalmente hacia atrás: revela una autovaloración deficiente, una personalidad carente de carácter y una baja autoestima.
- Cuando el pulgar se flexiona hacia atrás pero no llega a su máxima flexión: denota flexibilidad, adaptabilidad, equilibrio y capacidad para moderar extremos.

Breves Reseñas

Dedo índice Largo: (la punta del dedo sobrepasa el punto medio del dedo corazón, más allá del pliegue): fue un líder.

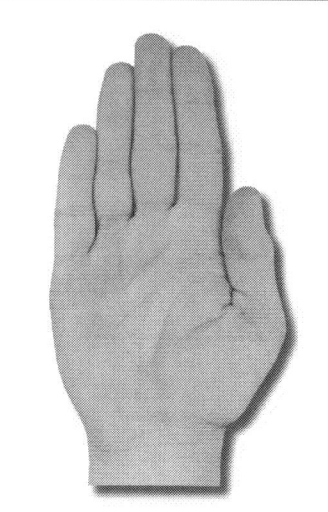

Dedo Índice Muy largo: (El dedo es más largo o tiene casi la misma longitud que el dedo corazón): puede que fueras un controlador obsesivo.

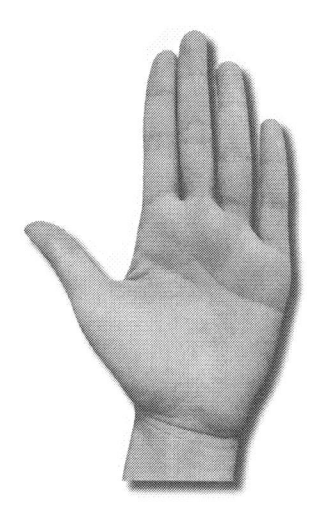

Dedo índice Corto: (alineado con el dedo corazón por debajo del punto medio): baja autoestima, tendía a ser un seguidor y tuvo más dificultades que las habituales para realizarse.

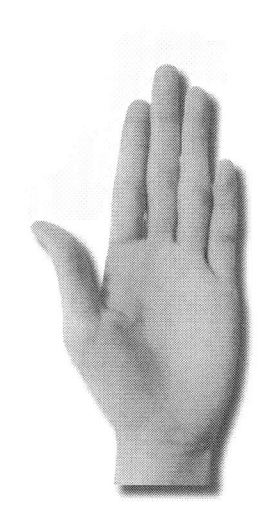

Breves Reseñas

Dedo corazón: (dedo del medio): Relacionado con la idea de trabajar duro. Cuando otros aspectos de la palma como las líneas y los montículos conectan con ese dedo, indica que trabajar duro fue clave para tu destino. Tu karma es que todo aquello que recibas en esta vida provenga del trabajar duramente, no de la suerte.

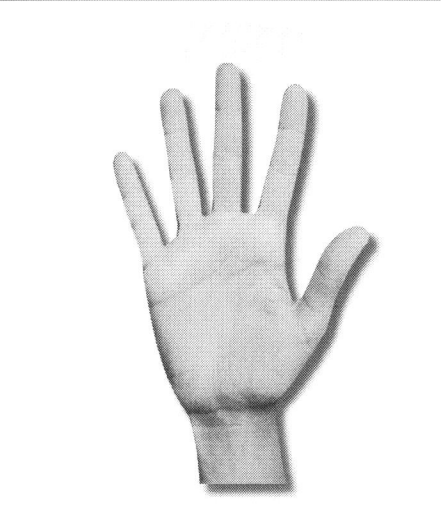

Dedo anular: Significa habilidad artística, creatividad. Talentos artísticos (poesía, música, bellas artes) son dones de una vida anterior. Un dedo anular (largo y la punta por encima del punto medio del dedo corazón) indica que eras más artístico en tu vida pasada. Si es más corto, eras menos creativo.

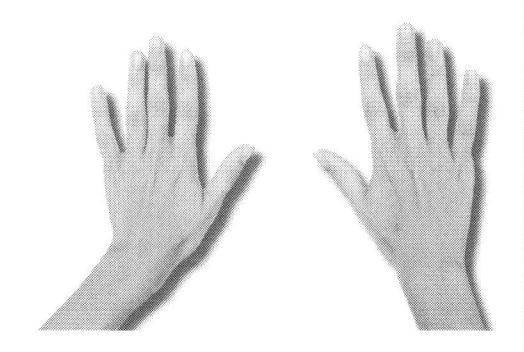

Dedo meñique: indicador de la comunicación y las relaciones. La mayoría de dedos meñique tocan el pliegue del dedo anular. Si el meñique acaba por encima de esta línea, eras más abierto y comunicativo; si acaba por abajo, eras más reservado y menos comunicativo.

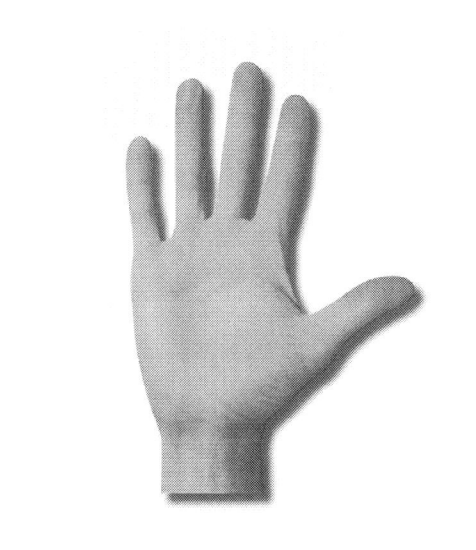

Breves Reseñas

Uñas: Indican la calidad de tu salud en tu vida anterior; y si estuviste o no inclinado de forma natural a crear riqueza. La vitalidad viene contigo de una vida pasada. Si hiciste algo meritorio en una vida pasada, no necesitas sufrir de mala salud en esta vida.

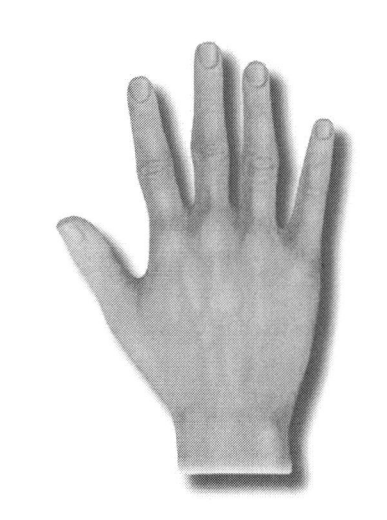

Color:

- Suave y rosa: equilibrio y buena salud.
- Azul: mala circulación sanguínea.
- Amarillo: posible problema hepático.
- Cualquier otro color extraño: predisposición a tener problemas de salud relacionados con el hígado o el bazo.

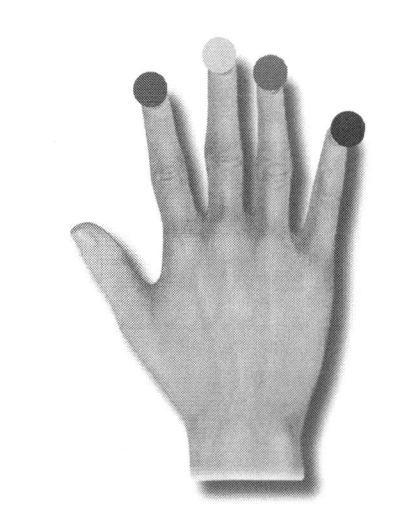

Los montículos duros, grandes y más elevados intensifican los atributos del dedo bajo el cual se encuentran, haciendo que los atributos sean más poderosos y efectivos.

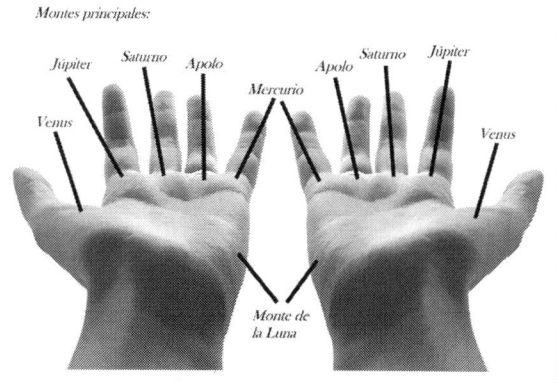

Montes principales: Júpiter, Saturno, Apolo, Mercurio, Venus, Monte de la Luna

Breves Reseñas

Palma de la mano plana: Por otro lado, los montículos pequeños (planos), muestran que tuviste buenas intenciones pero no las manifestaste; permaneciste en un estado potencial.

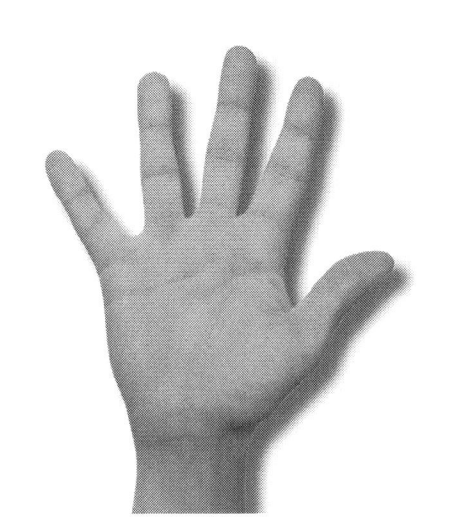

El montículo debajo del pulgar conecta con la sexualidad, la sensualidad y la calidez.

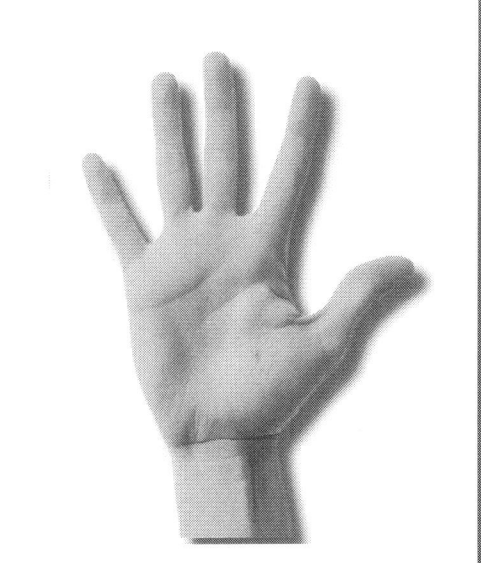

Características de las líneas de las palmas de las manos: la apariencia de las líneas indica su efectividad. Las líneas más profundas, más definidas y claras indican que existe un rasgo con mayor intensidad. Una línea fuerte y definida significa que la calidad de esa característica fue potente en tu vida pasada.

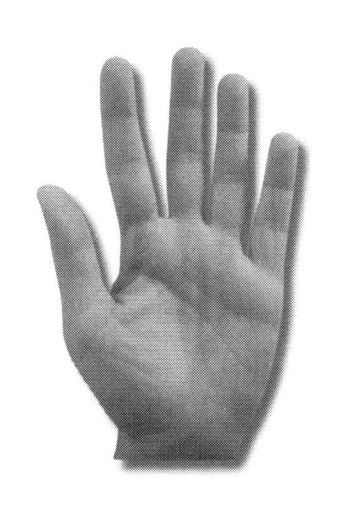

Breves Reseñas

Las líneas más superficiales o rotas que se presentan como una cadena de grietas muy finas, formadas por múltiples líneas pequeñas o entrecruzadas, indican una disminución en la intensidad de esos rasgos en ti.

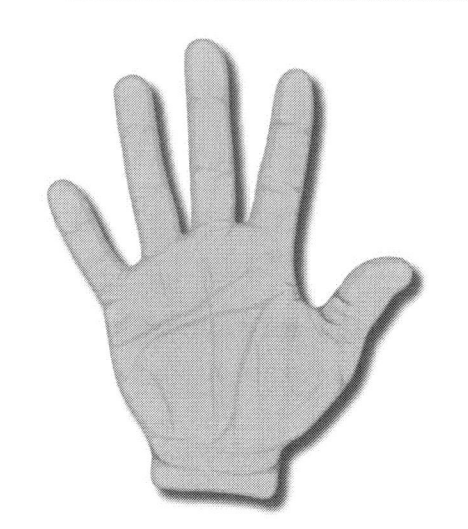

Cuando la línea del destino se encuentra rota, creando un espacio entre el punto de quiebre y la continuación de la línea, señala que algo negativo ocurrió en un punto específico de tu vida pasada.

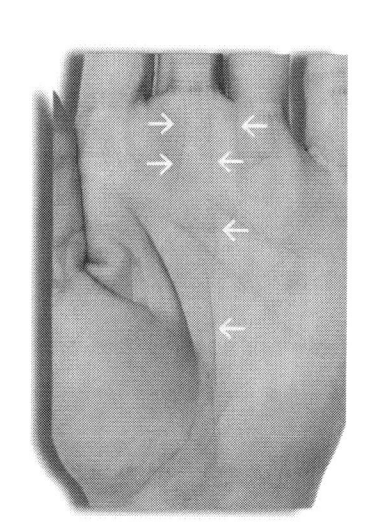

Por otro lado, si la línea del destino está trazada directamente hacia el dedo medio, sugiere que la persona ha utilizado su propia fuerza para abrirse camino en la vida.

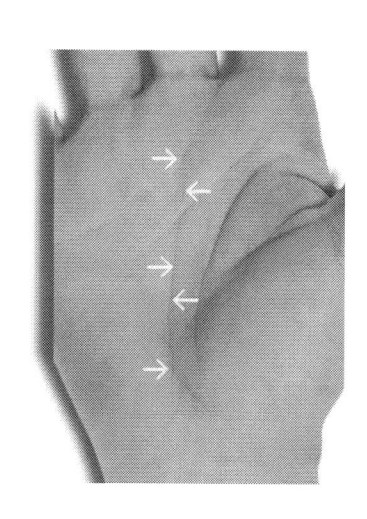

Breves Reseñas

Si la línea del destino es tan clara como las tres líneas principales, representa un compromiso firme con las metas establecidas. La presencia de esta línea en ambas manos es crucial para asegurar su significado y firmeza.

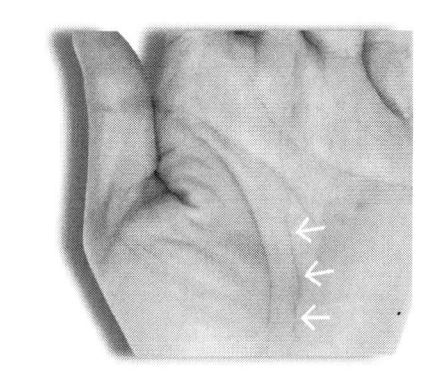

En contraste, si la línea del destino es menos definida que las tres líneas principales, sugiere una falta de certeza en la dirección actual. En este caso, se recomienda trabajar de manera más decidida hacia los objetivos para corregir el rumbo.

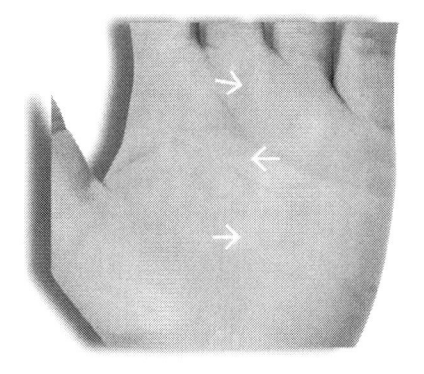

Por último, si la línea del destino es lo suficientemente larga como para abarcar el dedo medio, denota un individuo destinado a desempeñar un papel destacado a lo largo de su vida y lograr grandes hazañas.

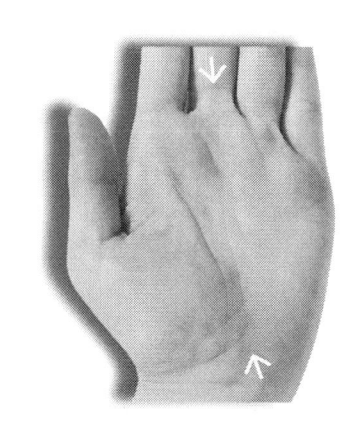

Breves Reseñas

Si la línea del destino se compone de múltiples trazos ascendentes en segmentos cortos, ello insinúa que la trayectoria vital de la persona experimenta cambios constantes.

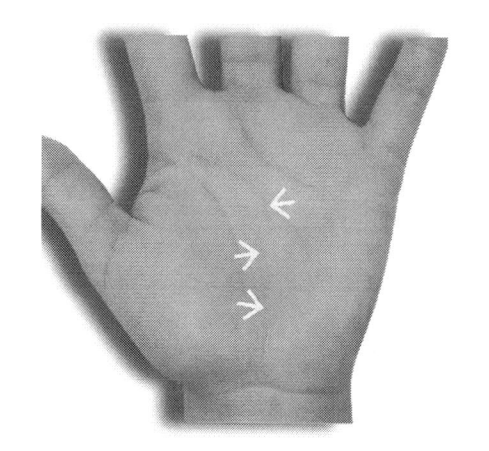

Por otro lado, si la línea del destino se muestra menos definida en comparación con las tres líneas principales, sugiere una falta de certeza en la dirección actual. En este caso, el tikún consistirá en trabajar con mayor determinación hacia las metas establecidas.

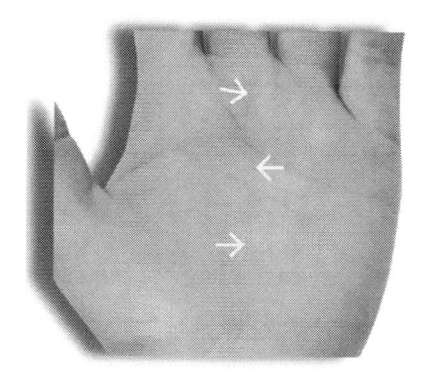

Finalmente, si la línea del destino es lo suficientemente extensa para abarcar el dedo medio, denota la influencia de un destino significativo a lo largo de la vida de la persona, que culminará en importantes logros.

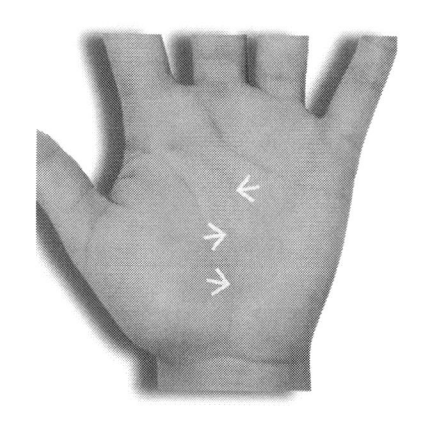

Breves Reseñas

Si la línea del destino es múltiple y el número aumenta a medida que te acercas a la base del dedo, se observa que en la segunda mitad de la vida, los campos de actividad se extenderán a múltiples áreas, de manera similar a poseer múltiples líneas de destino.

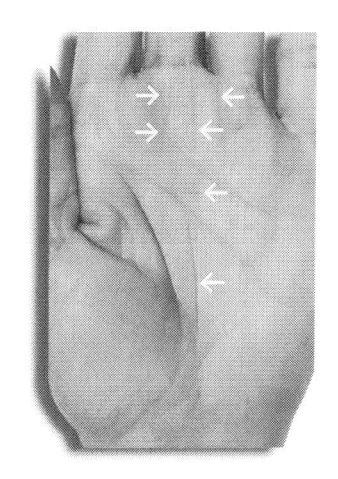

En términos de signos, la Cruz Mística se define como una cruz formada por una "x" que conecta la línea del Corazón, la línea de la Cabeza y la línea del Destino. Esta configuración indica un equilibrio entre mente, cuerpo y objetivos claros. Cuando se presentan dos o más cruces, sugiere la presencia de múltiples vocaciones.

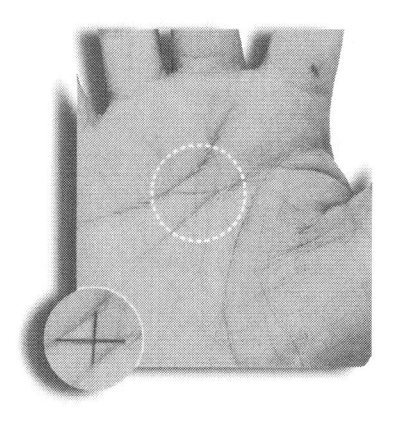

Por otro lado, la Cruz Artística se manifiesta cuando una línea horizontal cruza sobre la línea de la Cabeza y la línea del Sol. Este rasgo es característico de individuos con habilidades artísticas innatas y una sensibilidad excepcional. Aquellos que poseen este atributo tienen amplias posibilidades de triunfar al emplear su talento de forma efectiva.

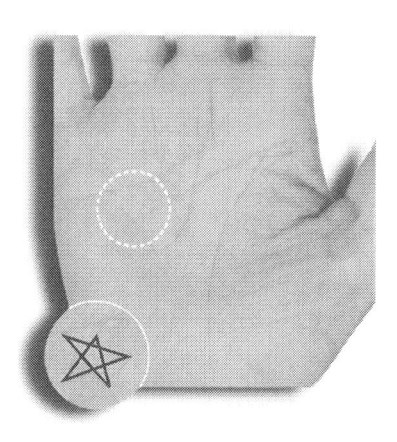

Breves Reseñas

La Cruz de Ayuda representa una fusión entre la Línea de Vida y la Línea del Destino. Se distingue por su profundo sentido de servicio, mostrando un deseo genuino de contribuir al bienestar de las personas y del mundo, donde la riqueza personal no es su única motivación. Este patrón es frecuente en profesiones como la medicina, la educación, y la política, entre otros.

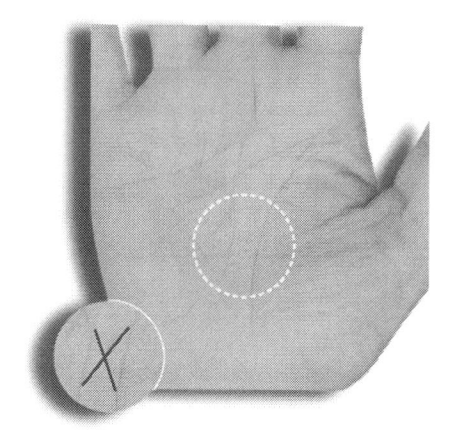

La estrella de un solo trazo es un símbolo auspicioso poco común, encontrado en solo el 1% de la población, caracterizado por ideas impactantes que pueden transformar el mundo, respaldadas por una determinación excepcional para llevarlas a cabo.

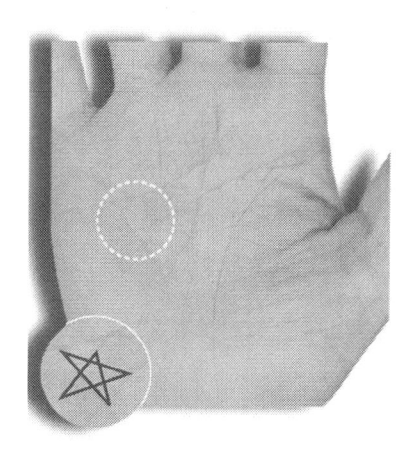

La cresta del corazón o del ojo es una línea con forma de almendra que se localiza en la primera articulación del pulgar. Aquellos que poseen esta característica suelen destacar por su enfoque, convicciones sólidas y una tenacidad inquebrantable para alcanzar sus metas. Estas personas tienden a ser obstinadas, basándose en suposiciones firmes para guiar sus acciones.

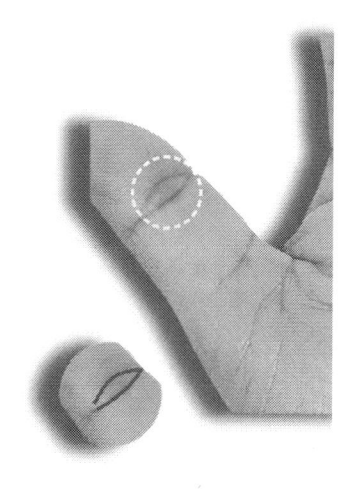

Breves Reseñas

La marca en forma de juego del gato se compone de dos líneas verticales y dos líneas horizontales que se entrecruzan, apareciendo en diferentes contextos para simbolizar la materialización de tus anhelos. A medida que aumenta el número de líneas, este símbolo se transforma en un auspicioso presagio.

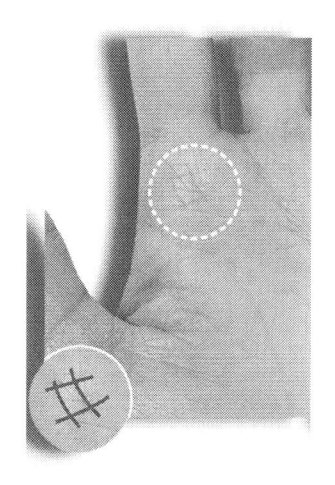

Por otro lado, el asterisco, conocido como la "estrella de la esperanza", se configura a partir de tres o cuatro líneas que se entrecruzan, reforzando el significado del lugar. Su presencia cercana al encabezado, como se ilustra en la imagen, sugiere la llegada de una inspiración transformadora que podría denominarse revelación y que impactará significativamente tu vida.

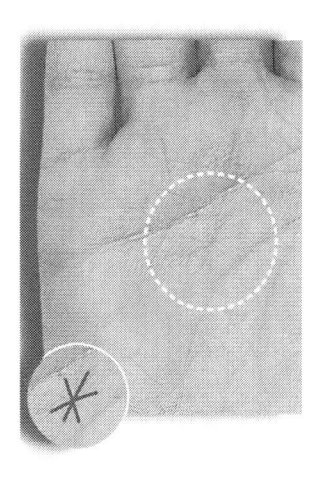

Breves Reseñas

Si la línea de la vida se extiende más allá de un arco trazado verticalmente desde el centro de la base del dedo medio, se considera un saliente "grande"; en contraste, si coincide con la línea o no la supera, se clasifica como "promedio". Individuos con un saliente grande proyectan una presencia impactante que resalta incluso en la ausencia de palabras. Por otro lado, aquellos con un saliente promedio tienden a enriquecer su entorno cercano en lugar de dirigirse hacia el mundo exterior.

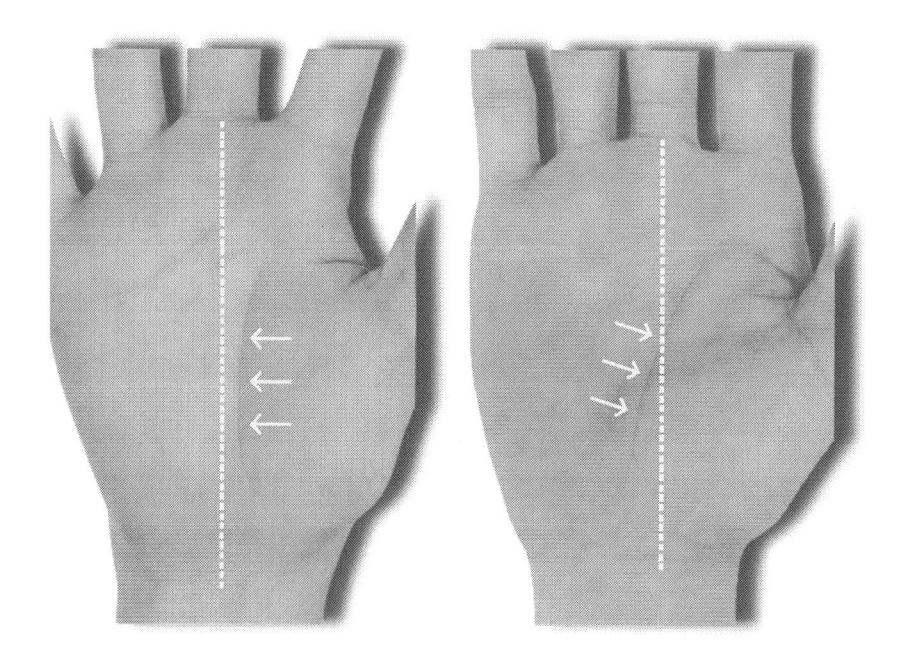

La persona que figura a la izquierda en la fotografía se distingue por su modestia y una confianza equilibrada. Personalmente, se identificó como un individuo que aprecia las pequeñas alegrías cotidianas y que presta atención a los detalles. Prefirió una existencia arraigada en la realidad en lugar de una marcada por la extravagancia. Por otro lado, la figura situada a la derecha en la imagen proyecta una presencia imponente que transmite un sentido de grandeza. No solo irradia una fuerte presencia, sino que también revela una riqueza interior, reflejando la profundidad de su pensamiento. Este individuo se caracteriza por expresarse de manera clara y accesible para todos, tanto en sus palabras como en sus acciones.

Breves Reseñas

La punta de las líneas principales puede presentarse de diversas formas, ya sea limpia, bifurcada o con mechones, generando una impresión de complejidad. La energía se libera desde el extremo de la línea. Cuando la punta se extiende suavemente, semejante a un pincel de caligrafía, se puede transmitir energía al mundo y recuperarla. Los seres humanos somos receptores con antenas de curiosidad altamente desarrolladas. En contraste, si la punta no está claramente definida, se percibe como "compleja" o "con mechones".

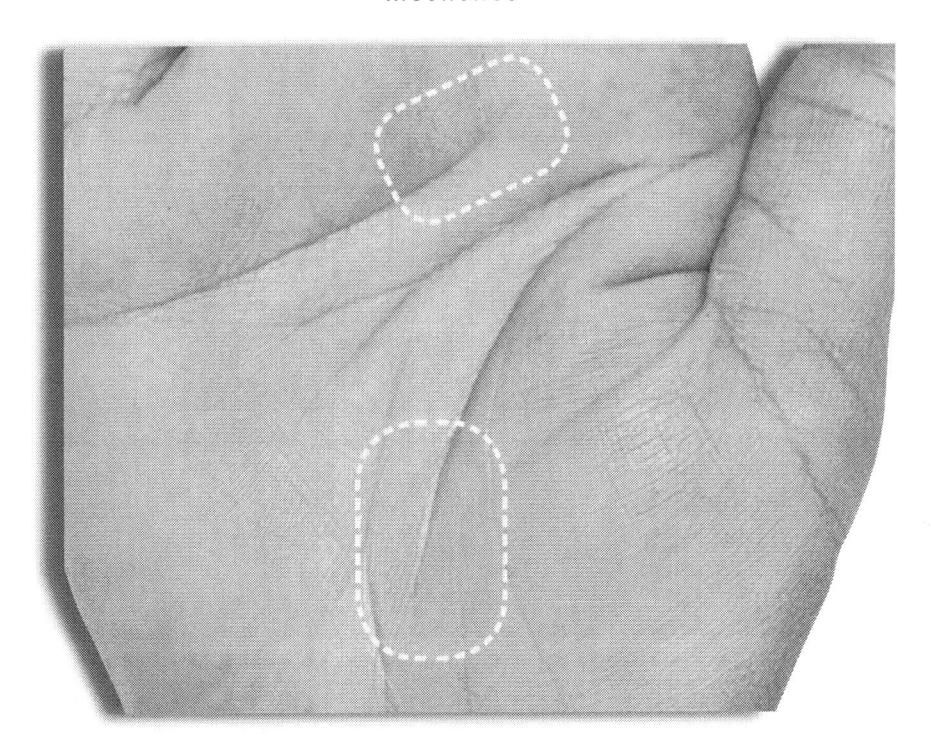

Un ejemplo de una clara distinción entre la línea Corazón y la línea Vida es cuando ambas se extienden hasta la punta. Este individuo percibe la vida de forma optimista y se deleita en vivir con alegría. En este caso, la circulación de la energía es fluida, la mente se mantiene lúcida y se evita la confusión.

Breves Reseñas

Un ejemplo de cierre de línea complejo con bordes difusos: La finalización de la línea del encabezado presenta cierta complejidad. Encontrar una solución definitiva resulta desafiante; por ende, se recomienda evitar llegar a conclusiones precipitadas. Si este aspecto se asemeja a las raíces de una planta, sugiere que sus decisiones son intrincadas en su pensamiento y requieren tiempo para ser tomadas.

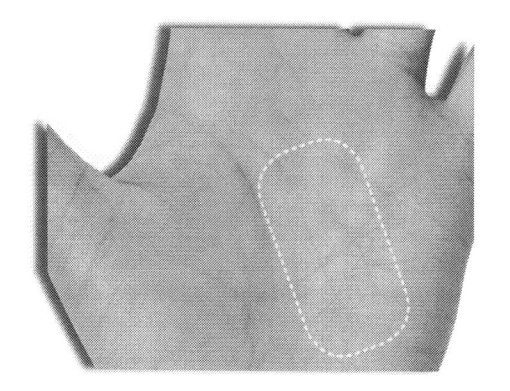

La presencia de una doble línea de vida sugiere una notable vitalidad, dinamismo y destreza atlética en el individuo. Estas personas suelen ser tenaces, llevando una vida activa y pueden arraigarse en dos ámbitos distintos, como su país de origen y el lugar donde residen actualmente.

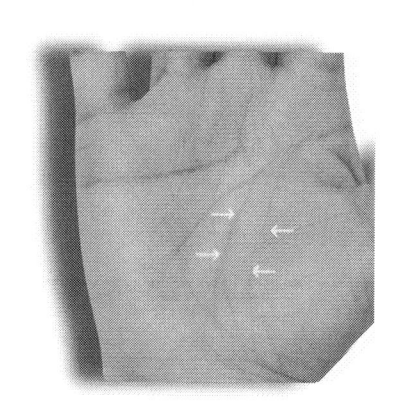

La doble línea del corazón, al contar con el doble de receptáculos emocionales que lo convencional, caracteriza a quienes la poseen con un corazón generoso capaz de afrontar cualquier situación con versatilidad. En función de su popularidad, es factible que ocupen posiciones destacadas en la sociedad.

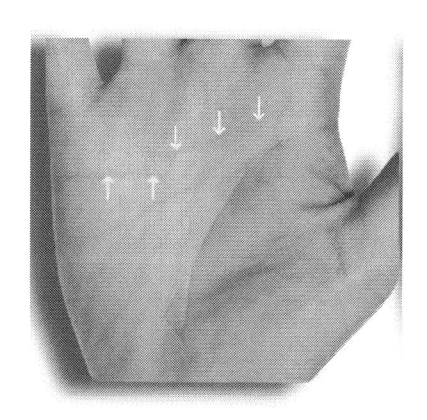

Breves Reseñas

La presencia de una doble línea en la cabeza sugiere una flexibilidad en el pensamiento y la habilidad para gestionar múltiples tareas con destreza. En lugar de especializarse en un solo ámbito, parece participar activamente en dos géneros distintos.

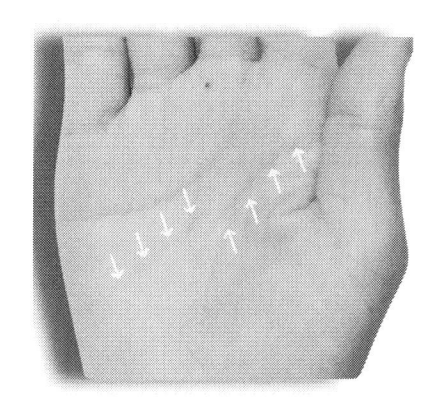

La orientación del flujo en las líneas

Cada línea en la quiromancia posee una dirección de flujo que establece su punto de inicio y final. Por ejemplo, la línea del corazón inicia en el lado del meñique y se dirige hacia el lado del dedo índice. Así, al mencionar que "el extremo de la línea del corazón se bifurca", se hace referencia a su división en la punta del dedo índice. Además, tanto la línea del destino como la línea de la vida pueden proporcionar indicios sobre la edad de la persona o eventos futuros según su flujo.

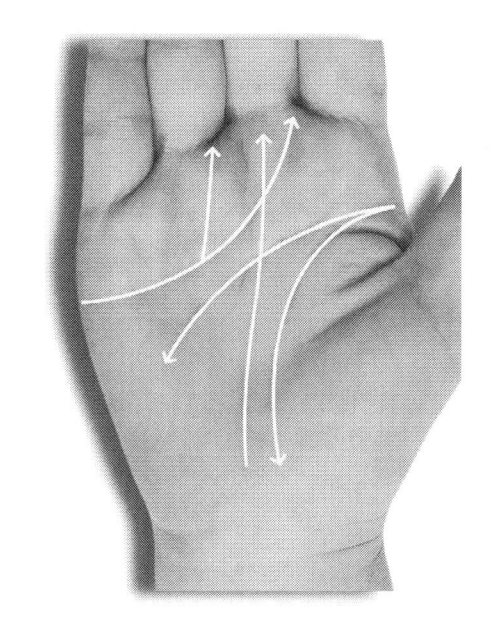

Breves Reseñas

Las líneas pueden ser rectas o curvas:

Una línea se considera recta si se traza con una regla, mientras que se clasifica como arco si es suave, similar a una parábola. Las personas con una orientación lineal suelen asociarse con términos como "realidad", "sencillez" y "teoría". Estas personas destacan por su habilidad para cálculos precisos y un pensamiento agudo. En contraste, aquellos que trazan líneas curvas se caracterizan por ser "tranquilos" y "románticos". Este trazado simboliza cualidades como la gracia, gentileza y flexibilidad. Por ejemplo, una línea en forma de corazón representa un recipiente para los sentimientos, mientras que una persona con una línea recta puede proyectar una actitud más fría. En resumen, se puede inferir que las personas tienen la capacidad de aceptar una diversidad de perspectivas.

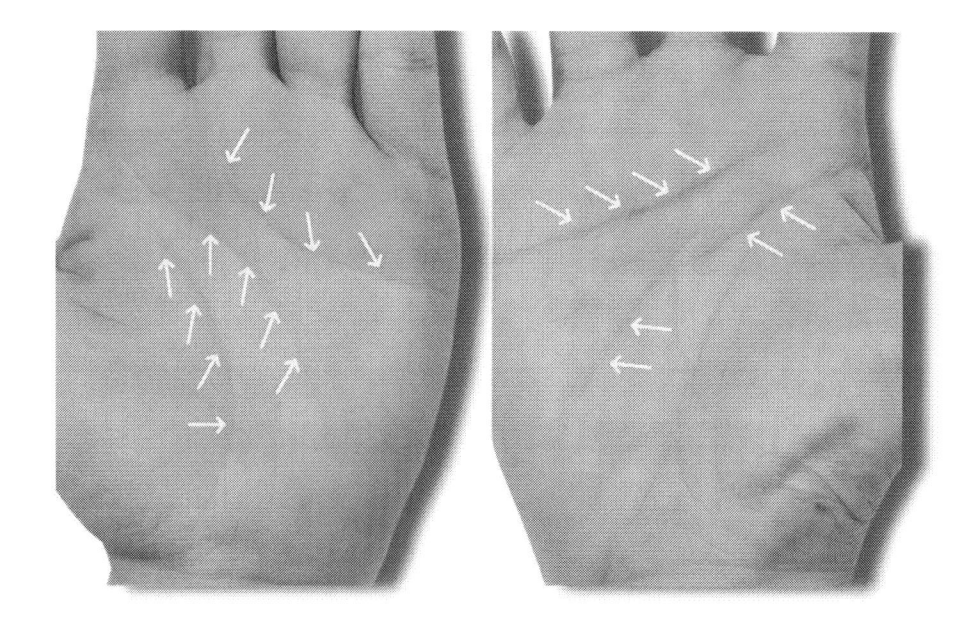

En el lado izquierdo de la foto, las tres líneas básicas dibujan un suave arco. Este tipo de persona tiende a pensar las cosas lentamente. El tipo que valora el romance más que la realidad y no tiene fuertes altibajos emocionales. En la foto de la derecha, tanto la línea del corazón como la de la cabeza son rectas. La línea del Corazón indica que tienes una personalidad realista y genial, mientras que la línea de la Cabeza indica que eres rápido para tomar decisiones y tienes excelentes habilidades de cálculo.

Breves Reseñas

267

Cuando una línea se interrumpe, se clasifica como una "ruptura" si la línea se vuelve más tenue al final de la interrupción, y como un "cambio" si la línea mantiene la misma densidad. Una ruptura en la línea indica un cambio repentino, lo cual requiere precaución. Por otro lado, al realizar un cambio, se puede visualizar como un punto de inflexión que da paso a nuevas oportunidades y crecimiento personal.

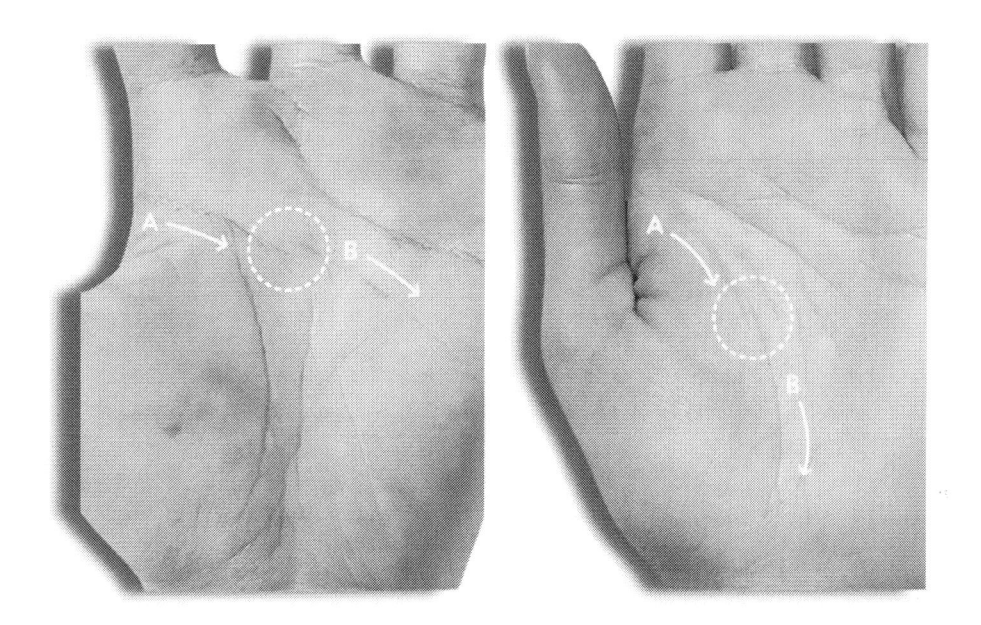

En el lado izquierdo de la foto, la línea (B) es más delgada que la línea (A) a medida que se acerca a la punta, con el círculo marcado como límite. La línea B cerca de la rotura es más gruesa, por lo que puede verse como una situación en la que la persona está superando el accidente. En el lado derecho de la foto, la línea A corta el círculo y continúa hasta la línea B. La línea B al final del corte tiene la misma densidad y grosor que la línea A, por lo que puede verse como un interruptor. A partir del cambio en la línea de vida, es posible saber cuándo cambia la constitución o el estilo de vida de una persona.

Breves Reseñas

La forma redonda de la mano se distingue por dedos cortos y una palma ancha y gruesa. Es un indicador de una persona apasionada que expresa sus emociones de manera clara. Esta personalidad tiende a ser naturalmente encantadora, aunque también puede presentar rasgos de timidez, mostrando una gran energía y vitalidad.

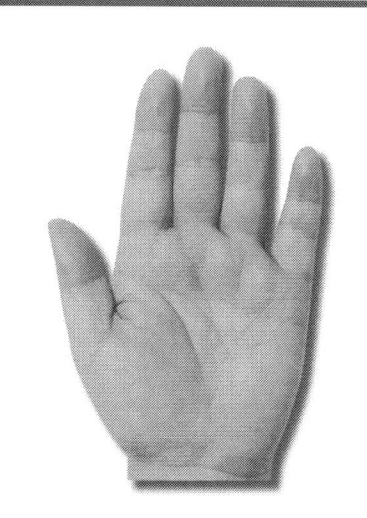

El tipo de óvalo se caracteriza por dedos ligeramente más cortos que la palma, con puntas redondeadas y una forma general ovalada. Este tipo de mano se presento en personas que: Se asocia con una personalidad sociable y agradable, capaz de fomentar un ambiente cálido y ameno, representa una energía mas dúctil y femenina, implica una forma de ver la vida mas emocional y adaptable.

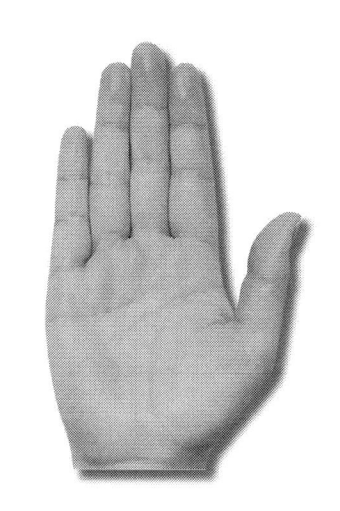

Con una forma de mano alargada y tono blanquecino, los dedos presentan una longitud ligeramente extendida, la palma es estrecha y las puntas de los dedos tienden a ser puntiagudas. La piel exhibe una textura delicada que emana una sensación femenina. Por lo general, quienes poseen estas características tienden a tener un agudo sentido estético y son propensos a la satisfacción con facilidad.

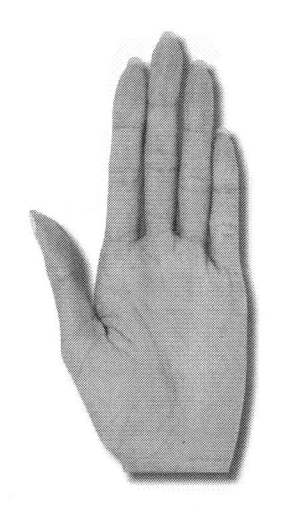

Breves Reseñas

269

Un ejemplo del color amarillo en la palma de la mano se manifiesta en situaciones donde las dificultades se multiplican sin una solución clara a la vista, generando un nivel de estrés excesivo. Este tono también puede asociarse con problemas hepáticos en diversas circunstancias.

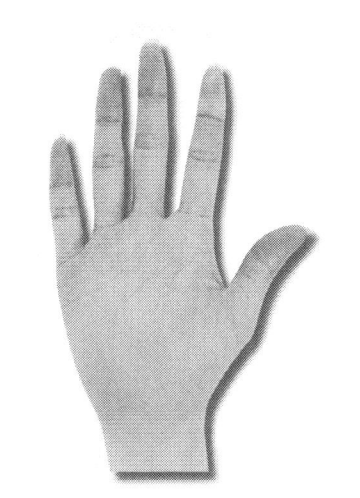

El tono azul de la mano es un ejemplo. Resulta complicado encontrar entusiasmo en las circunstancias cuando uno se siente en un estado de debilidad, semejante a una pelota desinflada. Además, es más fácil perder calor corporal, lo que genera inquietud sobre el posible debilitamiento del sistema digestivo. Es imperativo calentar el cuerpo en esta situación.

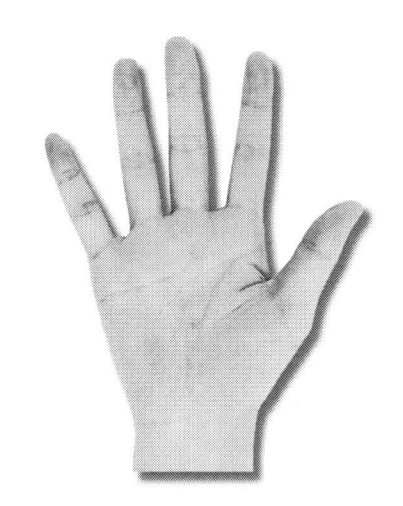

Cuando se experimenta una sensación de desánimo y falta de motivación, es común sentirse abatido y sin energía, reflejando un estado de ánimo "blanco". La fatiga y la sensación de anemia pueden manifestarse con facilidad en estas circunstancias. En tales momentos, resulta fundamental priorizar el autocuidado y descansar adecuadamente.

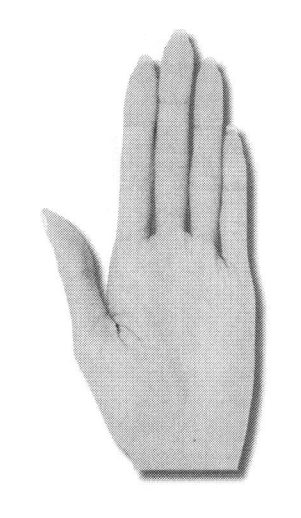

Breves Reseñas

Un ejemplo de la mano de color rojo sería representativo de una situación en la que te ves limitado para exhibir tu talento y presencia de manera completa, sintiendo una disminución en tu energía. Este color puede reflejar un dilema intenso, como la sensación de querer progresar pero no saber cómo hacerlo.

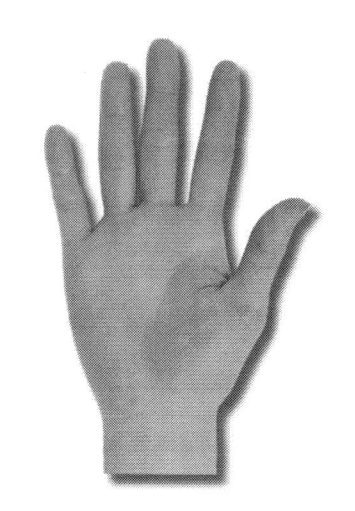

Un lunar puede ser un signo de suerte.
Los lunares en la mano enfatizan el significado del lugar donde aparecen, como dedos, líneas y colinas. "Incluso si es pequeño, si es negro y claro, es un lunar de buena suerte que fortalecerá el buen significado de cada lugar. Sin embargo, los lunares que se hacen cada vez más grandes pueden obstaculizar la buena suerte"., si el lunar es fino como una mancha, no tiene significado: "No lo tengo". Un lunar ligeramente borroso o poco visible, como se muestra en la foto, no tiene ningún significado.

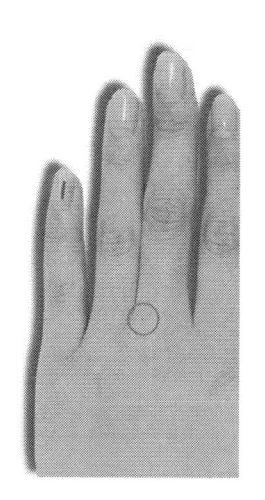

El significado de los lunares: Un lunar en el dedo anular de la mano derecha indica que eres una persona popular entre individuos de todas las edades y géneros. Asimismo, la presencia de un lunar en la línea del corazón, cerca del Monte del Sol, se interpreta como un indicio de un encanto distinguido que irradia alegría a quienes te rodean.

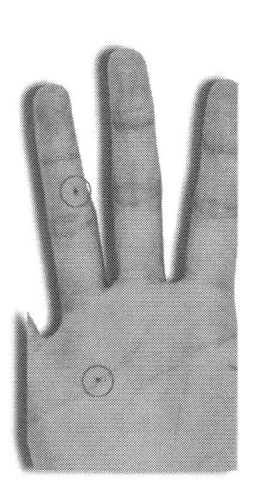

Breves Reseñas

Las yemas de los dedos se pliegan en una sinuosa curva, ideal para tareas y roles que celebran su singularidad. En ámbitos de ocultamiento, sus egos resplandecen con desmesurada intensidad, un fenómeno compartido por muchos artistas.

Hay una cadena o isla en la línea del Corazón. No puedes digerir completamente el pasado y estás pensando en él. Un dilema para mí que no se puede dividir. Tiendo a insistir demasiado en eventos pasados. Después de cambiar de trabajo, es posible que te arrepientas de que tu trabajo anterior hubiera sido mejor o que nunca puedas olvidar a tu exnovio que rompió contigo hace muchos años. Aunque trato de pensar positivamente, me resulta difícil organizar mis sentimientos.

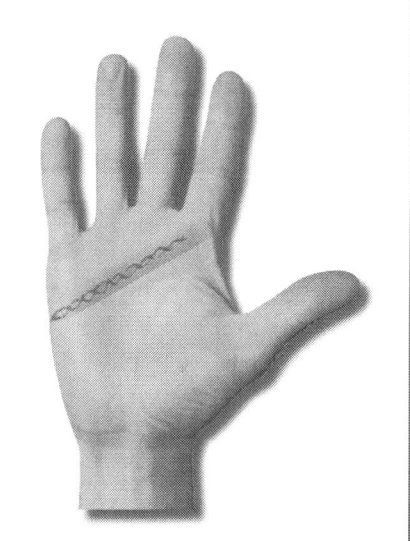

Si la línea de la cabeza es más gruesa que la primera articulación o igual de fuerte y fluye suavemente, hay motivación suficiente para encontrar una buena respuesta. Incluso si encuentras dificultades, puedes encontrar el mejor camino a seguir. Es un momento en el que puedes ver las cosas de manera positiva.

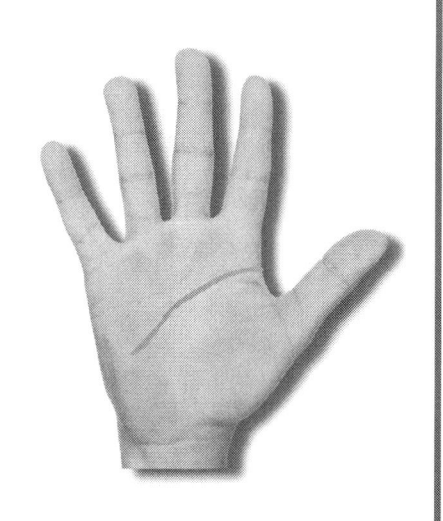

Breves Reseñas

Rubèn de la Rosa Serrano es Fundador del Instituto de Lectura del Rostro, una organización global que se dedica a las enseñanzas del estudio del comportamiento humano en diferentes áreas como son; Psicología Facial, Grafología, Lenguaje No Verbal, Quiromancia, Micro Expresiones, Metoposcopia, Biometría Facial con aplicación en estudios del comportamiento Humano, Criminología, Explanometría Facial y Técnicas de entrevista. Hasta la Fecha, más de 5,000 estudiantes de México y Europa han completado con éxito su formación en el Instituto de Lectura del Rostro. Este Libro constituye uno de sus más de 7 libros publicados en diferentes disciplinas del estudio del comportamiento humano. Si desea contactar de forma más directa con el autor puede hacerlo a través de los diferentes Medios.

lecturadelrostro@hotmail.es

Facebook: @secretosdelrostro

273

Made in United States
Orlando, FL
28 July 2024